Zu diesem Buch

Diese Aufsätze zur Literatur aus den Jahren 1946 bis 1960 machen die bis heute unüberbrückbare Kluft zwischen der Literatur von Schwarzen und der Literatur von Weißen deutlich. Die beiden umfangreichsten und bedeutsamsten Arbeiten sind *Schwarzer Orpheus*, eine Einleitung in die erste Sammlung französischsprachiger Lyrik schwarzer Dichter, und *Von Ratten und Menschen*, eine Einleitung in das autobiographische Bekenntnisbuch *Der Verräter* von André Gorz. *Schwarzer Orpheus* ist zweierlei: erstens eine leidenschaftliche Bekundung der Solidarität Sartres mit der *Négritude*, jener Bewegung, in der schwarze Schriftsteller aus den damals noch bestehenden französischen Kolonien die Werte ihrer schwarzen Kultur denen der weißen Kultur entgegensetzten, und zweitens eine der scharfsinnigsten Analysen von Gedichten schwarzer Lyriker, vor allem der von Aimé Césaire. Diese Solidaritätserklärung wurde von den Vertretern der *Négritude* als Manifest übernommen. In allen anderen Aufsätzen geht es um die Krise der weißen Kultur. *Von Ratten und Menschen* resümiert in eingängiger Weise eines der Kernstücke der Sartreschen Philosophie und Moral: die buchstäbliche Besessenheit von den Rollen, die uns die Andren zu spielen zwingen. Sartre entwickelt hier eine Neurosenlehre des Intellektuellen und zeichnet eine Selbsttherapie durch ein radikales Sich-in-Frage-Stellen nach, das zu einem Abschütteln jener Rollen, zu einem «Verrat» an ihnen führt.

In seinem Vortrag *Die Verantwortung des Schriftstellers* zeigt er das seit der Französischen Revolution bestehende Dilemma auf: Der Schriftsteller muß einerseits für die Einhaltung der bürgerlichen Freiheiten eintreten und andrerseits für die Erringung von Gleichheit und Brüderlichkeit, die bisher nur in den diktatorischen Staaten des «real existierenden Sozialismus» angestrebt wird. In Nathalie Sarrautes Roman *Portrait eines Unbekannten* sieht Sartre eine seinem eigenen Denken verwandte Bemühung, die Selbstverleugnung der Freiheit durch die Flucht in Allgemeinplätze zu entlarven. In *Verteidigung der französischen Kultur durch die europäische Kultur* ruft er zum ökonomischen und kulturellen Zusammenschluß Europas auf, das er sich nur sozialistisch vorstellen kann, um der Gefahr einer Zerstörung der französischen Kultur durch die ihr wesensfremde Kultur der USA zu begegnen. Der Essay *Von der Berufung zum Schriftsteller* enthält auf wenigen brillanten Seiten, was Sartre später in *Saint Genet*, *Die Wörter* und *Der Idiot der Familie* ausführte: daß jede Literatur der im jeweiligen Fall einzige Ausweg aus einer spezifischen Neurose ist. In den Nachrufen auf *André Gide* und *Albert Camus* bewundert er beider Kompromißlosigkeit: bei Gide die gelebte unbestechliche Entwicklung des großbürgerlichen Protestanten zum offenen Bekenntnis seiner Homosexualität, seines Atheismus und seiner politischen Überzeugungen, bei Albert Camus – den er auch in *Neue Literatur in Frankreich* rühmt – das hartnäckige Festhalten an der Moral als Wertmaßstab jeden politischen Handelns.

Jean-Paul Sartre wurde am 21. Juni 1905 in Paris geboren. Mit seinem 1943 erschienenen philosophischen Hauptwerk *Das Sein und das Nichts* wurde er zum wichtigsten Vertreter des Existentialismus und zu einem der einflußreichsten Denker der ersten Hälfte des 20. Jahrhunderts. Seine Theaterstücke, Romane, Erzählungen und Essays machten ihn weltbekannt. Durch sein bedingungsloses humanitäres Engagement, besonders im französischen Algerienkrieg und im amerikanischen Vietnamkrieg, wurde er zu einer Art Weltgewissen. 1964 lehnte er die Annahme des Nobelpreises für Literatur ab. Er starb am 15. April 1980 in Paris.

Jean-Paul Sartre

Gesammelte Werke in Einzelausgaben

In Zusammenarbeit mit dem Autor
herausgegeben von Traugott König

Schriften zur Literatur
Band 5

Romane und Erzählungen
Theaterstücke und Drehbücher
Philosophische Schriften
Schriften zur Literatur
Schriften zu Theater und Film
Schriften zur bildenden Kunst und Musik
Politische Schriften
Autobiographische Schriften
Reisen
Tagebücher
Briefe

Jean-Paul Sartre

Schwarze und weiße Literatur

Aufsätze zur Literatur
1946–1960

Herausgegeben
und mit einem Nachwort
von Traugott König

Übersetzt von Traugott König,
Gilbert Strasmann und
Elmar Tophoven

rororo
Rowohlt

Bibliographische Hinweise zu den in diesem Band
enthaltenen Texten siehe Seite 177 f
Umschlagentwurf Werner Rebhuhn
Der Übersetzer dankt Christine Delory-Momberger
für ihre Mitarbeit an der Übersetzung von *Orphée noir*

Veröffentlicht im Rowohlt Taschenbuch Verlag GmbH,
Reinbek bei Hamburg, Mai 1984

Weitere Angaben siehe Seite 177 f
Satz Aldus (Linotron 404)
Gesamtherstellung Clausen & Bosse, Leck
Printed in Germany
980-ISBN 3 499 15199 5

Inhalt

Neue Literatur in Frankreich

Nach einem Vortrag in den USA

Man darf nicht glauben, daß die gesamte französische Literatur durch diese vier Jahre Kampf, Hoffnung und Verzweiflung, Demütigung und Stolz in Verwirrung geraten ist. Die Literatur einer Periode ist ein kompliziertes Phänomen, in dem überlebende Strömungen und Traditionen neben neuen Experimenten und originellen Ideen stehen. Es gab bestimmt Bewegungen und Tendenzen, die dem Vorkriegsdenken besonderen Ausdruck verliehen und die, vorübergehend oder dauernd, heute nicht mehr repräsentiert sind.

Eine gewisse verspielte Preziosität, ein unbeschwerter Optimismus, eine ziemlich oberflächliche Manier, den Leser als Zeugen anzurufen, diese Merkmale, die wie die gute Laune unserer Literatur wirkten, sind mit Giraudoux sicher auf lange Zeit hinaus verschwunden. Der Krieg hat die Surrealisten versprengt, und obgleich ihr Einfluß auf die Dichtkunst noch immer stark ist, so besteht doch genaugenommen in Frankreich gegenwärtig keine surrealistische Bewegung. Gide, lange abwesend, heftig angegriffen und überdies meist schweigend, hat fast seinen ganzen Einfluß auf die Jungen verloren: seine Philosophie, die für die glückliche Epoche vor dem Zweiten Weltkrieg paßte, kann in diesen Zeiten des Elends nicht helfen.

Aber neben diesen Lücken muß man eine gewisse Kontinuität hervorheben: die Bewegungen, die zwischen 1920 und 1930 brillierten, haben an Schwung verloren, sind ermattet und nicht mehr relevant. Das ist hauptsächlich eine Frage der Generation: unsere gefeierten Schriftsteller waren, soweit sie über sechzig sind, nur zum Teil von den Ereignissen berührt. Sie konnten der Widerstandsbewegung ihre Zeit, ihr Geld, ihre Aktivität *geben*; ihren Geist konnten sie ihr nur *borgen*. Sofort nach der Befreiung kehrten sie zu ihren alten Denkgewohnheiten zurück.

Der Krieg und unser Mißgeschick haben manchen Schriftstellern der neuen Generation eine Vorliebe für die alte Theorie des L'art pour l'art gegeben – aber verjüngt, ernster und metaphysisch verhüllt. Furcht, Schrecken und Verzweiflung haben die am wenigsten berührten Seelen zu einem absoluten Pessimismus neigen lassen, der sich aus den praktischen Unternehmungen der Menschen heraushält.

Unter den Schriftstellern, deren Werke den Ekel vor der Gegenwart widerspiegeln, denke ich vor allem an Georges Bataille, der vielleicht vierzig Jahre alt ist und dessen jüngste Arbeit: *L'expérience intérieure*, einen gewissen Erfolg hatte.[1] Ferner an Maurice Blanchot, einen merkwürdigen Schriftsteller, ausgezeichneten Literaturkritiker und intimen Freund Batailles. Blanchot, der ein großer Bewunderer von Stéphane Mallarmé ist, vergleicht seine Gedichte mit jenen *atomes de silence*, von denen Paul Valéry spricht, und strebt danach, für den Roman das zu tun, was der Autor von *L'après-midi d'un faune* für die Poesie getan hat. Maurice Blanchot hat einige seltsame Romane geschrieben: *Thomas l'obscure* und *Aminadab*, die in einer vollkommen imaginären Welt spielen und deren Helden mit Menschen nur eine *entfernte* Ähnlichkeit besitzen. Was in diesen Romanen vorgeht, *scheint* symbolisch zu sein, ist es aber in Wirklichkeit nicht.[2]

Ich würde diese geheimnisvollen düsteren Werke mit der *Anti-*

1 Deutsch: Die innere Erfahrung. Siehe Sartres Artikel *Un nouveau mystique* in: *Cahiers du Sud* Nr. 260, Oktober 1943, 782–790, und Nr. 261, November 1943, 866–886, und Nr. 262, Dezember 1943, 988–994. Wiederabgedruckt in Jean-Paul Sartre, *Situations I*, Gallimard, Paris 1947. Deutsch: *Ein neuer Mystiker* in: Jean-Paul Sartre, *Situationen*, Rowohlt Verlag, Reinbek 1965, 59–88. Neuausgabe in Vorbereitung in: Jean-Paul Sartre, *Bewußtsein und Erkenntnis*. Philosophische Essays 1943–1950. Philosophische Schriften. Band 4. *Anm. d. Hg.*

2 Anspielung auf die Verszeilen

Chaque atome de silence
Est la chance d'un fruit mûr!

aus dem Gedicht *Palme* von Paul Valéry (Jedes Atom Schweigen / Ist die Chance einer reifen Frucht!).

Der Autor von *L'après-midi d'un faune* (deutsch: Der Nachmittag eines Fauns) ist Stéphane Mallarmé.

Zu den Romanen von Maurice Blanchot siehe Sartres Artikel: Aminadab *ou du fantastique considéré comme un langage* in: *Cahiers du Sud* Nr. 255, April 1943, 299–305, und Nr. 256, Mai 1943, 361–371. Wiederabgedruckt in: Jean-Paul Sartre, *Situations I*, Gallimard, Paris 1947, Deutsch: Aminadab *oder Das Phantastische als Sprache* in: Jean-Paul Sartre, *Der Mensch und die gone* vergleichen, dem letzten Stück von Jean Anouilh, unserem gefeiertsten Bühnendichter. Anouilh stellt uns vor ein Dilemma: Wir müssen zwischen Kreon und Antigone wählen. Wer nicht aus der Schlechtigkeit der Menschheit Nutzen ziehen, wer ihr nicht durch Betrug, Gewalt und Lüge eine harte Zucht auferlegen will, wie Kreon es tut, der muß, wie Antigone, freiwillig in den Tod gehen. Man hat Anouilh beschuldigt, er habe für die Faschisten Partei genommen, weil er den Kreon mit zuviel Gefälligkeit dargestellt habe, tatsächlich aber sind seine Sympathien bei Antigone und ihrem Selbstmord. Tatsächlich haben die Härten unserer Zeit, die sozialen Übel, die tägliche Berührung mit dem Bösen in Frankreich eine Literatur des Selbstmords geschaffen.

Zum Glück haben diese Werke gerade deshalb keine Nachwelt. Es ist aber eine neue Literatur im Entstehen, die alle Verheißungen für die Zukunft in sich trägt, obgleich sie mit unseren ältesten Traditionen verknüpft ist. Diese Literatur ist das Ergebnis der Widerstandsbewegung und des Krieges. Ihr bester Repräsentant ist der dreißigjährige Albert Camus. Für ihn war, wie für die Mehrzahl der jungen Schriftsteller von heute, die Widerstandsbewegung eine Erziehung. Sie hat sie gelehrt, daß die Freiheit des Worts, wie die Freiheit an sich, unter gewissen Umständen mit den Waffen verteidigt werden muß und daß demzufolge die Literatur keine unverbindliche Tätigkeit ist, die unabhängig von der Politik betrieben werden kann, sondern daß sie in diesen Zeiten eng mit dem Funktionieren der demokratischen Einrichtungen verbunden bleibt. Denn um schreiben zu können, muß ein Schriftsteller frei sein und zu freien Menschen reden können.

Dadurch, daß sie oft unter gefährlichen Umständen illegal Artikel veröffentlichten, um das Volk gegen die Deutschen zu bestärken oder seinen Mut aufrechtzuerhalten, gewöhnten sie sich an den Gedanken, daß schreiben handeln heißt. Und sie haben dem Handeln Geschmack abgewonnen. Weit entfernt davon zu behaupten, daß der Schriftsteller keine Verantwortung trage, verlangen sie,

Dinge, Aufsätze zur Literatur 1938–1946. Schriften zur Literatur. Band 1. Rowohlt Taschenbuch Verlag, Reinbek 1978, rororo 4260, 93–106. *Anm. d. Hg.*

daß er jederzeit bereit sei, für das, was er schreibt, zu bezahlen. In der illegalen Presse konnte nicht eine einzige Zeile gedruckt werden, die nicht für den Verfasser, den Drucker oder die Flugblattverteiler der Widerstandsbewegung Lebensgefahr bedeutete. So hat das geschriebene Wort nach der Inflation der Zwischenkriegsjahre, in denen Worte wie Papiergeld waren, das niemand in Gold einlöste, seine Macht wiedergewonnen.

Für Camus, für Leiris, für Jean Cassou, für alle jüngeren Schriftsteller ist Reden eine ernste Sache, Schreiben eine noch ernstere. Und da sie wissen, daß ihre Werke den Leser notwendig *engagieren*, wollen sie sich selbst in ihren Werken vollständig engagieren. Deshalb spricht man heute in Frankreich soviel von «engagierter Literatur». Diese jungen Schriftsteller sind mit Männern wie Bataille und Blanchot durch einen tiefen Pessimismus verbunden; sie haben die Wirklichkeit des Bösen kennengelernt.

Die Betäubung, die Entrüstung, die die Amerikaner vor den Leichen der Gemarterten in Buchenwald empfinden, haben wir schon seit langem empfunden. Vier Jahre lang hat die Jugend Frankreichs und haben sogar die Kinder Frankreichs erfahren, wessen der Mensch fähig ist. Vier Jahre ruhmlosen und hoffnungslosen Kampfes in einem durch die Niederlage gedemütigten Land haben sie gelehrt, daß die Welt hart und ungerecht ist, daß die besten Menschen die sind, die am meisten gelitten haben, die als erste gestorben sind, daß im Krieg der Tod *zufällig* trifft, daß er aber in der Widerstandsbewegung *wählt*. Diejenigen, die heute noch leben, wissen, daß der Krieg die Elite des Landes hinweggerafft hat.

Und so sind die Bücher von Camus von einer tiefen Düsterkeit. Seine ersten Werke, *L'étranger* und *Mythe de Sisyphe*,[3] wollen zeigen, daß die Welt «absurd» ist und daß der Mensch verlassen, ohne

3 Deutsch: *Der Fremde*, Rowohlt Taschenbuch Verlag, Reinbek 1961, rororo 432, und: *Der Mythos des Sisyphos*, Rowohlt Verlag, Reinbek 1959, rde 90. *Anm. d. Hg.*

Siehe dazu Sartres Artikel *L'explication de* L'étranger in: *Cahiers du Sud* Nr. 253, Februar 1943, 189–206. Wiederabgedruckt in: Jean-Paul Sartre, *Situations I*, Gallimard, Paris 1947. Deutsch: Der Fremde *von Camus* in: Jean-Paul Sartre, *Der Mensch und die Dinge*. Aufsätze zur Literatur 1938–1946. Schriften zur Literatur. Band 1, Rowohlt Taschenbuch Verlag, Reinbek 1978, rororo 4260, 75–90. *Anm. d. Hg.*

Hilfe, ohne Hoffnung, ohne Gott ist. Keine Gerechtigkeit, kein Engel war zugegen bei dem Todeskampf derer, die in Fresnes oder Ouradour gemartert wurden, und diejenigen, denen der Schmerz Geständnisse entriß, starben in Verzweiflung, belastet mit einer Schande, die sie nicht verdienten. Aber im Gegensatz zur Verzweiflung Blanchots ist der Pessimismus von Camus und seinen Genossen heilsam und konstruktiv. Erst wenn der Mensch alle Hoffnung verloren hat, findet er sich selber, denn dann weiß er, daß er sich nur auf sich selbst verlassen kann. Die ständige Gegenwart des Todes, die ewig drohende Folter haben Schriftsteller wie Camus die Kräfte und die Grenzen des Menschen ermessen lassen.

«Würde ich sprechen, wenn ich gefoltert würde?» Für unsere Väter und Großväter wäre eine solche Frage vollkommen abstrakt gewesen; es wäre ein intellektuelles Spiel gewesen. Sie starben, ohne ihre letzten Möglichkeiten kennengelernt zu haben. Für Albert Camus jedoch und all die anderen war es eine konkrete Frage. Sie hat sie ständig verfolgt. Und wenn man die menschliche Natur aus dieser extremen Perspektive betrachtet, dann hat man wahrscheinlich ein vollständiges Bild von ihr. So sind denn diese neuen Schriftsteller nicht nur mit dem psychologischen und sozialen Menschen beschäftigt, sondern vor allem mit dem totalen, dem metaphysischen Menschen, und auf diesen setzen sie ihr Vertrauen. Sie sind wahre Romanciers und Dichter der Freiheit, denn am Ende haben die meisten, die gefoltert wurden, nicht gesprochen. So ist in äußerstem Leiden noch immer Raum für das Reich des Menschlichen.

Daher ist der Vorkriegsschriftsteller, der der Gegenwart am ehesten entspricht und selbstverständlich in unseren Augen seinen Ehrenplatz wiedererobern wird, André Malraux, der fünf Jahre lang in Frankreich nicht eine Zeile veröffentlicht, der eine Gruppe von Maquisards befehligt, der in Deutschland gekämpft hat. Auch er hat den Menschen gezeigt, der dem Tod ins Auge geblickt und Foltern bis an die Grenze seines Mutes und seiner Freiheit getrotzt hat. Aber Malraux ist ein Romantiker der Aktion. Sein freiwilliges Engagement war immer etwas unverbindlich – man könnte sagen, daß er sich fast ausschließlich dafür interessierte, den Tod und das Böse herauszufordern, und daß ihm das Endziel gleichgültig war.

Bei Camus dagegen finden wir eine Art Demut. Er hat die langen Perioden des enervierenden, vergeblichen Wartens in der Widerstandsbewegung kennengelernt, all die hundertmal mißglückten und hundertmal wieder von vorn begonnenen Versuche. Er hat gelernt, Geduld zu haben; er weiß, daß ein Mensch nicht viel tun kann. Und doch ist es diese unbegrenzte Hingabe jedes einzelnen an den Kampf, was ihm die Herrschaft des menschlichen Geistes über die «absurde» Welt bestätigt.

Nichts illustriert das besser als der große Mythos in dem demnächst herauskommenden Buch: *La peste*[4]. In Oran wütet die Seuche, und die algerischen Behörden beschließen, die Stadt zu isolieren. In der sterbenden Stadt, in der es bald keine lebende Seele mehr geben wird, bleibt ein Arzt zurück. Und der Arzt *revoltiert.* Er revoltiert gegen Krankheit, gegen Tod, gegen die Welt. Die Revolte verliert sich nicht in vergeblichen und erhabenen Verwünschungen des Himmels; sie besteht einfach in der Krankenpflege. Er steht den Kranken bei ohne Hoffnung, ohne Hilfe, ohne Heilmittel, denn es ist alles aufgebraucht. Aber er läßt nicht ab, sie zu besuchen und sie mit den Mitteln, die ihm noch geblieben sind, zu behandeln. Und dadurch, daß er seine Arbeit schlicht und ohne Illusionen fortsetzt, fordert er das Böse und das Universum heraus, bejaht er gegen alles die Herrschaft des menschlichen Geistes. Dieser Glaube an das harte, bescheidene und nützliche Handeln unterscheidet Albert Camus und seine Generation von André Malraux.

Da nun Schreiben gleichbedeutend ist mit Handeln, ging Camus selbstverständlich von der Widerstandsbewegung zur politischen Journalistik über. Die Leitartikel, die er im *Combat* schreibt, vertreten dieselben Ideen: Politik darf nicht realistisch sein. Realismus zerstört die Idee der Humanität, denn er bedeutet Unterwerfung unter die Dinge. Im Jahre 1940, nach Frankreichs Niederlage, war Realist, wer die Kollaboration mit Deutschland predigte. Und gleichzeitig war das Verrat. Wer sich dagegen wider alle Hoffnung für die Einhaltung der Verträge einsetzte, war wie der Arzt, der in der halb ausgestorbenen Stadt seine Arbeit fortsetzt. Und so ist derjenige ein wahrer Politiker, der bestrebt ist, durch anspruchslo-

4 Deutsch: *Die Pest*, Rowohlt Taschenbuch Verlag, Hamburg 1950, rororo 15. *Anm. d. Hg.*

Politiker, der bestrebt ist, durch anspruchsloses, wirksames Handeln unter allen Umständen die Herrschaft des Menschen zu behaupten.

Diese düstere, reine Nüchternheit offenbart sich in Camus' Kunst durch eine ganz klare Tendenz zur Rückkehr zum Klassizismus, dessen Strenge und Sparsamkeit in den Mitteln ihm zusagt. Er setzt seine Hoffnung in eine gebändigte Literatur, eine Literatur ohne maßlose Ausbrüche. Er möchte, daß man jederzeit in seinen Arbeiten die kontrollierende, voraussehende, ordnende Freiheit des Menschen spürt. Sein Stück, das im Vorjahr am Théâtre des Mathurins aufgeführt wurde: *Le malentendu*[5], ist im Stil der Tragödien des 17. Jahrhunderts geschrieben, wenn auch nicht in Versen. Die drei Einheiten sind beachtet; die wenigen Figuren werden in einem Zustand der Krise dargestellt; die Sprache ist streng und schön, der Dialog straff. So scheinen diese neuen Werke, aus einer Katastrophe und einer noch nie dagewesenen Lage geboren, den Weg zurück zu der großen Tradition zu eröffnen.

Denn das ist wahrlich eine Rückkehr zum Klassizismus. Nach dem Ersten Weltkrieg erlebten wir, wie Thibaudet es nannte, ein Nachlassen des Drucks. Diese anarchische Entspannung, diese plötzliche Explosion der Freiheit schenkte Frankreich seine Nachkriegsblüte: Giraudoux, die Surrealisten, ja auch Cocteau. Aber die Nachkriegsepoche von 1945 wird von keiner Entspannung begleitet sein. Frankreich ist auf lange Zeit erschöpft; auf zwanzig, vielleicht dreißig Jahre hinaus wird das Land in Anspruch genommen sein von der schweren und undankbaren Aufgabe des Wiederaufbaus seiner zerstörten Städte, seiner zerstörten Fabriken. Und diese entschlossene, zielbewußte Literatur, die offenbar das Gelübde der Armut abgelegt hat, enspricht vollkommen einem solchen glanzlosen, gewissenhaften, anspruchslosen Unternehmen. Die Generation, die in den Zwischenkriegsjahren brillierte, wird bald in den Hintergrund geschoben sein. Die Werke der reinen Verzweiflung, von denen ich oben sprach, entschuldbare Reaktionen auf die Härten unserer Epoche, werden kaum eine Nachkommenschaft haben. Aber es ist wahrscheinlich, daß in dem düsteren, reinen Werk des Camus schon die Hauptzüge der zukünftigen französischen Literatur erkennbar sind. Es verhieß uns

5. Deutsch: *Das Mißverständnis* in: Albert Camus, *Dramen*, Rowohlt Verlag, Hamburg 1959, 75–116. *Anm. d. Hg.*

eine klassische Literatur ohne Illusionen, aber voll Vertrauen zur Größe der Menschheit; hart, aber ohne nutzlose Gewalt, leidenschaftlich, aber beherrscht, eine Literatur, die sich bemüht, den metaphysischen Zustand des Menschen zu schildern, und zugleich voll und ganz an den Bewegungen der Gesellschaft teilnimmt.

Juli 1945

Die Verantwortlichkeit des Schriftstellers

Vortrag zur Gründung der UNESCO am 1. November 1946 an der Sorbonne

Meine Damen und Herren!
Dostojewski hat gesagt: Jeder Mensch ist gegenüber allen für alles verantwortlich. Dieser Ausspruch wird von Tag zu Tag wahrer. Je mehr sich die nationale Gemeinschaft in die menschliche Gemeinschaft integriert, je mehr sich jedes Individuum in die nationale Gemeinschaft integriert, kann man sagen, daß für jeden von uns die Verantwortlichkeit wächst und sich erweitert.

Wir haben jeden Deutschen, der nicht gegen das Naziregime protestiert hatte, als für dieses Regime verantwortlich angesehen, und wenn bei uns oder in irgendeinem andren Land irgendeine Form rassischer oder ökonomischer Unterdrückung herrscht, sehen wir jeden, der sie nicht anprangert, als dafür verantwortlich an. Und wenn heute, wo es so viele Kommunikations- und Informationsmöglichkeiten zwischen den Nationen gibt, an irgendeinem Ort der Erde irgendein Unrecht begangen wird, so fangen auch wir an, die Verantwortung für dieses Unrecht zu tragen.

Das den Amerikanern so teure Wort *one world* bedeutet neben vielem andren, daß jeder für alles, was auf der Welt geschieht, verantwortlich ist.

Ich glaube, darin sind wir uns alle einig. Doch wenn ein Schuster oder Arzt als Mensch für alles, was auf der Erde geschieht, verantwortlich ist, so heißt das natürlich nicht, daß er es als Arzt oder Schuster ist.

Der Schuster hat als Schuster eine begrenzte Verantwortlichkeit, die darin besteht, gute Schuhe zu machen. Der Arzt kann bei der Ausübung seiner Kunst Gelegenheiten finden, sich im Kampf gegen den unerträglichen Zustand eines Stadtviertels, gegen bestimmte Praktiken in Fabriken, wo die Hygienevorschriften nicht eingehalten werden, total zu engagieren, aber als Arzt ist er natürlich nicht für diese oder jene Unterdrückung, zum Beispiel für den Antisemitismus, verantwortlich.

Wenn nun wirklich der Fachmann als solcher nicht gegenüber allen für alles verantwortlich ist, was wird dann die Verantwortlichkeit bestimmter Fachleute sein, die man Schriftsteller nennt? Spiegelt sich ihre Verantwortlichkeit als Mensch ganz und gar in ihrer Kunst, oder wird die Verantwortlichkeit des Schriftstellers in den engen Grenzen seines Fachs, das heißt anläßlich der fachlichen Probleme der Kunst des Schreibens, wahrgenommen?

Über dieses Thema wollen wir uns unterhalten. Um jede Verwirrung zu vermeiden, werden wir die Frage auf das Problem der Prosa beschränken.

Es gibt nämlich zwei Arten, die Wörter zu nehmen:

Im einen Fall handelt es sich darum, sie als konventionelle Zeichen zu benutzen, das Wort auf den Gegenstand, den es bezeichnet, hin zu überschreiten und die Wörter zur Konstituierung von Bedeutungen und Ideen zusammenzustellen.

Auf der anderen Seite haben wir es mit einer Art zu tun, die Wörter als natürliche Gegenstände aufzufassen. In diesem Fall werden sie zwar nicht von der Bedeutung getrennt, aber ihre Bedeutung erfüllt sie in gewisser Weise wie eine Seele, und in diesem Fall geht es nicht mehr darum, sie zur Bildung von Ideen zusammenzustellen, sondern ganz und gar andre, ebenfalls natürliche Verbindungen zwischen ihnen hervorzubringen.

Anders gesagt, es gibt zwei Haltungen: Prosa und Poesie. Was man von jemandem verlangen kann, der die Wörter zum Benennen benutzt, kann man nicht von jemandem verlangen, der die Wörter auf andre Weise benutzt, das heißt, insofern sie Gegenstände sind, deren Zusammenstellung ähnliche Wirkungen hervorruft, wie sie Farben auf einer Leinwand erzielen.

Einem Dichter kann man also nicht vorwerfen, daß er als Dichter seine Verantwortlichkeit als Mensch leugne. Man kann ihm vorwerfen, daß er nur Dichter ist, das heißt, daß er als Mensch nicht ebenfalls einen Sinn für seine Verantwortlichkeit hat, aber man kann ihm nicht vorwerfen, daß er sich nicht als Dichter in sozialen Kämpfen oder bei einem Aufbauunternehmen engagiert.

Wir werden also auf dem Gebiet der Kunst der Prosa bleiben.

Als Deutschland eine Naziregierung hatte, hatten die deutschen Nazigegner natürlich die Pflicht, zu protestieren, anzuklagen, Widerstand zu leisten, ob sie nun Schriftsteller waren oder nicht. Aber es war ihnen eben gerade nicht möglich, ihr Wirken als Schriftsteller auszuüben, und daher protestierten und verurteilten sie auf andre Weise: es konnte illegale Vereinigungen geben, sie konnten etwas tun, wie zum Beispiel als Professor die Universität verlassen oder ihr Amt als Dekan aufgeben, wenn ein jüdischer Professor vertrieben wurde; aber es ging jedenfalls nicht darum, durch Schreiben zu protestieren.

So kann man sich wahrscheinlich einen Menschen vorstellen, der illegalen Organisationen angehört hat und der andrerseits, während er dort sein Leben auf eine Weise riskierte, die seine Existenz rechtfertigte, fortfuhr, wenn er Zeit hatte, Werke zu schreiben, die von jeder politischen Bedeutung völlig losgelöst waren.

Und umgekehrt haben unter der Besatzung viele Schriftsteller bei illegalen Zeitschriften mitgearbeitet, und diejenigen, deren Widerstand sich auf diese Arbeit beschränkte, hatten immer eine Art Minderwertigkeitskomplex gegenüber jenen, die sich im Gegenteil in einem direkten Kampf engagierten, als wenn es nicht genügte, auf der Ebene der Literatur Widerstand zu leisten, denn «das war ja nur Literatur».

Daher schwankt also der Begriff der Literatur je nachdem, ob man die Literatur als etwas betrachtet, was unmittelbar aus der menschlichen Kondition hervorgeht und folglich alle Verantwortlichkeit der Menschen einschließt, oder ob man im geläufigen Sinn Literatur macht, das heißt im Grunde nur spricht, um zu sprechen. Und gerade weil man nicht genau weiß, was Literatur ist, herrscht selbst bei den Schriftstellern die geläufige Theorie von der Nicht-Verantwortlichkeit des Schriftstellers. Daher meint man, etwas benennen hieße nur es streifen; die Sache streifen, ohne ihr weh zu tun.

Hier steht ein Glas auf dem Tisch; ich sage: Es ist ein Glas; ich benenne es Ihnen; dem Glas ist das offenbar *a priori* egal, es scheint durch den Namen, den ich gerade gesagt habe, nicht verwandelt, sondern genau das geblieben zu sein, was es ist, an seinem Platz, und dieser Stimmhauch scheint absolut nichts an seiner Situation modifiziert zu haben. Wenn also wirklich sprechen die Dinge nicht verändern heißt, wenn also wirklich sprechen nur Wörter zusammenstellen heißt, die die Situationen nicht modifizieren, dann kann der Schriftsteller in voller Nicht-Verantwortlichkeit sprechen. Da die Literatur das Glas dadurch, daß sie davon spricht, nicht verändern kann, kann sie nur eines tun, nämlich es mit Wörtern so gut wie möglich zu kopieren versuchen, so wie der realistische Maler es mit Farben kopiert, das heißt, die verschiedenen Eindrücke, die das Glas hervorruft, wiederzugeben versuchen. Sprechen hieße dann einfach eine Welt aus Bedeutungen am Rande des Handelns und der Realität konstituieren, die die Realität widerspiegelte, ohne sie zu modifizieren? Die Literatur wäre dann wie das Bewußtsein ein Epiphänomen.

Diese Auffassung beruht auf einem verhängnisvollen Irrtum, den man sehr gut aufdecken kann, sofern man zunächst auf die direkte Untersuchung dessen zurückkommt, was Sprache und Prosa, was das Ziel und die bewußten oder unbewußten, impliziten oder expliziten Absichten eines Schriftstellers sind. Das werden wir zunächst untersuchen.

Die Prosa ist eine Geisteshaltung, und der Blick dringt bei der Prosa durch das Wort hindurch und geht auf das bezeichnete Ding hin. Das Wort ist also ein Vehikel von Ideen. Sobald es seine Funktion erfüllt hat, vergessen wir es.

Jeder von uns könnte vielleicht zum Beispiel die kartesianische Theorie des Cogito mit Wörtern darlegen, die über die Idee vollständig Aufschluß gäben und doch keineswegs die Wörter Descartes' wären, das heißt mit Wörtern, die im Dienst der Idee stünden.

Man kann sagen, daß jede Idee auf unterschiedliche, aber äquivalente Weisen ausgedrückt werden kann. Halten wir also fest, daß die Sprache auf eine Idee oder ein Ding hinweist; anders gesagt: sie enthüllt. Die Sprache ist eine menschliche Tätigkeit des Enthüllens. Für mich und für die andren läßt das Wort einen Gegenstand aus dem Schatten hervortreten und integriert ihn in unsere allgemeine Tätigkeit.

Wenn ich «das Glas» sage, so ändere ich zwar scheinbar nichts. Aber wenn ich es benenne, lasse ich es für mich und für meinen Nebenmann, der es vielleicht nicht gesehen, vielleicht eine allgemeine Wahrnehmung hatte, in der das Glas in allem übrigen unterging, aus dem Schatten hervortreten. Folglich existiert es von diesem Moment an für ihn, und so bescheiden diese Veränderung auch sein mag, seine Welt hat sich dadurch verändert. Es gibt für ihn jetzt einen Gegenstand, der existiert und der vorher nicht existierte. Ich habe ihn benannt, und dadurch macht er sich klar, daß er in die Welt integriert ist und daß er jetzt mit ihm zu tun hat.

Wenn wir bedenken, daß man bei der Folter Gewalt anwendet, nur um ein Wort zu erhalten (eine Telefonnummer oder eine Adresse oder einen Namen), dann begreifen wir, wie wichtig die Tätigkeit des Benennens ist und daß ein Ding benennen es verwandeln heißt.

Wie es verwandeln?

In einer Welt von menschlichem Wissen und Bewußtsein und Kultur heißt das zunächst einen Gegenstand vom Unmittelbaren in den vermittelten Zustand übergehen lassen. Wir tun alle eine Menge Handlungen, die wir ignorieren wollen, weil wir nicht dafür verantwortlich sein wollen. Wir tun sie, ohne darauf zu achten, wir übergehen sie mit Stillschweigen, wir verbringen unser Leben damit, Handlungen mit Stillschweigen zu übergehen, eben weil wir sie nicht benennen wollen. Sie mit Stillschweigen übergehen heißt sie tun, ohne ein reflexives Bewußtsein davon zu gewinnen, ohne darauf zurückzukommen, um sie zu sehen: wir tun etwas, wir sehen es uns nicht tun.

Eine dieser Handlungen benennen heißt sie unmittelbar ihrem Urheber ausliefern, was er auch tun mag: «Das tust du jetzt, sieh zu, wie du damit zurechtkommst.» Die so benannte Sache verliert ihre Unschuld. Die Sprache nimmt in gewisser Weise jede Unschuld. Die Sprache nimmt die Unmittelbarkeit und konfrontiert die Person zugleich mit ihrer Verantwortlichkeit.

Die Neger unterdrücken ist nichts, solange nicht jemand gesagt hat: Die Neger werden unterdrückt. Bis dahin merkt es niemand, vielleicht nicht einmal die Neger selbst; aber es bedarf nur eines Worts, damit das einen Sinn annimmt.

Sobald ich das Verhalten meines Nebenmanns benenne, weiß er, was er tut. Außerdem weiß er, daß ich es weiß. Und folglich ist seine Haltung mir gegenüber verändert. Er weiß, daß andre es wissen oder wissen können, und sein Handeln tritt aus der Subjektivität heraus und integriert sich in den objektiven Geist.

Insofern Literatur Prosa ist und benennt, besteht sie darin, eine unmittelbare, unreflektierte, vielleicht ignorierte Tatsache auf die Ebene der Reflexion und des objektiven Geistes zu bringen.

Wenn ich spreche, weiß ich, daß ich etwas verändere. Es ist nicht möglich, daß ich spreche, ohne etwas zu verändern, es sei denn, daß ich spreche, um nichts zu sagen; aber etwas sagen heißt etwas verändern und sich bewußt sein, daß man etwas verändert.

Sie kennen jenen sehr schönen und sehr bezeichnenden Satz aus

La chartreuse de Parme von Stendhal?[1] Die Sanseverina und Fabrice haben ein unbestimmbares Gefühl füreinander, das den Grafen Mosca stark beunruhigt. Als dieser den Wagen sich entfernen sieht, der sie fortführt, ruft er aus: «Wenn erst das Wort Liebe zwischen ihnen ausgesprochen ist, bin ich verloren.» Das heißt: wenn die Sache einmal benannt ist, ist sie geschehen. Der Name genügt.

Der Schriftsteller ist nun, *ob er will oder nicht*, jemand, der unbestimmbaren Beziehungen zwischen den Menschen den Namen Liebe oder Haß, sozialen Beziehungen den Namen Unterdrückung oder Kameradschaft gibt. Ich sage: ob er will oder nicht, denn er kann natürlich wählen, nicht davon zu sprechen, aber Schweigen ist auch ein Wort, denn wenn man ins Universum der Sprache verstrickt ist, bestimmt sich das Schweigen in bezug auf die Wörter. Schweigen ist ein Modus der Verbindung der Wörter, und *es bezeichnet* etwas. Schweigen heißt immer noch sprechen; von einem Stummen sagt man nicht, daß er schweigt.

Wenn also ein Schriftsteller gewählt hat, über irgendeinen Aspekt der Welt zu schweigen, dann hat man das Recht, ihn zu fragen: Warum hast du lieber von diesem als von jenem gesprochen? Und da du ja sprichst, um etwas zu verändern – denn anders kann man nicht sprechen –, warum willst du lieber dieses als jenes verändern? Warum willst du lieber die Beschaffenheit der Briefmarken verändern als die Art, wie in einem antisemitischen Land der Jude behandelt wird? Und umgekehrt. Er muß also immer auf folgende Fragen antworten: Was willst du verändern? Warum lieber dieses als jenes?

Infolgedessen können wir den Schriftsteller fragen: Warum willst du sprechen, und worüber willst du ganz allgemein sprechen?

Aber außerdem ist der Schriftsteller jemand, der die Sprache so benutzt, daß er die Wörter auf eine Weise zusammenstellt, die er sich als schön erhofft. Warum tut er das? Ich glaube, ein Schriftsteller spricht, um von den anderen anerkannt zu werden in dem Sinne, in dem Hegel von der gegenseitigen Anerkennung der Bewußtseine spricht.[2]

Ich glaube, man hat sehr schlecht begriffen, was die ästhetische

1 Deutsch: *Die Kartause von Parma. Anm. d. Übers.*

2 Georg Wilhelm Friedrich Hegel, *Phänomenologie des Geistes*, B. Selbstbewußtsein. *Anm. d. Übers.*

Präsentation einer Sache ist. Es stimmt, daß das Ästhetische immer eine Präsentation auf Distanz bedeutet, einen Abstand des Gegenstands gegenüber dem Beschauer. Es gibt kein Ungeheuer, sagte Boileau, das durch die imitierende Kunst nicht angenehm würde. Das bedeutet, wenn der Künstler in einem Kunstwerk eine Wunde oder eine Häßlichkeit oder eine Ungerechtigkeit zeigt, dann will er den Beschauer nicht direkt, körperlich berühren, wie man es zum Beispiel täte, um Hilfe oder Geld zu erhalten. Deswegen hat man geglaubt, daß die ästhetische Präsentation eines Gegenstands reine Präsentation, lediglich Präsentation ohne Engagement sei, und auf diese Weise kam man zur Flucht des Schriftstellers in die Unverantwortlichkeit des Schriftstellers zurück.

Versuchen wir zu begreifen, was das ästhetische Vergnügen bedeutet, und wir werden vielleicht begreifen, was diese Präsentation bedeutet. Der Schriftsteller will, daß das, was er schreibt, nicht als ein Schrei aus seinem Herzen unter der Wirkung des Schmerzes, des Schreckens oder der Angst anerkannt wird, sondern als das Ergebnis einer Regeln unterworfenen Schöpfung, das heißt einer Schöpfung, die auf doppelte Weise frei ist. Frei zunächst als Schöpfung, denn nach der Definition dieses Worts schaffen wir etwas, wenn der Keim dieser Sache im vorhergehenden Augenblick nicht gänzlich enthalten ist. Wir schaffen etwas, wenn etwas Neues gegenüber der Voraussicht da ist, die man im Augenblick davor haben konnte. Frei sodann als etwas, was Regeln unterworfen ist, das heißt als eine Tätigkeit, die sich ihre eignen Gesetze gibt. Hier erscheint der zweite Sinn der Freiheit: die Autonomie, die Möglichkeit, durch die Darstellung der Gesetze und nicht unter der Wirkung der Gesetze zu handeln. Infolgedessen schließt dieser doppelte Charakter ein, daß der Autor dadurch, daß er sich die Mühe macht, einen Gegenstand zu erfinden und ihn nach Gesetzen zu schaffen, verlangt, als frei anerkannt zu werden, weil er der Autor einer freien Schöpfung ist.

Der Leser dagegen fällt über das Buch oder den Kunstgegenstand kein Tatsachenurteil, wie man sagt, sondern ein Werturteil. Wenn eine Hausherrin sieht, daß ein Gespräch über irgendein Buch oder über irgendein Theaterstück erbittert werden kann, dann ist es üblich, die Leute daran zu erinnern, daß all das eine Geschmacksache sei, und es gilt als höflich, wenn man sagt: Ich mag dieses Buch nicht oder ich mag es, weil damit abgemacht ist, daß man es nicht mag oder mag, so wie man Krebse oder Tomaten nicht mögen oder mögen kann, und nicht: Dieses Buch ist schön oder dieses Buch ist häßlich.

Der Grund für eine solche Ausflucht ist ganz einfach. Wenn man sagt: Dieses Buch ist schön, so heißt das: Die Leute, die es nicht schön finden, halte ich für schuldig, oder wenn man lieber will: Ich verlange von jedem Menschen dieser Gemeinschaft, der ich angehöre, daß er dieses Buch als schön anerkennt. Dieses Verlangen ist beleidigend. Aber ein Verlangen postuliert immer, was es auch sei, die Freiheit dessen, an den es sich richtet. Du mußt, also kannst du. Von jemandem, der nicht frei ist, kann ich absolut nicht verlangen, daß er ein ästhetisches Urteil fällt: er wird Sklave seines Geschmacks sein. Und in dem Moment, wo ich durch die bloße Formulierung: Dieses Buch ist schön, von jemandem verlange, daß er wie ich seine Schönheit behauptet, stelle ich, wie schon gesagt, fest, daß ich es mit einer Regeln unterworfenen Schöpfung zu tun habe und daß zugleich an meine Freiheit appelliert wird.

An meine Freiheit wird appelliert, weil ich aufgefordert werde, ein allgemeines Urteil zu fällen: Dies ist schön. Es wird also nicht versucht, mich auf der individuellen Ebene meiner Leidenschaften, meiner Komplexe zu berühren; ich werde aufgefordert, mich sofort auf die Ebene der Allgemeinheit zu begeben. Man richtet sich also an mich, insofern ich frei bin, und genau das ist der Sinn des ästhetischen Abstands. Nicht, daß man nicht will, daß ich mich über eine Ungerechtigkeit entrüste, nicht, daß man die Dinge meiner Unparteilichkeit unterbreiten will; nein: man will mein Urteil engagieren, aber man will es frei engagieren. Man wendet sich nicht ans Herz, man wendet sich an das im eigensten Sinn Menschliche am Menschen, das heißt an die Freiheit.

Ein ästhetisches Urteil fällen heißt also anerkennen, daß es eine Freiheit mir gegenüber gibt, die Freiheit des Schöpfers, und gleichzeitig anläßlich des Gegenstands mir gegenüber ein Bewußtsein meiner eigenen Freiheit gewinnen und schließlich, drittens, verlangen, daß die andren Menschen unter denselben Umständen dieselbe Freiheit haben.

Sie sehen, daß folglich ein ästhetisch konzipiertes Buch wirklich ein Appell einer Freiheit an eine Freiheit ist, und das ästhetische Vergnügen ist das Bewußtwerden der Freiheit vor dem Gegenstand.

Und da die Literatur eine unablässige Behauptung der menschlichen Freiheit ist, da sie bei ihrer Suche nach dem Schönen in jedem Augenblick an die Freiheit appelliert, wäre es falsch, zu sagen, daß es eine schwarze Literatur gibt. Es gibt nur gute oder schlechte Literatur. Wenn Literatur gut ist, ist sie niemals schwarz, weil sie jenseits von allem, was sie zeigen kann, ihre Leser auffordert, sich auf die Ebene zu begeben, wo sie frei sind und wo sie infolgedessen *verändern* können, was ihnen gezeigt wird: in ihnen, wenn es sich um die Beschreibung psychologischer, subjektiver Demütigungen handelt, in der Welt, wenn ihnen soziale Ungerechtigkeiten präsentiert werden.

So ist der Schriftsteller jemand, der an die Freiheit andrer appelliert, daß diese Freiheit die seine anerkenne. Und da die Freiheit nicht betrachtet, sondern realisiert wird, tut er es anläßlich einer Sache, die zu ändern er ihr vorschlägt.

Wenn wir einen Augenblick den Schriftsteller mit dem Politiker vergleichen, so sehen wir, daß der Politiker sich die Realisierung der Freiheit zum Ziel setzen kann, jedoch kein andres Mittel dazu hat als die Gewalt. Die Gewalt kann auf ein Mindestmaß beschränkt, aber sie kann nicht aufgehoben werden, denn sie wird zumindest gegen jene angewandt werden müssen, die die Freiheit, die er der Welt sichern will, anzutasten versuchen. Das ist die berühmte Frage: Soll man in Demokratien die Feinde der Demokratie bewahren? Doch der Schriftsteller, obwohl er genauso wie der Politiker die Freiheit ersehnt und das Reich des Menschen realisieren will, hat auf seinem Gebiet nichts mit Gewalt zu tun, lehnt die Gewalt ab.

Es gibt zwar eine mögliche Gewalt der Wörter, die darin besteht, zu lügen, zu kaschieren, zu verhehlen. Aber dann sind wir nicht mehr auf der Ebene der Literatur, sondern auf der Ebene der Propaganda oder der Reklame. Wenn wir wirklich wollen, daß ein Werk schön sei, dann genau beabsichtigen wir einen gewaltlosen Appell an die Freiheit.

So können wir jetzt in großen Zügen die Verantwortlichkeit des Schriftstellers definieren.

Wenn der Schriftsteller Literatur macht, das heißt, wenn er schreibt, dann übernimmt er damit die Funktion, in einer Welt, wo die Freiheit ständig bedroht ist, die Behauptung der Freiheit und den Appell der Freiheit fortbestehen zu lassen.

Ein Schriftsteller, der sich nicht auf diese Ebene begibt, ist schuldig; er ist nicht nur schuldig, sondern er hört alsbald auf, Schriftsteller zu sein.

Eine der merkwürdigsten Tatsachen, die man während der Besetzung beobachten konnte, ist die fortschreitende Verwirrung von Drieu la Rochelle:[3] Drieu la Rochelle, der gewiß einer der ehrlichsten und vielleicht einer der pathetischsten unter denen war, die sich getäuscht haben, hatte eine Zeitschrift, in der er regelmäßig geknebelte Menschen beschimpfte, Menschen, die ihm nicht antworten konnten, die nicht frei waren, wenn er sie verletzte. Doch dieser Mann, der durchaus nicht ohne Klarsicht war, hat sich allmählich verwirrt: von Artikel zu Artikel anfangs in Wut, dann in Angst verfallend gab er die Zeitschrift schließlich auf, einfach weil er zu Leuten sprach, die ihm nicht antworten konnten, einfach weil er zu Leuten sprach, die nicht frei waren, über das, was er schrieb, zu urteilen. Genau deswegen ist die Stimme verstummt. In der Wüste schreibt man nicht, spricht man nicht.

Da es nun eben das ist, was der Schriftsteller will, können wir sagen, daß er ein für allemal für die menschliche Freiheit verantwortlich ist. Aber damit kommen wir zu viel konkreteren und viel schwierigeren Problemen: Wird er in diesem Fall ein *clerc* sein wie der selige Julien Benda[4] und, ohne sich in die Menge zu begeben – weil die

3 Drieu la Rochelle stellte sich 1940 der deutschen Besatzungsmacht zur Verfügung und übernahm die Leitung der Zeitschrift *Nouvelle Revue Française*. Siehe dazu auch Sartres Aufsätze *Drieu la Rochelle oder Der Selbsthaß* in: *Der Mensch und die Dinge*, Aufsätze zur Literatur 1938–1946. Schriften zur Literatur. Band 1, Rowohlt Taschenbuch Verlag, Reinbek 1978, rororo 4260, 91f, und *Was ist ein Kollaborateur?* in: *Paris unter der Besatzung*, Artikel, Reportagen, Aufsätze 1944–1945. Politische Schriften. Band 1, Rowohlt Taschenbuch Verlag, Reinbek 1980, rororo 4593, 60–71. *Anm. d. Übers.*

4 Anspielung auf Julien Bendas 1927 erschienenes Pamphlet *La trahison des clercs* (deutsch: *Der Verrat der Intellektuellen*), in dem der Verfasser den Intellektuellen seiner Zeit vorwirft, durch ein Paktieren mit den irrationalen Kräften politischer Massenbewegungen die Vernunft zu verraten. Dieses Pamphlet richtete sich vor allem gegen die dynamische Philosophie von Henri Bergson, gegen die rechtsradikale *Action française* um Charles Maurras und Maurice Barrès, besonders aber gegen den italienischen und den sich ankündigenden deutschen Faschismus. Sartre warf jedoch Benda vor, daß er in diesem Zusammenhang *jede* gesellschaftliche Verantwortung, *jede* politische Stel-

Menge immer ungerecht ist –, Ideen von ewigem Gut, von ewiger Gerechtigkeit, von Wahrem, von Wahrheit und von Ewigem spiegeln? Begeht er Verrat, wenn er von den Nazis, von Spanien, vom Widerstand der unterdrückten Länder, von der Judenfrage, vom Proletariat, vom kommenden Krieg spricht? Ist er lediglich der Hüter der ewigen Werte? Darauf kann man nur antworten: nein. Man ist nicht zuerst der Hüter der ewigen Werte, denn die Freiheit ist konkret.

Wenn ich sage, ein Buch ist ein Appell an die Freiheit, dann handelt es sich nicht um einen Appell an eine abstrakte Freiheit, die lediglich eine Art metaphysisches Vermögen des Menschen wäre; diese kennen wir nicht, wir finden sie in philosophischen Abhandlungen; aber niemand hat die direkte Absicht, für die Erhaltung einer absoluten, ewigen, farblosen Freiheit zu handeln.

Wenn wir für eine Sache kämpfen, so wollen wir diese Sache, und auf diese Weise wollen wir implizit die Freiheit. Selbst wenn man sich lediglich dafür einsetzt, das intellektuelle Niveau einer Gruppe von Leuten zu heben, für diese Leute oder für andre präzise Rechte zu fordern, dann läßt man dadurch die menschliche Freiheit fortbestehen und behauptet sie.

Beschränkt man sich dagegen darauf, über die Freiheit schlechthin zu schreiben, so trägt man lediglich zur Unterdrückung bei, wie ich Ihnen später zeigen werde, denn im Namen der Freiheit kann man eine totale Unterdrückung praktizieren.

Die Freiheit wird Tag für Tag und konkret geschaffen in konkreten

lungnahme und Einmischung als Verrat an der Mission des Intellektuellen denunziere.

Das Wort *clerc* in Bendas Schrift bezeichnete zunächst den *Kleriker*, dann aber, allgemeiner, sowohl den *Schriftkundigen*, den *Schreiber*, den *Büroangestellten* als auch den *Gelehrten*, den *Literaten*. Bei diesem Begriff klingt die Unabhängigkeit des Klerikers oder des mittelalterlichen Gelehrten von der weltlichen Macht und seine ausschließliche Verantwortlichkeit gegenüber der reinen Geistigkeit der Kirche an. Da es im Deutschen kein Wort gibt, das alle diese Anklänge zugleich hervorruft, und es auch im Französischen nicht mehr gebräuchlich ist, da andrerseits Sartre immer auf Benda anspielt, wenn er es verwendet, wurde es nicht mit Intellektueller übersetzt, sondern unübersetzt gelassen. Ebenso unübersetzt blieb auch das Wort *cléricature*, das die Gemeinschaft der *clercs* bezeichnet. So verfährt im Text auch der deutsche Übersetzer von Bendas Schrift, Arthur Merin. *Anm. d. Übers.*

Aktionen, in denen sie impliziert ist, und wenn wir von einem Engagement des Schriftstellers, von einer Verantwortlichkeit des Schriftstellers sprechen, so handelt es sich nicht um ein Engagement im Namen einer abstrakten Freiheit; die Freiheit, an die er durch sein Schreiben appelliert, ist eine konkrete Freiheit, die dadurch, daß sie etwas Konkretes will, sich selbst will. An eine konkrete Entrüstung über ein besonderes Ereignis, an einen Willen, eine besondere Institution zu verändern, appelliert er.

Zum besseren Verständnis des eben Gesagten müssen wir in einige historische Betrachtungen eintreten, denn außer dem, was ich Ihnen eben gesagt habe, nämlich daß es das Wesen der Literatur sei, die Freiheit zu erhalten, gibt es kein apriorisches Problem der Verantwortlichkeit des Schriftstellers: sie ändert sich je nach der Epoche. Wenn Sie so wollen, ist nicht nur der Schriftsteller für seinen Grad an Verantwortlichkeit verantwortlich, sondern auch die Gesellschaft, in der er lebt. Im 18. Jahrhundert, im 15. Jahrhundert ist ein Schriftsteller nicht in der gleichen Weise verantwortlich wie im 20. Jahrhundert. Es hat zum Beispiel eine Epoche gegeben, das Mittelalter, wo der Schriftsteller tatsächlich das ewige Gut betrachten oder die Illusion haben konnte, daß er das ewige Gut betrachtete.

Warum? Weil die Solidarität zwischen den gesellschaftlichen Gruppen schwach war, weil man sich eine kleine Gemeinschaft vorstellen konnte, die relativ isoliert lebte, und folglich eine *cléricature*, weil die Werke wenig gelesen wurden, außer von einer Elite, und diese Elite bereits eine fertige Ideologie hatte, nämlich die christliche Ideologie, und weil es außerdem eine solide, feste Macht gab, die Kirche oder die Monarchie, die diese Ideologie aufrechterhielt.

Je stärker die Ideologie in den führenden Klassen ist, desto weniger verantwortlich ist der Schriftsteller, der immer mit den führenden Klassen in Verbindung steht, desto mehr neigt er dazu, lediglich der Hüter dieser Ideologie zu sein, und da sich diese Ideologie immer als ewig ausgibt, wird er natürlich der Betrachter ewiger Werte sein.

In bestimmten Epochen wie der eben erwähnten hat sich der Schriftsteller also scheinbar darauf beschränkt, die Werte und die Ideologie der damals führenden Klassen zu restituieren. Als Schriftsteller überschritt er sie jedoch, weil er sie trotzdem einer Freiheit präsentierte. Sein Werk war trotzdem ein konstanter Appell an die menschliche Freiheit, weil er allein dadurch, daß er sie präsentierte, daß er sie der Betrachtung, der Anfechtung zugänglich machte, daß er sie benannte, implizit dazu aufforderte, sie zu überschreiten, auch wenn er sich dessen gar nicht bewußt war. Von einer Ideologie wie von einer Sache sprechen heißt bereits sie teilweise überschreiten.

Nehmen Sie eine bestimmte Epoche, zum Beispiel das 18. Jahrhundert, wo wir es mit der Auflösung einer Ideologie zu tun haben, mit einer Klasse, die eine andere ablösen wird, mit einer Ideologie, die sich auflöst, und zwar mittels der Kritik.

In diesem Moment geht der Schriftsteller mit der Geschichte. Seine Arbeit der Präsentation, der Kritik, mit der er einer Freiheit Ideologien präsentiert, geht einher mit der Arbeit der Kritik, die innerhalb der Gesellschaft geschieht, weil es eine Klassenverschiebung gibt.

Sie wissen, welche Verantwortlichkeit Schriftsteller des 18. Jahrhunderts wie Rousseau, wie Voltaire gehabt haben. Allerdings war das in einer Auflösungsepoche.

Das 19. Jahrhundert dagegen ist das Ende der revolutionären Apokalypse, das Auftauchen einer neuen Ideologie, der liberalen Ideologie, der politischen Rechte aller, die Existenz einer auf Arbeit, Fortschritt und Sparen fußenden Elite gewesen. In diesem Moment ist der Schriftsteller nicht mit einer Klasse einig, deren Ideologie fest und stabil ist wie im Mittelalter, oder mit einer aufsteigenden Klasse, die dabei ist, die Ideologie der ehemaligen Unterdrückten aufzulösen, sondern er ist mit der Klasse, die ihn hervorgebracht hat, uneinig, er steht in Opposition zu dieser Ideologie; zugleich hat er keinerlei Einfluß auf das Proletariat oder kennt es nicht, und da er einer Klasse, die seine eigne ist und eine stabile und ausgearbeitete Ideologie hat, keine Ideen bieten kann, ist er auf die Kontemplation der reinen Werte zurückgeworfen, das heißt eben gerade auf einen sterilen Appell an die Freiheit.

An die Freiheit appellieren, ohne daß damit etwas verändert werden soll, einzig und allein, damit sie sich angesichts eines schönen Werks einen Moment ihrer selbst erfreue, das ist das L'Art pour l'art. Auf diese Weise gegen das Nützliche, gegen den Fortschritt der Maschinen, gegen die Klasse an die schöpferische Freiheit appellieren heißt zugleich gegen das Bürgertum sein und materiell an das Bürgertum gebunden bleiben.

Das Bürgertum ist nur allzu bereitwillig, einen Schriftsteller dafür zu bezahlen, daß er die Wut auf sein Philistertum, auf seinen Mangel an Intelligenz oder Geschmack lenkt, wo doch diese Wut ganz einfach von der Unterdrückung herrühren könnte, was sehr viel lästiger wäre.

Das L'Art pour l'art entsteht also aus der hilflosen Feststellung, daß der Schriftsteller, der sich weder mit seiner eignen Klasse noch mit einer andren einig ist, niemandem helfen kann.

Daher die Theorie, daß der Schriftsteller nicht verantwortlich sei, das heißt, daß er einzig und allein frei sei, zu schaffen, aber nicht in Unschuld zu schaffen.

Wie ich bereits sagte, gibt es keine unschuldige Literatur. So wie Saint-Just sagte: Man kann nicht unschuldig regieren, muß man auch sagen: Man kann nicht unschuldig sprechen oder schreiben. Die Schriftsteller sind schuldig, die Position des L'Art pour l'art allzulange aufrechterhalten zu haben.

Heute ist die Situation völlig anders, erstens weil niemand mehr an die Nicht-Verantwortlichkeit oder an das L'Art pour l'art glaubt. Die Besetzung hat zum Beispiel vielen Leuten gezeigt, daß die Literatur heute an die Demokratie gebunden ist. Wenn Sie nicht frei für freie Menschen schreiben können, dann können Sie überhaupt nicht mehr schreiben.

Das Beispiel Drieu la Rochelle, von dem ich sprach, zeigt Ihnen ebenso wie das Beispiel der Schriftsteller der Résistance, daß die Literatur so eng an die Demokratie gebunden ist, daß sie sie nicht nur verteidigen muß, sondern daß man, wenn die Demokratie mit Waffengewalt angegriffen wird, auch die Literatur mit Waffengewalt verteidigen muß.

Die Haltung des Schriftstellers erfordert also, wie Sie sehen, eine bestimmte menschliche Gesellschaft. Sie ist nicht in allen Gesellschaften möglich; in einer repressiven Gesellschaft gibt es keine Literatur mehr, und es ist kein Zufall, daß die deutsche Naziliteratur oder die italienische faschistische Literatur so schlecht waren.

Zweitens gibt es eine Erweiterung des Publikums bis ins Unendliche, aber nur an der Oberfläche, wie Sie gleich sehen werden.

Ich sagte eben: eine einzige Welt; heute erlebt man also das merkwürdige Phänomen, daß Schriftsteller, die ihren Ruf noch nicht oder vielleicht niemals verdienen – zu denen ich und viele andere meiner Generation gehören –, bereits ein viel größeres Publikum haben, als zum Beispiel die besten Schriftsteller des 19. Jahrhunderts jemals gehabt haben. Man errötet, daß man im Ausland übersetzt wird, wenn man an den kleinen Kreis denkt, der Baudelaire zu seinen Lebzeiten kannte. Aber dieses Phänomen bedeutet nichts weiter als: es gibt Zeitungen, es gibt einen Rundfunk, es gibt den Film, bringt aber gleichzeitig durch die Erweiterung des Publikums den Schriftsteller in den Zustand einer viel größeren Verantwortlichkeit, insofern er sehr viel mehr Dinge kennen, von sehr viel mehr Dingen sprechen muß.

Dennoch geht der Schriftsteller heute immer noch aus der bürgerlichen Klasse hervor oder wird jedenfalls von der bürgerlichen Klasse gelesen. Wenn die Wörter «bürgerliche Klasse» stören, weil sie einen politischen Akzent haben, können wir, wenn Sie wollen, sagen: von den führenden Gesellschaftsschichten, von den Leuten, die freie Berufe haben, von dem, was man die aufgeklärte Elite nennt. Er spricht zu Ärzten, Rechtsanwälten, Notaren, Beamten, Lehrern. Aber genau diese Gesellschaftsschichten erleben heute die Auflösung ihrer Ideologie. Wir haben es mit einer paradoxen Situation zu tun. Im 18. Jahrhundert sprach der Schriftsteller für die aufsteigende Klasse, die von selbst die Mißbräuche und Vorurteile kritisierte. Im 19. Jahrhundert fand sich der Schriftsteller sowohl von einem Proletariat, das er nicht kannte, ausgeschlossen als auch von einer bürgerlichen Klasse, die eine ganz feste Ideologie hatte und nichts andres von ihm verlangte, als daß er ihr Schönheit bieten sollte.

Heute sind diejenigen, die zum Schriftsteller kommen, die täglich an alle Schriftsteller der Welt schreiben, um sie um Rat, Hilfe und eine Ideologie zu bitten, immer noch Bürger, Bürger guten Willens, Intellektuelle, Leute aus den freien Berufen, die die Auflösung der bürgerlichen Ideologie erleben, die wissen, daß die Zeit des Liberalismus vorbei ist, die sehen, daß die Doktrin des Laisser-faire überall durch Planung und der Individualismus durch Staatsinterventionismus ersetzt wird, die nicht mehr die gleiche Ruhe haben, was ihr Eigentum angeht, die übrigens oft den größten Teil ihres Besitzes verloren haben.

Diese Leute, die guten Willens sind, kommen zu den Schriftstellern, aber es sind immer noch Bürger. Sie bilden das Publikum und bürden dem Schriftsteller, ob er will oder nicht, die Verpflichtung auf, für eine noch führende Klasse, die jedoch dabei ist, ihre Ideologie aufzulösen, eine neue Ideologie zu liefern.

Andrerseits erreicht er, und vielleicht weniger als je zuvor, nicht den wichtigsten Teil der nationalen Gemeinschaften, die Bauern und Arbeiter. Er erreicht sie nicht aus den gleichen Gründen, die ihn daran hinderten, im 19. Jahrhundert das Bürgertum zu erreichen; er erreicht sie nicht, weil die aktivsten, die aufgeklärtesten unter ihnen eine ausgeprägte Ideologie haben. Die Arbeitergesellschaft hat sich als geschlossene Gesellschaft organisiert, sie hat eine Kampfideologie: Determinismus, Materialismus.

Der Schriftsteller kann, insofern er durch seine Funktion die Freiheit postuliert und fordert, der führenden Klasse oder irgendeiner andren Klasse keine Ideologie liefern, es sei denn eine Ideologie, die die Befreiung der Leute fordert, die noch unterdrückt sind. Und andrerseits kann er sich nicht an die wenden, deren Befreiung er wünscht, sofern er nicht in eine Partei eintritt und als Parteimitglied Propagandist wird, bereit ist, seine Kunst zur Propaganda zu machen, also den Tod der Literatur verlangt und aufhört, Schriftsteller zu sein.

So ist es also nicht möglich, daß der Schriftsteller lediglich zum Bürgertum sprechen will. Er muß von den anderen sprechen, er muß *für sie* sprechen und sich *an sie* richten. Aber er kann es nicht. Als Schriftsteller ist er verantwortlich, da er ja ihre Befreiung fordern muß; als ein an die repressiven Klassen gebundenes oder aus ihnen hervorgegangenes Mitglied fühlt er sich schuldig, und dennoch hat er keine andre Zuhörerschaft als unter den Gutwilligen der Klasse, die dabei ist, zu verschwinden, die noch führend ist und die sich bewußt wird, eine repressive Klasse zu sein. Jene, zu denen er an erster Stelle sprechen will, hören ihn nicht.

Wenn wir uns jetzt fragten, worüber er heute sprechen soll, werden die Dinge noch komplizierter. Er ist aus der Klasse hervorgegangen, die die Revolution von 89 gemacht hat. Er bleibt an sie gebunden, ob er will oder nicht, denn man hört nicht einfach mit dem Herzen auf, ein Bürger zu sein, und er spiegelt die Prinzipien wider, die am Ursprung der Apokalypse der Freiheit gestanden haben, das heißt die Prinzipien von 89: das *habeas corpus*, die Meinungsfreiheit, die politische Freiheit. Aber gleichzeitig ist er sich darüber im klaren, daß diese Prinzipien für Millionen von Leuten eine bloße Mystifikation sind. Sie sind eine Mystifikation für den Neger aus Louisiana, für den Fabrikarbeiter aus Melun, es ist eine Mystifikation, ihnen davon zu sprechen. Es bedarf, wie er weiß, einer totaleren Befreiung auf der ökonomischen und sozialen Ebene, damit die Prinzipien des *habeas corpus* oder der Meinungsfreiheit oder der politischen Freiheit einen Sinn erhalten. Wenn also ein Schriftsteller die Meinungsfreiheit zu verteidigen sucht, so spürt er, obwohl er völlig recht hat, immer ein schlechtes Gewissen, weil das sozusagen die einzige Freiheit ist, die er verteidigt. Was heißt das schon für eine Stiefelstepperin: die Meinungsfreiheit? Im Namen bestimmter demokratischer Prinzipien lehnt er also zunächst eine bestimmte Art von Mißbrauch ab. Aber gleichzeitig macht er sich klar, daß es einer tieferen Befreiung bedarf. Doch jene, die diese tiefere Befreiung wollen, gehören, wie ich bereits sagte, nicht zu seiner Zuhörerschaft, sofern er nicht in die Kommunistische Partei eintritt. Außerdem haben die Notwendigkeiten des Handelns einen Teil dieser Organisationen der Arbeitergesellschaft gezwungen, den Vorrang des Machiavellismus vor der Moral, die Gewalt, den Opportunismus und ganz allgemein die Lehre zu behaupten, daß der Zweck die Mittel heilige.

Dahin haben sie sie gebracht, aber keineswegs durch die Bosheit des einen oder anderen einzelnen, sondern weil die Kriegs- und Gewaltaktion immer dazu führt, daß in einem bestimmten Moment diese Prinzipien aufgestellt werden. Denn das zu erreichende Ziel ist die totale Befreiung des Menschen, und diese Befreiung wird nicht dadurch erreicht, daß man Gedichte schreibt oder sich die Leute eines Tages alle umarmen. Also kommt es zum Kampf, zum Krieg; die Notwendigkeit des Kriegs ist dann notwendig der Vorrang des Machiavellismus. Es ist evident, daß man niemals dadurch handelt, daß man einfach die Moral behauptet. Doch der unglückliche Schriftsteller befindet sich in einer zutiefst widersprüchlichen und antinomischen Situation. Über die Ziele ist er mit den Organisationen, von denen wir sprechen, zunächst völlig einig, er muß es sein, weil er ja die Freiheit fordert. Aber er ist auch einig mit dem Bürgertum, das ihn erzogen hat, das ihn seine Prinzipien gelehrt hat, die ja auch Freiheitsprinzipien sind, was die Verurteilung der bedingungslosen Anwendung aller Mittel angeht. Allein durch die Tatsache, daß er schreibt, behauptet er den Vorrang der Moral; er erklärt, daß es einen Vorrang der moralischen Werte vor jedem Machiavellismus gibt. Doch im Namen der ethischen Werte muß er einfach, wenn er sich nicht der Repression oder der Mystifikation schuldig machen will, an erster Stelle die Befreiung aller Unterdrückten verlangen, der Proletarier, der Juden, der Neger, der kolonisierten Völker, der unrechtmäßig besetzten Länder usw.

Wenn er das konkret fordert, wenn das nicht nur Worte sind, wie glaubt er dann, daß ein besetztes Land, daß die unterdrückten Neger oder die kolonisierten Völker befreit werden können? In diesem Moment wird man wieder auf die Aktion und natürlich auf die Gewalt zurückgreifen und folglich von neuem in den Machiavellismus zurückfallen müssen, den er verurteilt.

Beschränkt er sich aber umgekehrt darauf, den Machiavellismus zu verurteilen und gleichzeitig zu behaupten, daß man die Unterdrückten befreien muß, dann spricht er entweder in die Luft, oder er ist einfach ein rührender Idealist, oder das Ganze ist ein Täuschungsmanöver. Er ist doppelt im Unrecht. Er schwankt ständig. Das ist die gegenwärtige Situation der meisten Schriftsteller: einerseits vom Machiavellismus angewidert, verurteilen sie ihn, wo immer er auftritt, vergessen dabei aber den Zweck, der ihn in gewisser Hinsicht heiligt, und fallen so durch Unterlassung in Mystifikationen zurück. Im Namen des *habeas corpus* verurteilen sie eine bestimmte Tat, ohne sich klarzumachen, daß das *habeas corpus* heute absolut nicht in Frage steht, daß das Problem sehr viel komplexer und sehr viel tiefer ist. Oder aber vom Ziel begeistert und davon überzeugt, daß man alles tun muß, um die Menschen zu befreien, bekommen sie Gewissensbisse, Minderwertigkeitskomplexe und akzeptieren dann die *Mittel*, ohne über sie urteilen zu können. Dann tragen sie zur Auflösung der moralischen Werte bei; sie werden den Machiavellismus noch stärker heiligen. Sie werden sogar aufhören, Schriftsteller zu sein, und wenn sie Dichter sind, werden sie aufhören, Dichter zu sein, und schließlich Reklame machen.

Wir haben alle dazu beigetragen, die moralischen Werte aufzulösen, wir Schriftsteller, wir haben alle den Vorrang des Machiavellismus erklärt, weil wir einen Minderwertigkeitskomplex wegen des Ziels haben, weil wir zwischen einer individualistischen Moral des 18. Jahrhunderts und einer sozialen Moral schwanken, weil wir gezwungen sind, zwischen den Mitteln und dem Zweck zu wählen.

Also schweigt man. Es gibt heute in vielen Ländern, besonders in Frankreich, eine Verschwörung des Schweigens. Die Schriftsteller haben ständig Gewissensskrupel hinsichtlich der Mittel oder der Zwecke, weshalb immer etwas verschwiegen wird. Es gibt Schriftsteller, die aus Angst vor Sowjetrußland, das heißt vor den Mitteln, bestimmte unrechtmäßige Besetzungen oder bestimmte Haltungen wie zum Beispiel die Haltung Englands in Palästina oder in Griechenland nicht verurteilen werden. Und umgekehrt gibt es Schriftsteller, die, weil sie gegen den Kapitalismus sind und es ihnen zuerst um das Ziel geht, bestimmte Deportationen, die Sowjetrußland praktiziert, oder eine bestimmte Art, wie es in einigen besetzten Ländern mit Wahlen umgeht, verschweigen werden.

Es herrscht hier also Schweigen, weil man offenbar nicht alles auf einmal angreifen kann. Es herrscht Schweigen über den Krieg. Es gibt Schriftsteller, die glauben, Amerika bereite den Krieg vor, aber da sie mit einem Präventivkrieg im Namen des *habeas corpus* sehr zufrieden wären, schweigen sie über diese Kriegsvorbereitung. Es gibt Schriftsteller, die glauben, Rußland bereite den Krieg vor, aber da der Krieg immerhin vielleicht die Revolution vorbereitet, schweigen auch sie. Ich weiß nicht, ob diese beiden Länder den Krieg vorbereiten, aber sie können ihn ganz ruhig vorbereiten, weil niemand heute die Stimme erhebt, um zu erklären, daß sie es nicht tun dürften.

Der Schriftsteller befindet sich also in einer Situation, wo er von einer Verantwortlichkeit eingenommen wird, mit der er nichts anzufangen weiß angesichts der reinsten Probleme, die den Menschen vielleicht jemals gestellt sind. Ich füge rasch hinzu – ich will ihn nicht allzu interessant machen –, daß er das genauso wie alle andren Menschen ist, aber da er nun einmal gewählt hat, zu sprechen, muß er einfach von alldem sprechen, und was wird er darüber sagen?

Ich glaube, daß es auch hier noch zumindest eine formale Position gibt, die ungefähr klar ist. Es ist evident, daß der Schriftsteller im Namen der Freiheit die Ungerechtigkeit, das heißt das Übel, verurteilen muß, woher es auch kommt, daß er die Gewalt verurteilen muß. Er muß jegliche Gewalt verurteilen, gleichgültig ob es eine Gewalt seiner Freunde oder seiner Feinde ist, eine Gewalt zur Erhaltung einer bestimmten Demokratie mit den Prinzipien des 18. Jahrhunderts. Aber wenn er lediglich das tut, wird er die Gewalt der Arbeiterklasse, die Gewalt Sowjetrußlands immer stärker verurteilen, weil er sich eben in eine Position gebracht hat, wo er den Zweck vergißt und nur noch auf der Ebene der Mittel bleibt.

Man muß wissen, in wessen Namen man die Gewalt verurteilt. Man muß zunächst wissen, daß wir in einer Welt der Gewalt leben, daß die Gewalt von den Leuten, die sie benutzen, nicht erfunden ist, daß alles Gewalt ist. Aber unter diesen Bedingungen muß der Schriftsteller zunächst versuchen, für sich selbst eine Theorie der Gewalt aufzustellen, muß er begreifen, daß es mehrere Arten von Gewalt gibt, daß es die Gewalt gegen die Gewalt gibt.

Es ist möglich, daß es in bestimmten von den Russen besetzten Ländern eine Million Deportierte gibt. Gut. Nun sagt man mir: Man muß nachdrücklich dagegen protestieren. Aber man sagt mir zum Beispiel auch: Es ist sehr schmerzlich, daß ein Neger in Alabama gelyncht worden ist. Aber es ist ein einzelner Neger. Wir haben hier einen und auf der andren Seite eine Million.

Ich würde zunächst sagen, daß von einer strikt ethischen Position absolut kein Anlaß besteht, zwischen einem und einer Million zu unterscheiden, aber ich glaube, daß das ein bißchen formal ist.

Sehen wir es etwas anders: Wenn eine solche Deportation stattfindet, dann ist sie zutiefst verwerflich, aber sie ist ein Mittel zur Erreichung eines Zwecks; ich sage nicht, daß das sie ausschließt, sondern daß man sie in diesem Licht betrachten muß. Dagegen ist die Lynchung des Negers die Auswirkung einer Situation, die sich von selbst fortsetzt, die keineswegs ein Mittel, die reine Gewalt ist, und sie ist nur der Ausdruck der Situation von zehn Millionen Negern, die vor diesen schon die von zehn Millionen Negern war und die vielleicht danach auch noch die von zehn Millionen Negern sein wird. Anders gesagt, wir haben es in diesem Moment mit Unterdrückung zu tun. In beiden Fällen hat die Unterdrückung nicht immer dieselben Ursachen. Ich will hier nicht einen Gesichtspunkt gegen den anderen verteidigen, ich will lediglich, daß ein Schriftsteller die Gewalt nicht *a priori* verurteilen soll, er soll sie in ihrem Rahmen verurteilen und als Mittel betrachten, und vor allem soll er begreifen, daß versucht werden sollte, nicht die Gewalt schlechthin und abstrakt zu verurteilen, sondern in jedem Fall das Mindestmaß an notwendiger Gewalt zu erkennen. Denn ohne Gewalt kann man heute nichts tun, weil alles Gewalt ist. Es gilt also, nicht jede Gewalt zu verurteilen, sondern nur die nutzlose Gewalt.

Anders gesagt, der Schriftsteller hat für sich das Problem zu lösen, wie er den Leuten das Verhältnis von Zweck und Mitteln begreiflich machen kann. Das ist eines der wesentlichen Probleme, und unsere Verantwortlichkeit als Schriftsteller besteht darin, es zu entwirren.

Doch wenn Sie sich nun sagen: Ich verurteile die Gewalt nicht bedingungslos, ich verurteile die Gewalt, wenn sie nicht für einen bestimmten Zweck angewandt wird und wenn sie nicht das notwendige Mindestmaß zur Erreichung dieses Zwecks hat, dann bringt Sie das als Schriftsteller notwendig dazu, das Problem des Zwecks zu stellen.

Es geht nicht darum, daß ein Schriftsteller eine Theorie, eine Aktion, eine Praktik rein negativ verurteilt. Das muß zwangsläufig im Namen von irgend etwas geschehen. Folglich muß man heute das Problem der Befreiung und der Freiheit neu durchdenken. Wir müssen uns darüber klarwerden, daß das *habeas corpus* heute eine Mystifikation nur im Namen einer tieferen Freiheit ist, und diese müssen wir zu begreifen und zu erreichen und zu verwirklichen versuchen.

Es gilt eine neue Freiheit zu verwirklichen; sie muß also neu durchdacht werden. Wenn wir den Machiavellismus verurteilen sollen, so kann das eben gerade nicht im Namen einer Freiheit geschehen, die Millionen von Menschen nicht besitzen, sondern es muß im Namen eines Zwecks geschehen, den der Machiavellismus eben gerade ausschließt und den wir definieren müssen. Anders gesagt, ich glaube nicht, daß es einem Schriftsteller heute möglich ist, als Schriftsteller ein gutes Gewissen zu haben, wenn er nicht den Sozialismus definiert hat, der die konkrete und positive Freiheit bringen wird, wenn er sich nicht auf diese Ebene begibt und wenn er ihn nicht konkret und auch für sich selbst definiert hat – das ist keine sehr bequeme Aufgabe –, wenn er das zumindest nicht zu tun versucht hat, wenn er nicht dazu beigetragen hat.

So ist also die Verantwortlichkeit des Schriftstellers heute ganz klar:

– Es geht darum, eine positive Theorie der Freiheit und der Befreiung aufzustellen.

– Es geht darum, in jedem Fall die Gewalt vom Gesichtspunkt der Menschen der unterdrückten Klassen zu verurteilen.

– Es geht schließlich darum, ein richtiges Verhältnis zwischen den Zwecken und den Mitteln zu bestimmen.

– Es geht darum, sofort in ihrem Namen abzulehnen – was natürlich nichts verhindern wird –, daß mit irgendeinem Gewaltmittel eine Ordnung verwirklicht oder aufrechterhalten wird.

– Es geht im Grunde darum, unablässig, stets und ständig über das Problem von Zweck und Mitteln nachzudenken oder auch über das Problem des Verhältnisses von Ethik und Politik.

Das ist unser Problem, es ist das Problem der Epoche, und es ist unseres, das der Schriftsteller. Das ist seine, nicht ewige, sondern aktuelle Verantwortlichkeit.

Wenn er sich über Gut und Böse im allgemeinen ausgelassen hat, so begeht er damit Verrat, denn das wird gar nicht von ihm verlangt; jedermann weiß, was das Gute ganz allgemein ist; verlangt wird, daß er versucht, den Menschen guten Willens zu helfen, über diese Probleme nachzudenken. Seine Wirksamkeit ist etwas andres. Und außerdem bin ich nicht gebeten worden, darüber zu sprechen. Aber in jedem Fall ist gewiß, daß ein europäischer Schriftsteller aus Ländern, die entweder endgültig oder vorübergehend ihren Platz im Weltkonzert nicht wieder einnehmen können, nicht hoffen darf, daß seine Ideen, was sie auch sein mögen, von allein die Massen erreichen werden, die Massen der Länder, die gegenwärtig ein besonderes Gewicht in der Geschichte haben. Es muß hier zu einem Staffellauf kommen, er soll nicht nur auf die Leser seines Landes, sondern auch auf die ausländischen Schriftsteller einwirken wollen, die ihm als Staffel dienen werden, so wie er ihnen als Staffel dienen wird, damit sie seine Proteste, seine Definitionen erhalten.

Deshalb ist ein Organ wie die UNESCO notwendig.

Doch wenn er versucht haben wird, zu tun, was ich Ihnen sage, so ist durchaus möglich, daß das zu nichts genützt hat. Es ist möglich, daß es zu jenem Krieg kommt, den er vermeiden will. Es ist möglich, daß er niemanden erreicht. Was wir lediglich vermeiden müssen, wir Schriftsteller, ist, daß sich unsere Verantwortlichkeit in Schuld verwandelt, wenn man in fünfzig Jahren sagen könnte: Sie haben die größte Weltkatastrophe kommen sehen, und sie haben geschwiegen.

November 1946

Schwarzer Orpheus

Vorwort zu Léopold Sédar Senghor, *Anthologie de la nouvelle poésie nègre et malgache de langue française*

Was habt ihr euch denn erhofft, als ihr den Knebel abnahmt, der diese schwarzen Münder verschloß? Daß sie Lobgesänge für euch anstimmen würden? Habt ihr geglaubt, ihr könntet in diesen Gesichtern, die unsere Väter mit Gewalt in den Staub gedrückt hatten, Verehrung lesen, wenn sie sich wieder erheben würden? Hier stehen Menschen, die uns anblicken, und ich wünschte, ihr würdet wie ich den Schock empfinden, angeblickt zu werden. Denn der Weiße hat dreitausend Jahre das Privileg genossen, zu sehen, ohne daß man ihn selbst sieht; er war reiner Blick, das Licht seiner Augen zog jedes Ding aus dem Urschatten, auch die Weiße seiner Haut war noch Blick, kondensiertes Licht. Der weiße Mensch, weiß, weil er Mensch war, weiß wie der Tag, weiß wie die Wahrheit, weiß wie die Tugend, beleuchtete die Schöpfung wie eine Fackel, enthüllte das geheime weiße Wesen alles Seienden. Heute blicken uns diese schwarzen Menschen an, und unser Blick kehrt in unsere Augen zurück; jetzt beleuchten schwarze Fackeln die Welt, und unsere weißen Köpfe sind nur noch kleine Lampions, die im Winde schaukeln. Ein schwarzer Dichter flüstert, ohne sich um uns zu kümmern, der Frau, die er liebt, zu:

Femme nue, femme noire
Vêtue de ta couleur qui est vie ...
Femme nue, femme obscure!
Fruit mûr à la chair ferme, sombres extases du vin noir ... [1],

und unsere Weiße erscheint uns als ein merkwürdiger Lack, der

1 Nackte Frau, schwarze Frau
Bekleidet mit deiner Farbe, die Leben ist ...
Nackte Frau, dunkle Frau!
Reife Frucht aus festem Fleisch, düstre Ekstasen des schwarzen Weins ...
Léopold Sédar Senghor, *Femme noire* (Schwarze Frau) in: *Anthologie de la nouvelle poésie nègre et malgache de langue française par Léopold Sédar Senghor* (Anthologie der neuen schwarzen und madagassischen Poesie französischer Sprache von Léopold Sédar Senghor), Presses Universitaires de France, Paris, 1948, 151. *Anm. d. Übers.*

unsere Haut am Atmen hindert, als ein an Ellbogen und Knien abgewetztes weißes Trikot, unter dem man, wenn wir es ausziehen könnten, das wahre menschliche Fleisch, das Fleisch von der Farbe schwarzen Weins finden würde. Wir hielten uns für wesentlich auf der Welt, für die Sonnen ihrer Ernten, die Monde ihrer Gezeiten: wir sind nur noch Tiere ihrer Fauna. Nicht einmal Tiere:

Ces messieurs de la ville,
Ces messieurs comme il faut
Qui ne savent plus danser le soir au clair de lune
Qui ne savent plus marcher sur la chair de leurs pieds
Qui ne savent plus conter les contes aux veillées.[2]

Einst Europäer von Gottes Gnaden, spürten wir seit einiger Zeit, wie unter den amerikanischen oder sowjetischen Blicken unsere Würde abbröckelte; schon war Europa nur noch ein geographischer Zufall, die Halbinsel, die von Asien bis zum Atlantik vorgeschoben wurde. Zumindest erhofften wir, in den untertänigen Augen der Afrikaner ein bißchen von unserer Größe wiederzufinden. Aber es gibt keine untertänigen Augen mehr: es gibt wilde freie Blicke, die unsere Erde beurteilen.

Hier ein Schwarzer, der umherirrt:

... jusqu'au bout de
l'éternité de leurs boulevards
à flics[3]

Und hier ein anderer, der seinen Brüdern zuruft:

Hélas, Hélas, l'Europe arachnéenne bouge ses
doigts et ses phalanges de navires ...

2 Diese Herren aus der Stadt
Diese Herren comme il faut
Die nicht mehr tanzen können abends im Mondschein
Die nicht mehr gehen können auf dem Fleisch ihrer Füße
Die nicht mehr Geschichten erzählen können in den Nächten.
Guy Tirolien, *Prière d'un petit enfant nègre* (Gebet eines kleinen Negerkindes), ebd., 87. *Anm. d. Übers.*

3 ... bis zum Ende der
Ewigkeit ihrer Boulevards
voller Bullen
Léon Gontran Damas, *Un clochard m'a demandé dix sous* (Ein Clochard hat mich um zehn Sous gebeten), ebd., 14. *Anm. d. Übers.*

Hier:

(le) silence sournois de cette nuit d'Europe

oder:

... il n'est rien ici que les mains du temps ne déshonorent.[4]

Ein Neger schreibt:

Montparnasse et Paris, l'Europe et ses tourments sans fin
nous hanteront parfois comme des souvenirs ou comme
des malaises[5],

und plötzlich erscheint Frankreich unseren eigenen Augen als exotisch. Es ist nur noch eine Erinnerung, ein Unbehagen, ein weißer Nebel, der am Boden besonnter Seelen zurückbleibt, ein gequältes Hinterland, wo sich nicht gut leben läßt; es ist nach Norden abgetrieben, es ankert in der Nähe von Kamtschatka: die Sonne ist wesentlich, die Sonne der Tropen und das «von Inseln verlauste» Meer und die Rosen von Imangue und die Lilien von Iarive und die Vulkane von Martinique. Das Sein ist schwarz, das Sein ist aus Feuer, wir sind zufällig und fern, wir müssen uns wegen unserer Gebräuche, unserer Techniken, unserer halb gebackenen Blässe und unserer grünspanigen Vegetation rechtfertigen. Durch diese stummen, ätzenden Blicke sind wir bis auf die Knochen zerfressen:

Écoutez le monde blanc
horriblement las de son effort immense
ses articulations rebelles craquer sous les étoiles dures
ses raideurs d'acier bleu transperçant la chair mystique

4 O weh! O weh! Das spinnenhafte Europa rührt seine
Finger und seine Phalangen aus Schiffen ...

... (das) hinterhältige Schweigen dieser Nacht Europas

... es gibt nichts hier, was die Hände der Zeit nicht entehren.

Aimé Césaire, *Et les chiens se taisaient* (Und die Hunde schwiegen) in: *Les armes miraculeuses* (Die Wunderwaffen), Gallimard, Paris 1946, 164; Léopold Sédar Senghor, *À l'appel de la race de Saba* (Beim Ruf der Rasse Sabas) in: *Anthologie ...*, a. a. O., 152; Jacques Rabémananjara, *Lyre à sept cordes* (Leier mit sieben Saiten), ebd., 196. *Anm. d. Übers.*

5 Montparnasse und Paris, Europa und seine Qualen ohne Ende werden uns manchmal heimsuchen wie Erinnerungen oder ein Unbehagen.

Jacques Rabémananjara, *Lyre à sept cordes*, ebd., 201. *Anm. d. Übers.*

écoute ses victoires proditoires trompeter ses défaites
écoute aux alibis grandioses son piètre trébuchement

Pitié pour nos vainqueurs omniscients et naïfs![6]

Da ist es also aus mit uns, unsere Siege lassen, den Bauch nach oben, ihre Eingeweide sehen, unsere geheime Niederlage. Wenn wir diese Endlichkeit, in die wir eingesperrt sind, sprengen wollen, können wir nicht mehr auf die Privilegien unserer Rasse, unserer Haut, unserer Techniken zählen: wir werden uns jener Totalität, aus der uns diese schwarzen Augen verbannen, nur dann zugesellen können, wenn wir uns unsere weißen Trikots herunterreißen und einfach versuchen, Menschen zu sein.

Wenn diese Gedichte uns dennoch beschämen, dann ohne es zu wollen: sie sind nicht für uns geschrieben worden; all jene, Kolonialherren und Komplizen, die dieses Buch aufschlagen, werden den Eindruck haben, daß sie über eine Schulter hinweg Briefe lesen, die nicht für sie bestimmt sind. An die Schwarzen wenden sich diese Schwarzen, und sie wollen von den Schwarzen zu ihnen sprechen; ihre Lyrik ist weder Satire noch Verwünschung: es ist eine Bewußtwerdung. «Wieso sind sie dann überhaupt von Interesse für uns», könnte man sagen, «es sei denn als Dokument? Wir können uns nicht in sie hineinversetzen.» Ich möchte zeigen, auf welchem Weg man Zugang zu dieser pechschwarzen Welt findet und daß diese Lyrik, die zunächst als Lyrik einer Rasse erscheint, letztlich ein Gesang aller für alle ist. Mit einem Wort, ich wende mich hier an die Weißen, und ich möchte ihnen erklären, was die Schwarzen bereits wissen: warum sich der Schwarze in seiner gegenwärtigen Situation zunächst notwendig über eine lyrische Erfahrung seiner selbst bewußt werden muß und warum

6 Höret die weiße Welt
entsetzlich müde ihrer riesigen Anstrengung
ihre rebellischen Artikulationen krachen unter den harten Sternen
ihre Starrheiten aus blauem Stahl durchbohrend das mystische Fleisch
höre ihre verräterischen Siege ihre Niederlagen ausposaunen
höre bei den großen Alibis ihr jämmerliches Straucheln

Mitleid für unsere allwissenden und naiven Sieger!
Aimé Césaire, *Cahier d'un retour au pays natal* (Notizen von einer Rückkehr ins Land der Geburt), ebd., 59. *Anm. d. Übers.*

umgekehrt die französischsprachige Lyrik der Schwarzen heutzutage die einzige große revolutionäre Lyrik ist.

*

Daß das weiße Proletariat selten die Sprache der Lyrik benutzt, wenn es von seinen Leiden, von seiner Wut oder von seinem Stolz auf sich selbst sprechen will, ist kein Zufall; und ich glaube ebensowenig, daß die Arbeiter weniger «begabt» sind als unsere Bürgersöhnchen: die «Begabung», jene wirksame Gnade, verliert jegliche Bedeutung, wenn man behauptet, entscheiden zu können, daß sie in der einen Klasse verbreiteter ist als in der anderen. Ebensowenig kann man sagen, daß die Härte der Arbeit ihnen die Kraft zum Singen nimmt: die Sklaven schufteten noch härter, und wir kennen Sklavengesänge. Man muß also zugeben: es sind die gegenwärtigen Umstände des Klassenkampfs, die den Arbeiter davon abbringen, sich lyrisch zu äußern. Von der Technik unterdrückt, will er Techniker sein, weil er weiß, daß die Technik das Instrument seiner Befreiung sein wird; wenn er eines Tages die Führung der Unternehmen kontrollieren können soll, wird ihm das, wie er weiß, nur mit fachlichen, ökonomischen und wissenschaftlichen Kenntnissen gelingen. Er hat von dem, was die Dichter Natur genannt haben, ein profundes praktisches Wissen, das er aber mehr durch die Hände als durch die Augen gewinnt: die Natur ist für ihn die Materie, jener passive Widerstand, jene hinterhältige inerte Widersetzlichkeit, die er mit seinen Werkzeugen bearbeitet; die Materie singt nicht. Gleichzeitig verlangt die gegenwärtige Phase seines Kampfs kontinuierliches positives Handeln: politisches Kalkül, exakte Prognosen, Disziplin, Organisation der Massen; Träumen wäre hier Verrat. Rationalismus, Materialismus, Positivismus, diese Hauptthemen seiner alltäglichen Schlacht, sind für die spontane Schaffung lyrischer Mythen am wenigsten geeignet. Der letzte dieser Mythen, jener berühmte «große Abend», ist den Notwendigkeiten des Kampfs gewichen: es gilt, so schnell wie möglich zu handeln, diese oder jene Position zu gewinnen, eine bestimmte Lohnerhöhung durchzusetzen, einen Solidaritätsstreik zu beschließen, einen Protest gegen den Indochinakrieg: nur Effektivität zählt. Sicher muß die unterdrückte Klasse sich erst ihrer selbst bewußt werden. Aber dieses Sich-bewußt-Werden ist genau das Gegenteil eines In-sich-Gehens: es geht darum, während und vermittels des Handelns die objektive Situation des Proletariats zu erkennen, die sich durch die Umstände der Produktion oder der Verteilung der Güter definieren läßt. Vereinigt und vereinfacht durch eine Unterdrückung, die sich gegen alle und gegen jeden richtet, durch einen gemeinsamen Kampf, wissen die Arbeiter kaum etwas von den inneren Widersprüchen, die das Kunstwerk befruchten und der Praxis schaden. Sich erkennen heißt für sie sich in bezug auf die sie umgebenden großen Kräfte situieren, den genauen Platz bestimmen, den sie in ihrer Klasse einnehmen, und die Funktion, die sie in der Partei erfüllen. Selbst die Sprache, die sie benutzen, ist frei von jenen leichten Entregelungen, von jener ständigen leichten Unangemessenheit, von jenem Spiel in den Übertragungen, die das lyrische Wort schaffen. In ihrem Beruf verwenden sie genau festgelegte technische Ausdrücke; was die Sprache der revolutionären Parteien angeht, so hat Parain[7] gezeigt, daß sie pragmatisch ist: sie dient zur Übermittlung der Anweisungen, Losungen, Informationen; wenn sie ihre Strenge einbüßt, löst sich die Partei auf. All das tendiert zur immer rigoroseren Eliminierung des Subjekts; die Lyrik dagegen muß in bestimmter Hinsicht subjektiv bleiben. Dem Proletariat hat eine Lyrik gefehlt, die sozial ist und ihre Quellen gleichzeitig in der Subjektivität hat, die sozial ist genau in dem Maß, wie sie subjektiv ist, die auf einem Scheitern der Sprache fußt und dennoch ebenso mitreißend, ebenso allgemein verständlich ist wie die genaueste Losung oder das «Proletarier aller Länder, vereinigt euch», das auf den Toren Sowjetrußlands steht. In Ermanglung dessen ist die Lyrik der künftigen Revolution in den Händen der wohlgesinnten jungen Bürger geblieben, die ihre Inspiration aus ihren psychologischen Widersprüchen, aus der Antinomie ihres Klassenideals, aus der Ungewißheit der alten bürgerlichen Sprache gewonnen haben.

Der Neger ist wie der weiße Arbeiter Opfer der kapitalistischen Struktur unserer Gesellschaft; diese Situation offenbart ihm seine enge Solidarität mit bestimmten ebenfalls unterdrückten Europäerklassen über die Nuancen der Hautfarbe hinweg; sie bringt ihn dazu,

7 Brice Parain, zeitgenössischer Sprachphilosoph, über dessen 1942 erschienenes Hauptwerk, *Recherches sur la nature et les fonctions du langage* (deutsch: Untersuchungen über Natur und Funktion der Sprache), Sartre 1944 einen großen Essay geschrieben hat: *Aller et retour* (Hin und zurück) in: *Situations I*, Gallimard, Paris 1947, 189–244; deutsch in: *Bewußtsein und Erkenntnis*. Philosophische Essays 1943–1950. Philosophische Schriften. Band 4 (in Vorbereitung). *Anm. d. Übers.*

eine Gesellschaft ohne Privilegien anzustreben, wo die Pigmentierung der Haut als bloßer Zufall angesehen wird. Aber wenn die Unterdrückung auch ein und dieselbe ist, so spezifiziert sie sich doch je nach der Geschichte und den geographischen Bedingungen: der Schwarze ist ihr Opfer als Schwarzer, in seiner Eigenschaft eines kolonisierten Eingeborenen oder deportierten Afrikaners. Und da man ihn in seiner Rasse und wegen seiner Rasse unterdrückt, muß er sich zunächst seiner Rasse bewußt werden. Jene, die sich jahrhundertelang vergeblich bemüht haben, ihn, weil er Neger ist, auf den Stand eines Tiers herabzudrücken, muß er zwingen, ihn als einen Menschen anzuerkennen. Doch es gibt hier keine Ausflucht noch Mogelei, noch «Grenzüberschreitung», die er ins Auge fassen könnte: ein Jude kann als Weißer unter Weißen leugnen, daß er Jude ist, sich zu einem Menschen unter den Menschen erklären. Der Neger kann nicht leugnen, daß er Neger ist, noch jenes farblose abstrakte Menschsein für sich beanspruchen: er ist schwarz. So ist er zur Authentizität verdammt: beschimpft, unterjocht, richtet er sich wieder auf, hebt das Wort «Neger», das man ihm wie einen Stein hinterhergeworfen hat, auf und behauptet sich gegenüber dem Weißen stolz als Schwarzer. Der schließlichen Einheit, die alle Unterdrückten in ein und demselben Kampf zusammenführen wird, muß in den Kolonien vorausgehen, was ich den Moment der Separation oder der Negativität nennen möchte: dieser antirassistische Rassismus ist der einzige Weg, der zur Beseitigung der Rassenunterschiede führen kann. Wie sollte es denn anders sein? Können die Schwarzen mit der Hilfe des weißen Proletariats rechnen, das weit weg und durch seine eignen Kämpfe abgelenkt ist, bevor sie sich auf ihrem Boden vereinigt und organisiert haben? Und ist nicht außerdem eine ganze analytische Anstrengung nötig, damit man die Identität der eigentlichen Interessen hinter dem offensichtlichen Unterschied der Lebensbedingungen wahrnimmt? Gegen seinen Willen profitiert der weiße Arbeiter ein bißchen von der Kolonisation; so niedrig sein Lebensstandard auch sein mag, ohne sie wäre er noch niedriger. Jedenfalls wird er weniger zynisch ausgebeutet als der Tagelöhner von Dakar oder Saint-Louis. Und außerdem wird durch die technische Ausrüstung und die Industrialisierung der europäischen Länder denkbar, daß Sozialisierungsmaßnahmen hier unmittelbar anwendbar sind; vom Senegal oder Kongo aus gesehen erscheint der Sozialismus vor allem als ein schöner Traum: damit die schwarzen Bauern entdecken, daß er das notwendige Ziel ihrer unmittelbaren lokalen Forderungen ist, müssen sie diese Forderungen erst gemeinsam formulieren lernen, das heißt sich als Schwarze denken.

Aber diese Bewußtwerdung unterscheidet sich ihrer Art nach von der, die der Marxismus beim weißen Arbeiter zu wecken versucht. Das Klassenbewußtsein des europäischen Arbeiters ist ganz auf die Art des Profits und des Mehrwerts, auf die gegenwärtigen Besitzverhältnisse an den Produktionsmitteln, kurz auf die objektiven Merkmale ihrer Situation ausgerichtet; da aber umgekehrt die Verachtung, die die Weißen gegenüber den Schwarzen zeigen – und die kein Äquivalent in der Haltung der Bürger gegenüber der Arbeiterklasse hat –, diese ins Herz treffen soll, müssen die Neger ihr gerade eine genauere Sicht ihrer Subjektivität entgegensetzen; deshalb ist das Rassenbewußtsein zunächst auf die schwarze Seele ausgerichtet oder vielmehr, da der Ausdruck in dieser Anthologie oft wiederkehrt, auf eine bestimmte gemeinsame Qualität im Denken und Verhalten der Neger, die man Négritude nennt. Doch zur Bildung von Rassenbegriffen gibt es nur zwei Verfahrensweisen: entweder man erklärt bestimmte subjektive Merkmale als Teil der Objektivität, oder man versucht objektiv erkennbare Verhaltensweisen zu verinnern; so begibt sich der Schwarze, der seine Négritude durch eine revolutionäre Bewegung für sich in Anspruch nimmt, von vornherein auf das Gebiet der Reflexion, sei es, daß er bestimmte in den afrikanischen Zivilisationen festgestellte Züge in sich selbst wiederfinden will, sei es, daß er in der Tiefe seines Herzens das schwarze Wesen zu entdecken hofft. So erscheint wieder die Subjektivität als Bezug von sich selbst zu sich und als Ursprung jeder Lyrik, um die sich der Arbeiter hat verstümmeln müssen. Der Schwarze, der seine farbigen Brüder aufruft, sich ihrer selbst bewußt zu werden, wird versuchen, ihnen das exemplarische Bild ihrer Négritude darzubieten, und sich zu seiner Seele zurückwenden, um es darin zu erfassen. Er versteht sich gleichzeitig als Leuchtturm und als Spiegel; der erste Revolutionär wird der Verkünder der schwarzen Seele sein, der Herold, der die Négritude von sich losreißt, um sie der Welt hinzuhalten, halb Prophet, halb Partisan, kurz ein Poet im wahren Sinn des Worts *Vates*. Und die schwarze Lyrik hat nichts mit den Ergüssen des Herzens gemeinsam: sie ist funktional, sie entspricht einem Bedürfnis, von dem sie genau definiert wird. Man blättere in einer Anthologie weißer Lyrik von heute:

man wird hundert verschiedene Sujets finden je nach der Stimmung und Besorgnis des Dichters, seinen Lebensbedingungen und seinem Land. In der, die ich hier vorstelle, gibt es nur ein Sujet, das alle mit mehr oder weniger Geschick zu behandeln versuchen. Von Haiti bis Cayenne eine einzige Idee: die schwarze Seele manifestieren. Die Negerlyrik ist ein Evangelium, sie verkündet die frohe Botschaft: die Négritude ist wiedergefunden.

Doch diese Négritude, die sie aus ihren tiefsten Abgründen herausfischen wollen, fällt nicht von selbst unter den Blick der Seele: in der Seele ist nichts gegeben. Der Herold der schwarzen Seele ist durch weiße Schulen gegangen, gemäß dem ehernen Gesetz, das dem Unterdrückten alle Waffen verweigert, die er dem Unterdrücker nicht selbst gestohlen haben wird; beim Zusammenprall mit der weißen Kultur ist seine Négritude von der unmittelbaren Existenz zum reflektierten Zustand übergegangen. Aber gleichzeitig hat er mehr oder weniger aufgehört, sie zu leben. Als er beschloß, zu sehen, was er ist, hat er sich gespalten, er fällt nicht mehr mit sich selbst zusammen. Und umgekehrt, weil er bereits aus sich selbst verbannt war, hat er jene Pflicht für sich gefunden, zu manifestieren. Er beginnt also mit der Verbannung. Einer doppelten Verbannung: von der Verbannung seines Herzens bietet die Verbannung seines Körpers ein großartiges Bild; er ist die meiste Zeit in Europa, in der Kälte, mitten unter grauen Mengen; er träumt von Port-au-Prince, von Haiti. Aber das ist nicht genug: schon in Port-au-Prince war er in der Verbannung; die Sklavenhändler haben seine Väter von Afrika losgerissen und zerstreut. Und alle Gedichte dieses Buches (außer denen, die in Afrika geschrieben worden sind) werden uns dieselbe mystische Geographie bieten. Eine Hemisphäre; ganz unten, entsprechend dem ersten dreier konzentrischer Kreise, erstreckt sich das Land der Verbannung, das farblose Europa; dann kommt der strahlende Kreis der Inseln und der Kindheit, die um Afrika herum tanzen; Afrika, der letzte Kreis, Nabel der Welt, Pol der ganzen schwarzen Lyrik, blendendes, verbranntes Afrika, ölig wie eine Schlangenhaut, Afrika aus Feuer und Regen glühendheiß und buschig, *l'Afrique fantôme*[8], flackernd wie eine Flamme, zwischen Sein und Nichts, echter als die ewigen «Boulevards

8 Anspielung auf Michel Leiris, *L'Afrique fantôme* (deutsch: Phantom Afrika), Gallimard, Paris 1934. *Anm. d. Übers.*

voller Bullen», aber abwesend, mit seinen schwarzen Strahlen Europa zersetzend und doch unsichtbar, außer Reichweite, Afrika, der imaginäre Kontinent. Die unerhörte Chance der schwarzen Lyrik ist, daß die Leiden des kolonisierten Eingeborenen einleuchtende und grandiose Symbole finden, die man nur zu vertiefen, über die man nur ständig zu meditieren braucht: die Verbannung, die Sklaverei, das Paar Afrika-Europa und die große manichäistische Spaltung der Welt in Schwarz und Weiß. Diese vererbte Verbannung der Körper stellt die andere Verbannung dar: die schwarze Seele ist ein Afrika, aus dem der Neger verbannt ist mitten unter die kalten Buildings der weißen Kultur und Technik. Die verstohlene gegenwärtige Négritude treibt ihn um, streift ihn, er streift über ihren seidigen Flügel, sie durchzittert ihn, mit ausgebreiteten Schwingen, wie sein tiefes Gedächtnis und sein höchster Anspruch, wie seine verschüttete, verratene Kindheit und die Kindheit seiner Rasse und der Ruf der Erde, wie das Wimmeln der Insekten und die unteilbare Einfachheit der Natur, wie das reine Vermächtnis seiner Vorfahren und wie die Moral, die sein verstümmeltes Leben vereinigen müßte. Aber sobald er sich zu ihr zurückwendet, um ihr ins Gesicht zu sehen, löst sie sich in Rauch auf, ragen die Mauern der weißen Kultur zwischen ihr und ihm empor, ihre Wissenschaft, ihre Wörter, ihre Gebräuche:

Rendez-les-moi mes poupées noires que je joue avec elles
les jeux naïfs de mon instinct
rester à l'ombre de ses lois
recouvrer mon courage
mon audace
me sentir moi-même
nouveau moi-même de ce que hier j'étais
hier
sans complexité
hier
quand est venue l'heure du déracinement ...

ils ont cambriolé l'espace qui était mien ...[9]

9 Gebt sie mir wieder, meine schwarzen Puppen, daß ich mit ihnen spiele
die naiven Spiele meines Instinkts
im Schatten seiner Gesetze bleiben
meinen Mut wiedererlangen

Man wird jedoch die Mauern der Gefängniskultur sprengen, man wird eines Tages nach Afrika zurückkehren müssen: so sind bei den *Vates* der Négritude das Thema der Rückkehr ins Land der Geburt und das des Abstiegs in die glänzende Hölle der schwarzen Seele unauflöslich vermischt. Es geht um eine Suche, um eine systematische Selbstprüfung und um eine Askese, die von einem ständigen Bemühen um Vertiefung begleitet werden. Und ich möchte diese Lyrik «orphisch» nennen, weil dieser unablässige Abstieg des Negers in sich selbst mich daran denken läßt, wie Orpheus von Pluto Eurydike verlangte. Und so kommt es zu einem außergewöhnlichen lyrischen Glücksfall: wenn sich der schwarze Dichter der Trance überläßt, sich wie ein von sich selbst Besessener auf der Erde wälzt, seine Wut, seine Sehnsucht oder seinen Abscheu singt, seine Wunden, sein zwischen der «Zivilisation» und dem alten schwarzen Kern zerrissenes Leben zur Schau stellt, kurz, wenn er sich als am lyrischsten zeigt, gelangt er am sichersten zur großen kollektiven Poesie: wenn er nur von sich selbst spricht, spricht er für alle Neger; wenn er von den Schlangen unserer Kultur erstickt zu sein scheint, erweist er sich am revolutionärsten, denn dann geht er daran, die europäischen Errungenschaften systematisch zu unterhöhlen, und diese Demolierung im Geist symbolisiert das große künftige Zu-den-Waffen-Greifen, mit dem die Schwarzen ihre Ketten sprengen werden. Ein einziges Beispiel genügt, diese letzte Feststellung zu erläutern.

Die meisten ethnischen Minderheiten haben im 19. Jahrhundert, als sie für ihre Unabhängigkeit kämpften, gleichzeitig leidenschaftlich versucht, ihre Nationalsprachen wiederzubeleben. Wer sich Ire oder Ungar nennen können will, muß natürlich einer Gemeinschaft ange-

meine Kühnheit
mich als ich selbst fühlen
ein neues Ich-selbst dessen, was ich gestern war
gestern
                ohne Komplexität
                                        gestern
als gekommen ist die Stunde der Entwurzelung ...

sie sind eingebrochen in den Raum, der mein war ...

Léon Gontran Damas, *Limbe* (Limbus) in: *Anthologie ...*, a. a. O., 9. *Anm. d. Übers.*

hören, die eine weitgehende ökonomische und politische Autonomie genießt, aber wer Ire sein will, muß auch irisch denken, das heißt vor allem: in der irischen Sprache denken. Die spezifischen Züge einer Gesellschaft entsprechen genau den unübersetzbaren Redewendungen ihrer Sprache. Was nun die Anstrengung der Schwarzen zur Abschüttelung unserer Vormundschaft gefährlich zu bremsen droht, ist, daß die Verkünder der Négritude gezwungen sind, ihr Evangelium auf Französisch zu verfassen. Durch den Sklavenhandel in alle Himmelsrichtungen zerstreut, haben die Schwarzen keine Sprache, die ihnen gemeinsam ist; wollen sie die Unterdrückten aufrufen, sich zu vereinigen, müssen sie auf die Wörter des Unterdrückers zurückgreifen. Das Französische wird dem schwarzen Sänger das größte Publikum unter den Schwarzen verschaffen, zumindest in den Grenzen der französischen Kolonisation. In diese Gänsehautsprache, die blaß und kalt ist wie unsere Himmel und von der Mallarmé sagte, sie sei «die neutrale Sprache *par excellence*, weil der hiesige Geist eine Abschwächung jeder allzu lebhaften Farbe und Buntheit verlangt», in diese für sie halbtote Sprache werden Damas, Diop, Laleau und Rabéarivelo das Feuer ihrer Himmel und ihrer Herzen gießen: nur durch sie können sie kommunizieren; wie die Gelehrten des 16. Jahrhunderts, die sich nur auf lateinisch verständigten, finden sich die Schwarzen nur auf dem Terrain voller Fallgruben wieder, das der Weiße ihnen bereitet hat: zwischen die Kolonisierten hat sich der Kolonialherr als ewiger Vermittler geschoben; er ist da, immer schon da, sogar abwesend, bis in die geheimsten Zusammenkünfte. Und da die Wörter Ideen sind, passiert es, daß der Neger, wenn er auf Französisch erklärt, daß er die französische Kultur zurückweist, mit der einen Hand nimmt, was er mit der anderen zurückstößt, den Denkapparat des Feindes als einen Stößel in sich aufnimmt. Das wäre noch nicht so schlimm: aber diese Syntax und dieses Vokabular, die zu andren Zeiten, Tausende von Meilen entfernt, zur Befriedigung andrer Bedürfnisse und zur Bezeichnung andrer Gegenstände gebildet wurden, können ihm nicht die Mittel liefern, von sich selbst, seinen Leiden, seinen Hoffnungen zu sprechen. Die französische Sprache und Denkweise sind analytisch. Was, wenn der schwarze Geist vor allem synthetisch dächte? Der ziemlich häßliche Ausdruck «Négritude» ist einer der wenigen schwarzen Beiträge zu unserem Wörterbuch. Wenn aber diese «Négritude» auch ein definierbarer oder zumindest beschreibbarer Begriff ist, so muß sie sich doch aus andren, elementareren Elementen zusammensetzen, die den unmittelbaren Gegebenheiten des schwarzen Bewußtseins entsprechen: Wo sind die Wörter zu ihrer Bezeichnung? Wie sehr versteht man die Klage des haitianischen Dichters:

Ce cœur obsédant, qui ne correspond
Pas à mon langage ou à mes costumes,
Et sur lequel mordent, comme un crampon,
Des sentiments d'emprunt et des coutumes
D'Europe, sentez vous cette souffrance
Et ce désespoir à nul autre égal
D'apprivoiser, avec des mots de France,
Ce cœur qui m'est venu du Sénégal?[10]

Es ist jedoch keineswegs so, daß der Schwarze sich in einer «fremden» Sprache ausdrückt, weil er schon in seinem frühesten Alter Französisch gelernt hat und sich darin völlig wohl fühlt, sobald er als Techniker, Wissenschaftler oder Politiker denkt. Man sollte eher von dem ständigen leichten Auseinanderklaffen sprechen zwischen dem, was er sagt, und dem, was er sagen möchte, sobald er von sich selbst spricht. Ein Geist aus dem Norden scheint ihm seine Ideen zu stehlen, sie sachte so hinzubiegen, bis sie mehr oder weniger bedeuten, was er will, die weißen Wörter scheinen sein Denken aufzusaugen, so wie der weiße Sand das Blut aufsaugt. Wenn er sich plötzlich wieder fängt, wenn er sich sammelt und Abstand gewinnt, ruhen die Vokabeln vor ihm, ungewöhnlich, halb Zeichen und Dinge halb. Er wird seine Négritude nicht mit präzisen, zugkräftigen Wörtern aussagen, die den Nagel auf den Kopf treffen. Er wird seine Négritude nicht in Prosa aussagen. Aber jeder weiß, daß dieses Gefühl eines Scheiterns gegenüber der Sprache als direktem Ausdrucksmittel am Ursprung jeder lyrischen Erfahrung steht.

10 Dieses quälende Herz, das nicht entspricht
Meiner Sprache oder meinen Kleidern
Und in das sich verhaken, wie eine Krampe,
Geborgte Gefühle und Gebräuche
Aus Europa, fühlt ihr dieses Leiden
Und diese unvergleichliche Verzweiflung
Zu zähmen, mit Wörtern aus Frankreich,
Dieses Herz, das mir gekommen ist aus dem Senegal?
Léon Laleau, *Trahison* (Verrat), ebd., 108. *Anm. d. Übers.*

Die Reaktion des Sprechenden auf das Scheitern der Prosa ist genau das, was Bataille den Holocaust der Wörter nennt. Solange wir glauben können, daß eine prästabilierte Harmonie die Beziehungen des Worts zum Sein beherrscht, benutzen wir die Wörter, ohne sie zu sehen, mit einem blinden Vertrauen, es sind Sinnesorgane, Münder, Hände, offene Fenster zur Welt. Beim ersten Scheitern fällt dieses Geschwätz aus uns heraus; wir sehen das ganze System, es ist nur noch eine gestörte, umgestürzte Mechanik, deren große Arme sich noch bewegen, aber ins Leere weisen; wir erkennen schlagartig das wahnwitzige Unterfangen, etwas benennen zu wollen; wir begreifen, daß die Sprache ihrem Wesen nach Prosa und die Prosa ihrem Wesen nach Scheitern ist; das Sein ragt vor uns auf wie ein Turm aus Schweigen, und wenn wir es noch einfangen wollen, so kann das nur durch Schweigen geschehen: «Evozieren, in einem ausdrücklichen Schatten, den verschwiegenen Gegenstand, durch allusive, niemals direkte Wörter, die sich auf gleiches Schweigen reduzieren ...»[11] Niemand hat besser gesagt, daß die Poesie ein Beschwörungsversuch ist, um das Sein innerhalb und mittels des vibrierenden Verschwindens des Worts zu suggerieren: indem der Dichter seine verbale Ohnmacht noch überbietet, indem er die Wörter verrückt werden läßt, läßt er uns jenseits dieses Tohuwabohus, das sich von selbst annulliert, eine enorme schweigende Dichte vermuten; da wir nicht schweigen können, müssen wir mit der Sprache Schweigen schaffen. Von Mallarmé bis zu den Surrealisten scheint mir diese Selbstzerstörung der Sprache das tiefe Ziel der französischen Lyrik gewesen zu sein. Das Gedicht ist eine dunkle Kammer, in der die Wörter in irren Runden gegeneinanderprallen. Kollision in der Luft: sie zünden sich gegenseitig an ihren Bränden an und stürzen in Flammen zu Boden.

In dieser Perspektive muß man die Anstrengung der schwarzen Evangelisten sehen. Die List der Kolonialherren beantworten sie mit einer umgekehrten ähnlichen List: da der Unterdrücker bis in die Sprache, die sie sprechen, präsent ist, werden sie diese Sprache sprechen, um sie zu zerstören. Der europäische Dichter von heute ver-

11 *Évoquer, dans une ombre exprès, l'objet tu, par des mots allusifs, jamais directs, se réduisant à du silence égal ...* Stéphane Mallarmé, *Variations sur un sujet: Magie* in: *Œuvres complètes*, Gallimard, Paris 1945, 400. *Anm. d. Übers.*

sucht die Wörter zu entmenschlichen, um sie der Natur zurückzugeben; der schwarze Herold dagegen will sie entfranzösisieren; er wird sie zerstampfen, ihre gebräuchlichen Assoziationen zerbrechen, sie gewaltsam koppeln.

à petits pas de pluie de chenilles
à petits pas de gorgée de lait
à petits pas de roulements à billes
à petits pas de secousse sismique
les ignames dans le sol marchent à grands pas de trouées d'étoiles.[12]

Erst wenn sie ihre Weiße abgestoßen haben, nimmt er sie an und macht aus dieser ruinierten Sprache eine feierliche heilige Übersprache, die Poesie. Nur über die Poesie können die Schwarzen von Tananarive und Cayenne, die Schwarzen von Port-au-Prince und Saint-Louis ohne Zeugen miteinander kommunizieren. Und da es der französischen Sprache an Ausdrücken und Begriffen zur Definition der Négritude fehlt, da die Négritude Schweigen ist, werden sie sie «evozieren ... durch allusive, niemals direkte Wörter, die sich auf gleiches Schweigen reduzieren». Kurzschlüsse der Sprache: hinter dem Flammensturz der Wörter erkennen wir ein großes schwarzes, stummes Idol. Es ist also nicht nur die Absicht des Schwarzen, sich zu beschreiben, die mir poetisch erscheint: es ist auch seine eigene Art, die Ausdrucksmittel, über die er verfügt, zu benutzen. Seine Situation stiftet ihn dazu an: bevor er überhaupt daran denkt, zu singen, bricht sich das Licht der weißen Wörter in ihm, polarisiert sich und verändert sich. Nirgends ist das offensichtlicher als in seiner Verwendung des Begriffspaars «schwarz-weiß», das zugleich die große kosmische Spaltung «Tag und Nacht» und den menschlichen Konflikt zwischen Eingeborenem und Kolonialherrn deckt. Aber das ist ein hierarchisiertes Paar: wenn der Lehrer es dem Neger liefert, liefert er ihm obendrein hundert Sprachgewohnheiten, die den Vorrang des Weißen

12 mit kleinen Schritten aus Raupenregen
mit kleinen Schritten aus vielen Schluck Milch
mit kleinen Schritten aus Kugellagern
mit kleinen Schritten aus Erdbeben
die Jamswurzeln im Boden laufen mit großen Schritten aus Sternenlöchern.

Aimé Césaire, *tam-tam II* in: *Les armes miraculeuses*, a. a. O., 69. *Anm. d. Übers.*

gegenüber dem Schwarzen besiegeln. Der Neger wird lernen, «weiß wie Schnee» zu sagen, um die Unschuld zu bezeichnen, von der Schwärze eines Blicks, einer Seele, einer Missetat zu sprechen. Sowie er den Mund aufmacht, klagt er sich an, sofern er nicht darauf aus ist, die Hierarchie umzustürzen. Und wenn er sie auf Französisch umstürzt, poetisiert er bereits: kann man sich den merkwürdigen Geschmack vorstellen, den Wendungen wie «die Schwärze der Unschuld» oder «die Dunkelheiten der Tugend» für uns hätten? Das spüren wir auf allen Seiten dieses Buches, zum Beispiel wenn wir lesen:

Tes seins de satin noir rebondis et luisants ...
ce blanc sourire
des yeux
dans l'ombre du visage
éveillent en moi ce soir
les rythmes sourds ...
dont s'enivrent là-bas au pays de Guinée
nos sœurs
noires et nues
et font lever en moi
ce soir
des crépuscules nègres lourds d'un sensuel émoi
car
l'âme du noir pays où dorment les anciens
vit et parle
ce coir
en la force inquiète le long de tes reins creux ... [13]

13 Deine prallen und glänzenden Brüste aus schwarzem Satin ...
dieses weiße Lächeln
der Augen
im Schatten des Gesichts
wecken in mir heute abend
die dumpfen Rhythmen ...
daran sich dort unten im Lande Guinea berauschen
unsere Schwestern
schwarz und nackt
und in mir aufsteigen lassen
heute abend
Negerdämmerungen schwer von einer sinnlichen Erregung

In diesem ganzen Gedicht ist Schwarz eine Farbe; mehr noch: ein Licht; sein sanftes diffuses Strahlen löst unsere Gewohnheiten auf; das schwarze Land, wo die Alten schlafen, ist keine finstere Hölle: es ist ein Sonnen- und Feuerland. Aber andrerseits gibt die Überlegenheit des Weißen gegenüber dem Schwarzen nicht nur die wieder, die der Kolonialherr gegenüber dem Eingeborenen zu haben behauptet: tiefer noch drückt sie die universelle Anbetung des Tages und unsere nächtlichen Schrecken aus, die ebenfalls universell sind. Insofern stellen die Schwarzen die Hierarchie wieder her, die sie eben umstürzten. Sie wollen keineswegs Dichter der Nacht sein, das heißt der müßigen Revolte und der Verzweiflung: sie verkünden eine Morgenröte, sie begrüßen

l'aube transparente d'un jour nouveau.

Sofort findet das Schwarze unter ihrer Feder seinen Sinn einer unheilvollen Voraussage wieder:

Nègre noir comme la Misère!

ruft einer von ihnen aus und ein anderer:

Délivre-moi de la nuit de mon sang ...[14]

So enthält das Wort Schwarz schließlich alles Schlechte und alles Gute zugleich, es deckt eine fast unaushaltbare Spannung zwischen zwei widersprüchlichen Klassifikationen ab: der solaren Hierarchie und der rassischen Hierarchie. Es gewinnt dabei eine außergewöhnliche Poesie wie jene selbstzerstörerischen Gegenstände, die aus den Händen Duchamps und der Surrealisten kommen; es gibt eine ge-

denn
die Seele des schwarzen Landes, wo die Alten schlafen
lebt und spricht
heute abend
in der unruhigen Kraft längs deiner hohlen Hüften ...

Guy Tirolien, *L'âme du noir pays* (Die Seele des schwarzen Landes) in *Anthologie ...*, a. a. O., 87f. *Anm. d. Übers.*

14 die durchsichtige Morgendämmerung eines neuen Tages.

Neger schwarz wie das Elend!

Befreie mich von der Nacht meines Bluts ...

Léopold Sédar Senghor, *À l'appel de la race de Saba*, ebd., 157; David Diop, *Souffre, pauvre Nègre* (Leide, armer Neger), ebd., 176; Léopold Sédar Senghor, *Congo* (Kongo), ebd., 169. *Anm. d. Übers.*

heime Schwärze des Weißen, eine geheime Weiße des Schwarzen, ein erstarrtes Irisieren von Sein und Nicht-sein, das vielleicht nirgends so geglückt wiedergegeben ist wie in dem Gedicht von Césaire:

Ma grande statue blessée une pierre au front ma
grande chair inattentive de jour à grains sans
pitié ma grande chair de nuit à grains de jour ...

Der Dichter geht noch weiter; er schreibt:

et nos faces belles comme le vrai pouvoir opératoire
de la négation[15]

Hinter dieser abstrakten Rhetorik, die an Lautréamont denken läßt, erkennt man die kühnste und raffinierteste Anstrengung, der schwarzen Haut einen Sinn zu verleihen und die poetische Synthese der beiden Gesichter der Nacht zu verwirklichen. Wenn David Diop vom Neger sagt, er sei «schwarz wie das Elend», stellt er das Schwarze als eine bloße Entbehrung von Licht dar. Aber Césaire entwickelt dieses Bild weiter und vertieft es: die Nacht ist nicht mehr ein Fehlen, sie ist Verweigerung. Schwarz ist keine Farbe, es ist die Zerstörung jener falschen Helle, die von der weißen Sonne fällt. Der Negerrevolutionär ist Negation, weil er reine Entblößung sein will: um seine Wahrheit errichten zu können, muß er zunächst die der andren demolieren. Die schwarzen Gesichter, jene Nachtflecke, die unsere Tage heimsuchen, verkörpern die dunkle Arbeit der Negativität, die geduldig die Begriffe untergräbt. Durch eine Umkehrung also, die merkwürdigerweise an die des gedemütigten, beschimpften Negers erinnert, wenn er bewußt ein *sale nègre*[16] sein will, ist es gerade der privative Aspekt der Finsternis, der ihren Wert begründet. Die Freiheit hat die Farbe der Nacht.

15 Meine große verwundete Statue ein Stein auf der Stirn mein
großes Fleisch unaufmerksam aus Körnertag ohne
Mitleid mein großes Fleisch aus Tageskörnernacht

und unsere Gesichter schön wie die wahre operative Macht
der Negation

Aimé Césaire, *L'irrémédiable* (Das Unheilbare) in: *Les armes miraculeuses*, a. a. O., 46; *Barbare* (Barbarisch) in: *Anthologie ...*, a. a. O., 56. *Anm. d. Übers.*

16 dreckiger Neger

David Diop, *Un Blanc m'a dit ...* (Ein Weißer hat mir gesagt), ebd., 175. *Anm. d. Übers.*

Zerstörungen, Autodafé der Sprache, magischer Symbolismus, Ambivalenz der Begriffe, das macht die ganze moderne Poesie unter ihrem negativen Aspekt aus. Aber es geht nicht um unverbindliche Spielerei. Die Situation des Schwarzen, seine ursprüngliche «Zerrissenheit», die Selbstentfremdung, die ein fremdes Denken ihm unter dem Namen Assimilation aufzwingt, bringen ihn in die Zwangslage, durch eine fortschreitende Askese sein existentielles Einssein als Neger oder, wenn man lieber will, die ursprüngliche Reinheit seiner Projektion über die Welt der Rede hinaus wiederzugewinnen. Die Négritude ist wie die Freiheit Ausgangspunkt und letztes Ziel: es geht darum, sie vom Unmittelbaren zum Mittelbaren übergehen zu lassen, sie zu thematisieren. Es geht also für den Schwarzen darum, für die weiße Kultur zu sterben, um für die schwarze Seele wiedergeboren zu werden, wie der platonische Philosoph für seinen Körper stirbt, um für die Wahrheit wiedergeboren zu werden. Diese dialektische und mystische Rückkehr zu den Ursprüngen setzt notwendig eine Methode voraus. Aber diese Methode bietet sich nicht als ein Bündel von Regeln zur Leitung des Geistes dar. Sie ist eins mit dem, der sie anwendet; es ist das dialektische Gesetz der aufeinanderfolgenden Verwandlungen, die den Neger zur Übereinstimmung mit sich selbst in der Négritude führen werden. Es geht für ihn nicht darum, zu erkennen noch sich in der Ekstase von sich selbst loszureißen, sondern zu entdecken und zugleich zu werden, was er ist.

Zu dieser ursprünglichen Einfachheit von Existenz gibt es zwei konvergierende Zugangswege: einen objektiven und einen subjektiven. Die Dichter unserer Anthologie benutzen bald den einen und bald den andren, manchmal alle beide zusammen. Es gibt ja eine objektive Négritude, die sich in den Gebräuchen, Künsten, Gesängen und Tänzen der afrikanischen Volksstämme ausdrückt. Der Dichter wird sich als geistige Übung vornehmen, sich von den primitiven Rhythmen faszinieren zu lassen, sein Denken in die traditionellen Formen der schwarzen Poesie zu kleiden. Viele der hier zusammengestellten Gedichte nennen sich Tamtam, weil sie den nächtlichen Trommlern einen bald harten und regelmäßigen, bald wilden und springenden Schlagrhythmus entlehnen. Der poetische Akt ist dann ein Tanz der Seele; der Dichter dreht sich wie ein Derwisch, bis er ohnmächtig wird, er hat die Zeit seiner Vorfahren in sich aufgenommen, er fühlt sie in den ihr eignen Stößen dahinfließen; in diesem rhythmischen Dahinfließen hofft er sich wiederzufinden; ich würde sagen, er versucht von der Négritude seines Volkes besessen zu sein; er hofft, daß die Widerhalle seines Tamtams die uralten Instinkte wecken, die in ihm schlummern. Beim Durchblättern dieser Sammlung wird man den Eindruck haben, daß das Tamtam zu einer Gattung der schwarzen Poesie zu werden neigt, wie es das Sonett oder die Ode in unserer Poesie waren. Andre werden sich wie Rabémananjara von den königlichen Proklamationen inspirieren lassen, andre werden aus der volkstümlichen Quelle der Haintenys schöpfen. Die ruhende Mitte dieses Mahlstroms aus Rhythmen, Gesängen, Schreien ist die Poesie von Birago Diop in ihrer naiven Würde: nur sie befindet sich im Ruhezustand, weil sie direkt aus den Erzählungen von Griots und aus der mündlichen Tradition herkommt. Fast alle andren Versuche haben etwas Verkrampftes, Überspanntes und Verzweifeltes, weil sie eher Anschluß an die folkloristische Poesie suchen, als daß sie aus ihr hervorgehen. Aber so entfernt der Schwarze auch von dem «schwarzen Land, wo die Alten schlafen», sein mag, so ist er doch der großen Epoche, von der Mallarmé sagt: «das Wort schafft die Götter», viel näher als wir. Für unsere Dichter ist es nahezu unmöglich, wieder an die Volkstraditionen anzuknüpfen: zehn Jahrhunderte Kunstpoesie trennen sie davon, und außerdem ist die folkloristische Inspiration versiegt: höchstens könnten wir äußerlich deren Schlichtheit nachmachen. Die afrikanischen Schwarzen dagegen sind noch in der großen Periode mythischer Fruchtbarkeit, und die französischsprachigen Dichter unterhalten sich nicht mit diesen Mythen, wie wir es mit unseren Liedern machen: sie lassen sich von ihnen verhexen, damit am Ende der Beschwörung, prächtig ausgeschmückt, die Négritude auftauche. Deshalb nenne ich diese Methode «objektiver Poesie» Magie oder Charme.

Césaire dagegen hat sich entschlossen, rückwärts nach Hause heimzukehren. Da diese Eurydike sich in Rauch auflösen wird, wenn der schwarze Orpheus sich nach ihr umdreht, wird er mit dem Rücken zur Grotte den Königsweg seiner Seele hinabsteigen, wird er unter die Wörter und Bedeutungen hinabsteigen – «um an dich zu denken, habe ich alle Wörter ins Leihhaus getragen» –, unter die Alltagsbedingungen und die Ebene der «Wiederholung», ja sogar unter die ersten Riffe der Revolte, mit dem Rücken voran und geschlossenen Augen, um schließlich mit seinen nackten Füßen das schwarze Wasser der

Träume und des Verlangens zu berühren und sich davon überschwemmen zu lassen. Dann werden sich Verlangen und Traum grollend wie eine Sturmflut erheben, werden die Wörter wie Wrackteile tanzen lassen und sie völlig durcheinander, zerschmettert ans Ufer werfen.

Les mots se dépassent c'est bien vers un ciel et
une terre que le haut et le bas ne permettent
pas de distraire c'en est fait aussi de la vieille
géographie . . . .
. . . . *au*
contraire un étagement curieusement respirable
s'opère réel mais au niveau Au niveau gazeux
de l'organisme solide et liquide blanc et noir
jour et nuit[17]

Man erkennt die alte surrealistische Methode wieder (denn das automatische Schreiben ist ebenso eine Methode wie der Mystizismus: es setzt Übung, Exerzitien, ein Ingangbringen voraus). Man muß unter die oberflächliche Kruste der Realität, des gesunden Menschenverstands, der räsonierenden Räson tauchen, um den Grund der Seele zu berühren und die uralten Kräfte des Verlangens zu wecken. Des Verlangens, das aus dem Menschen eine Ablehnung von allem und eine Liebe zu allem macht; des Verlangens als radikaler Negation der Naturgesetze und des Möglichen, als Ruf nach dem Wunder; des Verlangens, das durch seine irre kosmische Energie den Menschen wieder in den brodelnden Schoß der Natur taucht und ihn gleichzeitig über die Natur erhebt durch die Behauptung seines Rechts auf Unbefriedigtsein. Übrigens ist Césaire nicht der erste Neger, der diesen Weg

17 Die Wörter überschreiten sich, und zwar auf einen Himmel und
eine Erde hin die das Hohe und das Tiefe nicht erlauben
auseinanderzuziehen es ist auch geschehen um die alte
Geographie . . . . im
Gegenteil eine merkwürdig atembare Stufung
erzweist sich als real aber auf dem Niveau Auf dem gasförmigen
Niveau
des festen und flüssigen weißen und schwarzem Organismus
Tag und Nacht

Aimé Césaire, *L'irrémédiable* in: *Les armes miraculeuses*, a. a. O., 48 f. *Anm. d. Übers.*

einschlägt. Vor ihm hatte Étienne Lero *Légitime Défense* gegründet: «Weit mehr als eine Zeitschrift», sagt Senghor, «war *Légitime Défense* eine kulturelle Bewegung. Von der marxistischen Analyse der Gesellschaft der ‹Inseln› ausgehend entdeckte sie im Antillenbewohner den Nachkommen afrikanischer Negersklaven, die drei Jahrhunderte lang in der abstumpfenden Situation des Proletariers gehalten wurden. Sie behauptete, daß allein der Surrealismus ihn von seinen Tabus befreien und vollständig zum Ausdruck bringen könnte.»

Aber gerade wenn man Lero mit Césaire in Verbindung bringt, ist man unweigerlich überrascht über ihre Unähnlichkeit, und der Vergleich kann uns den Abgrund ermessen lassen, der den weißen Surrealismus von seiner Benutzung durch einen schwarzen Revolutionär trennt. Lero war der Vorläufer, er kam auf die Idee, den Surrealismus als eine «Wunderwaffe» und als ein Forschungsinstrument zu benutzen, eine Art Radargerät, das die abgründigen Tiefen auslotet. Aber seine Gedichte sind Schülerarbeiten, sie bleiben strenge Nachahmungen: sie «überschreiten sich nicht», ganz im Gegenteil, sie schließen sich über sich selbst:

Les chevelures anciennes
Collent aux branches le fond des mers vides
Où ton corps n'est qu'un souvenir
Où le printemps se fait les ongles
L'hélice de ton sourire jeté au loin
Sur les maisons dont nous ne voulons pas.[18]

«Der Propeller deines Lächelns», «Wo der Frühling sich die Nägel macht»: wir erkennen beiläufig die Preziosität und die Unverbindlichkeit des surrealistischen Bildes wieder, das ewige Verfahren, das darin besteht, eine Brücke zwischen den beiden entferntesten Begriffen zu schlagen in der schwachen Hoffnung, daß dieser

18 Das Haar von einst
Klebt an die Äste den Grund der leeren Meere
Wo dein Körper nur eine Erinnerung ist
Wo der Frühling sich die Nägel macht
Der Propeller deines Lächelns weit weg geworfen
Auf die Häuser von denen wir nichts haben wollen.
Étienne Lero, *Châtaignes aux cils ...* (Kastanien mit Wimpern ...) in: *Anthologie ...*, a. a. O., 53. *Anm. d. Übers.*

«Würfelwurf»[19] einen verborgenen Aspekt des Seins freilege. Weder in diesem noch in den andren Gedichten sehe ich, daß Lero die Befreiung des Schwarzen verlangt: höchstens verlangt er die formale Befreiung der Imagination: in diesem ganz abstrakten Spiel weist keine noch so entfernte Wortverbindung auf Afrika hin. Man nehme diese Gedichte aus der Anthologie heraus, man verschweige den Namen ihres Autors: ich wette, daß jeder, ob schwarz oder weiß, sie einem europäischen Mitarbeiter von *La Révolution Surréaliste* oder *Minotaure* zuschreibt. Denn es ist ja die Absicht des Surrealismus, jenseits der Rassen und der Lebensbedingungen, jenseits der Klassen, hinter dem Brand der Sprache stumme blendende Finsternisse wiederzufinden, die zu nichts mehr einen Gegensatz bilden, nicht einmal zum Tag, weil Tag und Nacht und alle Gegensätze in ihnen aufgehen und sich aufheben; daher könnte man von einer Unerschütterlichkeit, einer Unpersönlichkeit des surrealistischen Gedichts sprechen, so wie es eine Unerschütterlichkeit und eine Unpersönlichkeit des Parnasse gibt.

Ein Gedicht von Césaire dagegen platzt und dreht sich um sich selbst wie eine Rakete, Sonnen gehen aus ihm hervor, die sich drehen und zu neuen Sonnen explodieren, das ist eine ständige Überschreitung. Es geht nicht darum, wieder die friedliche Einheit der Gegensätze zu erreichen, sondern einen der Gegensätze des Paars «schwarz-weiß» in seinem Widerspruch zum andren wie ein Geschlecht erigieren zu lassen. Die Dichte dieser Wörter, wie Steine von einem Vulkan in die Luft geworfen, das ist die Négritude, die sich gegen Europa und die Kolonisation definiert. Césaire zerstört nicht jede Kultur, sondern die weiße Kultur; er bringt nicht die Begierde nach allem an den Tag, sondern die revolutionären Bestrebungen des unterdrückten Negers; nicht auf den Geist trifft er am Grunde seiner selbst, sondern auf eine bestimmte konkrete Form von Humanität. Daher kann man hier von einem engagierten und sogar gesteuerten automatischen Schreiben sprechen, nicht weil es zu einem Eingriff der Reflexion kommt, sondern weil Wörter und Bilder unablässig dieselbe brennende Obsession wiedergeben. Der weiße Surrealist trifft am Grunde seiner selbst

19 Anspielung auf *Un coup de dés* von Stéphane Mallarmé. *Anm. d. Übers.*

auf Entspannung; Césaire trifft am Grunde seiner selbst auf die starre Unbeugsamkeit der Forderung und des Ressentiments. Leros Wörter ordnen sich weich an, unter Drucknachlaß, durch Lokkerung der logischen Bande, um weite und vage Themen; Césaires Wörter sind gegeneinandergepreßt und von seiner rasenden Leidenschaft zementiert. Zwischen den kühnsten Vergleichen, zwischen den entferntesten Begriffen läuft ein geheimer Faden aus Haß und Hoffnung. Man vergleiche zum Beispiel «Der Propeller deines Lächelns weit weg geworfen», was ein Produkt des freien Spiels der Imagination und eine Aufforderung zur Träumerei ist, mit

(et les mines de radium enfouies dans l'abysse de mes innocences
sauteront en grains
dans la mangeoire des oiseaux
et le stère d'étoiles
sera le nom commun du bois de chauffage
recueilli aux alluvions des veines chanteuses de nuit),[20]

wo sich die *disjecta membra* des Vokabulars anordnen, um einen eine schwarze *Ars poetica* ahnen zu lassen.

Oder man lese:

et nos faces belles comme le vrai pouvoir opératoire
de la négation

Oder auch:

et la mer pouilleuse d'îles craquant aux doigts des roses
lance-flamme et mon corps intact de foudroyé[21]

20 (und die Radiumminen vergraben im Abgrund meiner Schuldlosigkeiten
werden als Körner springen
in den Futternapf der Vögel
und der Sternenster
wird der gemeinsame Name des Heizungsholzes sein
gesammelt bei den Anschwemmungen der singenden Venen der Nacht)
Aime Césaire, *Avis de tirs* (Schußwarnung) in: *Anthologie* ..., a. a. O., 62. *Anm. d. Übers.*

21 und unsere Gesichter schön wie die wahre operative Macht

Das ist die Apotheose der Läuse des schwarzen Elends, die zwischen den Haaren des Wassers umherspringen, «Inseln» im Strom des Lichts, die unter den Fingern der himmlischen Entlauserin platzen, der rosenfingrigen Morgenröte, jener Morgenröte der griechischen Mittelmeerkultur, von einem schwarzen Dieb den sakrosankten homerischen Gedichten entrissen, deren Fingernägel einer versklavten Prinzessin plötzlich von einem Toussaint Louverture[22] gezwungen werden, die triumphierenden Schmarotzer des schwarzen Meers platzen zu lassen, der Morgenröte, die plötzlich rebelliert und sich verwandelt, wie die wilde Waffe der Weißen Feuer speit und als Flammenwerfer, Waffe von Gelehrten, Waffe von Peinigern mit ihrem weißen Feuer den großen schwarzen Titanen niederstreckt, der, unversehrt, ewig, wiederaufsteht, um Europa und den Himmel zu stürmen. In Césaire vollendet sich die große surrealistische Tradition, nimmt ihren endgültigen Sinn an und zerstört sich: der Surrealismus als europäische poetische Bewegung wird den Europäern von einem Schwarzen entwendet, der ihn gegen sie kehrt und ihm eine streng definierte Funktion zuweist. Ich habe woanders darauf hingewiesen, wie sich das gesamte Proletariat dieser vernunftzerstörenden Poesie verschloß: weil der Surrealismus von denen, die ihm ihr Blut hätten übertragen können, verworfen wurde, siecht er in Europa dahin und verkümmert. Aber genau in dem Moment, da er den Kontakt mit der Revolution verliert, pfropft man ihn in den Antillen auf einen andren Zweig der Weltrevolution, blüht er zu einer riesigen düsteren Blume auf. Césaires Originalität besteht darin, daß er sein umgrenztes mächtiges Anliegen eines Negers, eines Unterdrückten und eines Militanten in die Welt der zerstörerischsten, der freiesten und der meta-

der Negation

und das Meer von Inseln verlaust platzend unter den Fingern der Rosen
Flammenwerfer und mein unversehrter Körper eines Niedergeschmetterten

Aimé Césaire, *Barbare*, ebd., 56, und *Soleil serpent* (Schlangensonne), ebd., 63. *Anm. d. Übers.*

22 François Dominique Toussaint Louverture, Führer der Aufständischen von Santo Domingo von 1796 bis 1802. *Anm. d. Übers.*

physischsten Poesie hat eingehen lassen, als Éluard und Aragon gerade scheiterten, ihren Versen einen politischen Inhalt zu geben. Was Césaire wie ein Schmerzens-, Liebes- und Haßschrei entfährt, ist letztlich die Négritude als Objekt. Auch hier noch schließt er sich der surrealistischen Tradition an, die will, daß das Gedicht objektiviert. Césaires Wörter beschreiben die Négritude nicht, bezeichnen sie nicht, malen sie nicht von außen ab wie ein Maler sein Modell: sie machen sie; sie bilden sie vor unseren Augen: von nun an ist sie ein Ding, das man beobachten, erfahren kann; die subjektive Methode, die er gewählt hat, trifft sich mit der objektiven Methode, von der wir oben gesprochen haben: er treibt die schwarze Seele in dem Moment aus sich heraus, wo andre sie zu verinnern suchen; das schließliche Resultat ist in beiden Fällen dasselbe. Die Négritude, das ist das ferne Tamtam in den nächtlichen Straßen von Dakar, das sind die aus einem haitianischen Kellerloch dringenden Vaudouschreie, die über die Fahrbahn gleiten, es ist jene kongolesische Maske, aber es ist auch jenes Gedicht von Césaire, geifernd, blutend, voller Schleim, das sich im Staub wälzt wie ein zerschnittener Wurm. Dieser doppelte Spasmus von Schlucken und Ausscheiden schlägt den Rhythmus des schwarzen Herzens auf allen Seiten dieser Sammlung.

Und was ist dann jetzt diese Négritude als einziges Anliegen dieser Dichter, einziges Sujet dieses Buchs? Man muß zunächst antworten, daß ein Weißer nicht angemessen davon sprechen kann, weil er nicht deren innere Erfahrung hat und weil es den europäischen Sprachen an Wörtern fehlt, mit denen man sie beschreiben könnte. Ich sollte es also dem Leser überlassen, beim Lesen dieser Seiten auf sie zu stoßen und sich die Vorstellung davon zu machen, die er für richtig hält. Aber diese Einführung wäre unvollständig, wenn ich erst darauf hinwiese, daß die Suche nach dem schwarzen Gral in ihrer ursprünglichen Absicht und ihren Methoden die authentischste Synthese der revolutionären Bestrebungen und des poetischen Anliegens darstellt, und dann lediglich zeigte, daß dieser komplexe Begriff in seinem Kern reine Poesie ist. Ich werde mich also darauf beschränken, diese Gedichte objektiv als ein Bündel von Zeugnissen zu untersuchen und einige ihrer Hauptthemen aufzuzählen. «Was die Négritude eines Gedichts ausmacht», sagt Senghor, «ist weniger das Thema als der Stil, die emotionale Wärme, die den Wörtern Leben gibt, die das Sprechen in Wort verwandelt.» Besser könnte man uns nicht darauf aufmerksam machen, daß die Négritude weder ein Zustand noch ein bestimmter Komplex von Lastern und Tugenden, intellektuellen und moralischen Eigenschaften, sondern eine bestimmte affektive Haltung gegenüber der Welt ist. Die Psychologie hat ihre großen scholastischen Unterscheidungen seit Beginn des Jahrhunderts aufgegeben. Wir glauben nicht mehr daran, daß die Fakten der Seele sich in Willensäußerungen oder Handlungen, Kenntnisse oder Wahrnehmungen und Gefühle oder blinde Passivitäten teilen lassen. Wir wissen, daß ein Gefühl eine bestimmte Art ist, unser Verhältnis zu der uns umgebenden Welt zu leben, und daß es ein bestimmtes Verständnis dieses Universums einschließt. Es ist eine Spannung der Seele, eine Wahl seiner selbst und andrer, eine Weise, die rohen Gegebenheiten der Erfahrung zu überschreiten, kurz, ein Projekt ganz so wie der Willensakt. Die Négritude ist, um die heideggersche Sprache zu verwenden, das In-der-Welt-sein des Negers.

Das sagt uns übrigens Césaire davon:

ma négritude n'est pas une pierre, sa surdité ruée contre la clameur du jour
ma négritude n'est pas une taie d'eau morte sur l'oeil mort de la terre
ma négritude n'est ni une tour ni une cathédrale

elle plonge dans la chair rouge du sol
elle plonge dans la chair ardente du ciel
elle troue l'accablement opaque de sa droite patience.[23]

23 meine Négritude ist nicht ein Stein, ihre Taubheit geschleudert gegen den Lärm des Tages
meine Négritude ist nicht ein blinder Fleck aus totem Wasser auf dem toten Auge der Erde
meine Négritude ist weder ein Turm noch eine Kathedrale

sie steckt im roten Fleisch des Bodens
sie steckt im glühenden Fleisch des Himmels
sie durchlöchert die undurchsichtige Verzagtheit mit ihrer geraden Geduld.

Aime Césaire, *Cahier d' un retour au pays natal* in: *Anthologie* ..., a. a. O., 58, *Anm. d. Übers.*

Die Négritude wird in diesen schönen Versen viel mehr als eine Tat denn als eine Veranlagung beschrieben. Aber diese Tat ist eine innere Bestimmung: es geht nicht darum, die Güter dieser Welt in diese Hände zu nehmen und zu verändern, es geht darum, im Milieu der Welt zu existieren. Die Beziehung zum Universum bleibt eine Aneignung. Aber diese Aneignung ist nicht technischer Art. Für den Weißen heißt besitzen verändern. Der weiße Arbeiter arbeitet zwar mit Instrumenten, die er nicht besitzt. Aber wenigstens seine Techniken gehören ihm: sind auch die großen Erfindungen der europäischen Industrie einem Personenkreis zu verdanken, der vor allem aus den Mittelklassen stammt, so erscheint ihnen zumindest der Beruf des Zimmermanns, des Tischlers, des Drechslers noch als ein echtes Erbteil, obwohl die Orientierung der kapitalistischen Großproduktion dazu tendiert, ihnen auch ihre «Arbeitsfreude» zu nehmen. Aber vom schwarzen Arbeiter zu sagen, daß er mit geliehenen Instrumenten arbeitet, wäre nicht genug; man leiht ihm auch seine Techniken.

Césaire nennt seine schwarzen Brüder:

ceux qui n'ont inventé ni la poudre ni la boussole
ceux qui n'ont jamais su dompter la vapeur ni l'électricité
ceux qui n'ont exploré ni les mers ni le ciel[24]

Dieser Stolz auf das Fehlen technischer Begabung kehrt die Situation um: was als Mangel gelten konnte, wird zur positiven Quelle von Reichtum. Das technische Verhältnis zur Natur offenbart sie als reine Quantität, Trägheit der Masse, Äußerlichkeit: sie stirbt. Durch seine stolze Ablehnung, ein *homo faber* zu sein, gibt ihr der Neger wieder Leben. Als wenn bei dem Paar «Mensch-Natur» die Passivität eines der Glieder notwendig die Aktivität des andren nach sich zöge. Im Grunde ist die Négritude keine Passivität, weil sie das Fleisch des Himmels und der Erde durchlöchert: es ist eine «Geduld», und die Geduld erscheint als eine aktive Nachahmung der Passivität. Das Wirken des Negers ist zunächst Einwirken auf sich selbst. Der Schwarze richtet sich auf und bleibt reglos stehen wie ein Vogelbe-

24 jene die weder das Pulver noch den Kompass erfunden haben
jene die niemals den Dampf noch die Elektrizität haben zähmen können
jene die weder die Meere noch den Himmel erforscht haben
Aimé Césaire, ebd. *Anm. d. Übers.*

schwörer, und die Dinge lassen sich auf den Ästen dieses falschen Baums nieder. Es handelt sich um ein Einfangen, aber ein magisches Einfangen der Welt durch Stille und Ruhe: durch Einwirken auf sich selbst will der Neger zunächst die Natur gewinnen, indem er sich selbst gewinnt.

mais ils s'abandonnent, saisis, à l'essence de toute chose
ignorants des surfaces mais saisis par le mouvement de toute chose
insoucieux de dompter, mais jouant le jeu du monde
véritablement les fils aînés du monde
poreux à tous les souffles du monde ...
chair de la chair du monde palpitant du mouvement même du monde!

Man kann nicht umhin, bei dieser Lektüre an Bergsons berühmte Unterscheidung von Intelligenz und Intuition zu denken. Und tatsächlich nennt uns Césaire

vainqueurs omniscients et naïfs[25]

Vom Werkzeug kennt der Weiße alles. Aber das Werkzeug zerkratzt die Oberfläche der Dinge, ignoriert die Dauer, das Leben. Die Négritude dagegen ist ein Verständnis durch Sympathie. Das Geheimnis des Schwarzen liegt darin, daß die Quellen seiner Existenz und die Wurzeln des Seins identisch sind.

Wenn man eine soziale Interpretation dieser Metaphysik geben wollte, dann würden wir sagen, daß hier eine Poesie von Ackerbauern einer Prosa von Ingenieuren entgegensteht. Es ist ja nicht wahr, daß der Schwarze über keinerlei Technik verfügt: das Verhältnis jeder beliebigen Menschengruppe zur Außenwelt ist immer in der einen oder andren Weise ein technisches. Und umgekehrt würde ich sagen, daß

25 aber sie geben sich hin, ergriffen, dem Wesen jedes Dinges
in Unkenntnis der Oberflächen aber ergriffen von der Bewegung jedes Dinges
nicht bedacht zu zähmen aber das Spiel der Welt spielend
wahrhaftig die älteren Söhne der Welt
durchlässig für alle Winde der Welt ...
Fleisch vom Fleisch der Welt bebend mit der Bewegung der Welt!

allwissende und naive Sieger
Aimé Césaire, ebd., 59. *Anm. d. Übers.*

Césaire ungerecht ist: das Flugzeug von Saint-Exupéry, das die Erde unter sich Falten werfen läßt wie einen Teppich, ist ein Enthüllungsorgan. Doch der Schwarze ist zunächst Bauer; Ackerbautechnik ist «gerade Geduld»; sie vertraut dem Leben; sie wartet. Pflanzen heißt die Erde schwängern; danach muß man reglos bleiben, beobachten:

Chaque atome de silence
Est la chance d'un fruit mûr![26],

jeder Augenblick erbringt hundertmal mehr, als der Landwirt gegeben hat, während der Arbeiter im hergestellten Produkt nur das findet, was er hineingesteckt hat;[27] der Mensch wächst zugleich mit seinem Getreide; von Minute zu Minute überschreitet es sich und wird golden; auf der Lauer vor dem zarten Bauch, der anschwillt, greift er nur zum Schutz ein. Das reife Korn ist ein Mikrokosmos, weil zu seinem Wachstum die Hilfe von Sonne, Regen und Wind nötig war; eine Ähre ist zugleich das natürlichste Ding und das unwahrscheinlichste Glück. Der weiße Bauer ist von den Techniken angesteckt worden, aber der schwarze bleibt der große Begatter der Erde, das Sperma der Welt. Seine Existenz ist die große pflanzliche Geduld; seine Arbeit ist von Jahr zu Jahr die Wiederholung des heiligen Koitus. Schaffend und ernährt, weil er schafft. Pflügen, pflanzen, essen heißt sich mit der Natur paaren. Der sexuelle Pantheismus dieser Dichter wird einen sicher als erstes auffallen: dadurch nehmen sie an den Tänzen und phallischen Riten der afrikanischen Neger teil.

Oho! Congo couchée dans ton lit de forêts, reine sur l'Afrique domptée
Que les phallus des monts portent haut ton pavillon
Car tu es femme par ma tête par ma langue, car tu es femme par mon ventre

schreibt Senghor. Und:

26 Jedes Atom Schweigen
Ist die Chance einer reifen Frucht!
Aus dem Gedicht *Palme* von Paul Valéry. *Anm. d. Übers.*

27 In diesem Sinn drückt die kritische Idee (Kant) den Gesichtspunkt des *nichtproletarischen* Technikers aus. Das Subjekt stößt in den Dingen wieder auf das, was es hineingesteckt hat. Aber es steckt nur im *Geiste etwas* hinein; es handelt sich um Verstandesoperationen. Der Wissenschaftler und der Ingenieur sind Kantianer.

or je remonterai le ventre doux des dunes et les cuisses
rutilantes du jour ...[28]

und Rabéarivelo:

le sang de la terre, la sueur de la pierre
et le sperme du vent[29]

und Laleau:

Sous le ciel, le tambour conique se lamente
Et c'est l'âme même du Noir:
Spasmes lourds d'homme en rut, gluants sanglots d'amante
Outrageant le calme du soir.[30]

Hier sind wir weit entfernt von der keuschen und asexualen Intuition Bergsons. Es geht nicht mehr um Sympathie mit dem Leben, sondern um Liebe zu allen seinen Formen. Für den weißen Techniker ist Gott zunächst Ingenieur. Jupiter ordnet das Chaos und schreibt ihm Gesetze vor; der christliche Gott konzipiert die Welt durch seinen Verstand und verwirklicht sie durch seinen Willen: das Verhältnis des Geschöpfes zum Schöpfer ist niemals ein fleischliches, außer für einige Mystiker, die der Kirche höchst verdächtig sind. Außerdem hat die mystische Erotik nichts mit Fruchtbarkeit zu tun: sie ist das ganz passive Warten auf ein steriles Eindringen. Wir sind aus Schlamm geknetet: kleine Statuen, aus den Händen des göttlichen Bildhauers

28 Oho! Kongo in deinem Bett aus Wäldern liegend, Königin über das gezähmte Afrika
Daß die Phallusse der Berge deine Flagge hoch tragen
Denn du bist Frau durch meinen Kopf durch meine Zunge, denn du bist Frau durch meinen Bauch

doch ich werde den sanften Bauch der Dünen emporsteigen und die glänzenden Schenkel des Tages ...

Léopold Sédar Senghor, *Congo* in: *Anthologie* ..., a. a. O., 168. *Anm. d. Übers.*

29 das Blut der Erde, der Schweiß des Steins
und das Sperma des Windes

Jean-Joseph Rabéarivelo, *Cactus* (Kaktus), ebd., 189. *Anm. d. Übers.*

30 Unter dem Himmel klagt die konische Trommel
Und es ist die Seele des Schwarzen selbst:
Schwere Spasmen eines Manns in der Brunst, schleimige Seufzer einer Liebenden
Schändend den Frieden des Abends.

Léon Laleau, *Sacrifice* (Opfer), ebd., 108. *Anm. d. Übers.*

hervorgegangen. Wenn die hergestellten Gegenstände, die uns umgeben, ihren Schöpfern einen Kult darbringen könnten, würden sie uns sicher so anbeten, wie wir den Allmächtigen anbeten. Für unsere schwarzen Dichter dagegen geht das Sein aus dem Nichts hervor wie ein sich aufrichtender Phallus; die Schöpfung ist eine riesige ständige Niederkunft; die Welt ist Fleisch und Sohn des Fleisches; auf dem Meer und am Himmel, auf den Dünen, auf den Steinen, im Wind findet der Neger das Samtartige der menschlichen Haut wieder; er streichelt sich am Bauch des Sandes, an den Schenkeln des Himmels: er ist «Fleisch vom Fleisch der Welt»; er ist «durchlässig für alle Winde», für alle Pollen; er ist abwechselnd das Weib der Natur und ihr Mann; und wenn er sich mit einer Frau seiner Rasse paart, scheint ihm der Geschlechtsakt das Mysterium des Seins zu zelebrieren. Diese Spermareligion ist wie eine Spannung der Seele, die zwei komplementäre Neigungen im Gleichgewicht hält: das dynamische Gefühl, ein erigierender Phallus zu sein, und das dumpfere, geduldigere, weiblichere, eine wachsende Pflanze zu sein. So ist die Négritude in ihrer tiefsten Quelle eine Androgynie.

Te voilà,
debout et nu.
Limon tu es et t'en souviens;
mais tu es en vérité l'enfant de cette ombre parturiante
qui se repaît de lactogène lunaire,
puis tu prends lentement la forme d'un fût
sur ce mur bas que franchissent les songes des fleurs
et le parfum de l'été en relâche.
Sentir, croire que des racines te poussent aux pieds
et courent et se tordent comme des serpents assoiffés
vers quelque source souterraine ...[31]

31 Da bist du,
aufrecht und nackt.
Schlamm bist du und erinnerst dich daran;
aber du bist in Wahrheit das Kind jenes gebärenden Schattens
das sich nährt von lunarem Lactogen
dann nimmst du langsam die Form eines Stammes an
auf dieser niedrigen Mauer die die Träume der Blumen überspringen
und der Duft des sich ausruhenden Sommers.
Fühlen, glauben, daß Wurzeln dir an den Füßen wachsen

Und Césaire:

Mère très usée, mère sans feuille tu es un flamboyant et il ne porte plus que les gousses. Tu es un calebassier, et tu n'es qu'un peuplement de couis ...[32]

Diese tiefe Einheit von vegetabilen und sexuellen Symbolen ist sicher die größte Originalität der schwarzen Poesie, vor allem in einer Epoche, wo, wie Michel Carrouges gezeigt hat, die meisten Bilder der weißen Lyriker zur Mineralisierung des Menschlichen tendieren. Césaire dagegen vegetalisiert, animalisiert Meer, Himmel und Steine. Genauer noch, seine Poesie ist eine ständige Kopulation von in Tiere, Pflanzen und Steine verwandelten Frauen und Männern mit in Menschen verwandelten Pflanzen und Tieren. So bezeugt der Schwarze den Eros der Natur; er äußert und verkörpert ihn; wenn man einen Vergleichspunkt in der europäischen Poesie finden wollte, müßte man bis zu Lukrez zurückgehen, dem bäuerlichen Dichter, der Venus, die Muttergöttin, feierte, zur Zeit als Rom noch nicht viel mehr als ein großer Agrarmarkt war. In unserer Zeit kann ich höchstens bei D. H. Lawrence ein kosmisches Gefühl der Sexualität sehen. Allerdings bleibt dieses Gefühl bei ihm sehr literarisch.

Aber obwohl die Négritude in ihrem Kern als jenes reglose Emporschießen, die Einheit von phallischer Erektion und vegetabilem Wachstum erscheint, kann man sie mit diesem poetischen Thema allein nicht erschöpfen. Da ist noch ein anderes Motiv, das sich wie eine breite Arterie durch diese Sammlung zieht:

ceux qui n'ont inventé ni la poudre ni la boussole ...
mais ils savent en ses moindres recoins le pays de souffrance[33]

und laufen und sich winden wie durstige Schlangen
auf irgendeine unterirdische Quelle hin,

Jean-Joseph Rabéarivelo, *Traduit de la nuit* (Aus der Nacht übersetzt) 10, ebd., 182. *Anm. d. Übers.*

32 Mutter ganz verbraucht, Mutter ohne Blatt du bist ein Flamboyant und er trägt nur noch die Schoten. Du bist ein Kalebassenbaum, und du bist nur eine Anpflanzung von Couis ...

Aimé Césaire, *Et les chiens se taisaient*, ebd., 73. (Coui = amerikanischer Kalebassenbaum) *Anm. d. Übers.*

33 jene die weder das Pulver noch den Kompass erfunden haben ...
aber sie kennen in ihren winzigsten Winkeln das Land des Leidens

Aime Césaire, *Cahier d' un retour au pays natal*, ebd., 57. *Anm. d. Übers.*

Der absurden utilitaristischen Betriebsamkeit des Weißen stellt der Schwarze die gesammelte Authentizität des Leidens gegenüber; weil die schwarze Rasse das entsetzliche Privileg gehabt hat, den Boden des Unglücks zu berühren, ist sie eine erwählte Rasse. Und obwohl diese Gedichte durch und durch antichristlich sind, könnte man die Négritude von diesem Gesichtspunkt aus eine Passion nennen: der sich seiner selbst bewußte Schwarze stellt sich seinen eignen Augen als der Mensch dar, der den ganzen menschlichen Schmerz auf sich genommen hat und der stellvertretend für alle leidet, sogar für den Weißen.

la trompette d'Armstrong qui sera ... au jour du Jugement, l'interprète des douleurs de l'homme.[34]

Halten wir zunächst fest, daß es sich keineswegs um einen Schmerz der Resignation handelt. Ich sprach eben von Bergson und Lukrez, ich wäre jetzt versucht, jenen großen Gegner des Christentums, Nietzsche, und sein «Dionysos-Ideal» zu zitieren. Wie der dionysische Dichter sucht der Neger unter die glänzenden Phantasien des Tages vorzudringen und stößt tausend Fuß unter der apollinischen Oberfläche auf das unsühnbare Leiden, das das universelle Wesen des Menschen ist. Systematisierend würde man sagen, daß der Schwarze mit der ganzen Natur verschmilzt, insofern er sexuelle Sympathie für das Leben ist, und daß er sich als der Mensch behauptet, insofern er aufbegehrende Schmerzenspassion ist. Man wird die grundlegende Einheit dieser doppelten Bewegung spüren, wenn man über die von den Psychiatern festgestellte immer engere Beziehung zwischen Angst und sexueller Begierde nachdenkt. Es gibt nur ein einziges stolzes Auftauchen, das man ebenso eine Begierde nennen kann, die ihre Wurzeln im Leiden hat, oder ein Leiden, das sich wie ein Degen durch eine weite kosmische Begierde gebohrt hat. Diese «rechte Geduld», die Césaire beschwor, ist, in ein und demselben Emporschießen, pflanzliches Wachstum, phallische Erektion und Geduld gegenüber dem Leiden, sie steckt in den Muskeln des Negers selbst; sie stützt den schwarzen Träger, der tausend Kilometer den Niger hin

34 die Trompete Armstrongs, die sein wird ..., am Tag des Jüngsten Gerichts, der Interpret der Schmerzen des Menschen
Paul Niger, *Lune* (Mond), ebd., 104. *Anm. d. Übers.*

aufgeht, gepeinigt von der Sonne, mit einer Last von fünfundzwanzig Kilo, die er auf seinem Kopf balanciert. Aber wenn man in einem gewissen Sinn die Fruchtbarkeit der Natur mit einer Wucherung von Schmerzen gleichsetzen kann, so überschreitet in einem andren Sinn – und auch das ist dionysisch – diese Fruchtbarkeit den Schmerz durch ihre Üppigkeit, ertränkt ihn in ihrer schöpferischen Fülle, die Poesie, Liebe und Tanz ist. Um diese unauflösbare Einheit von Leiden, Eros und Freude verstehen zu können, muß man vielleicht gesehen haben, wie die Schwarzen von Harlem frenetisch zum Rhythmus jener Blues tanzen, die die schmerzlichsten Weisen der Welt sind. Es ist der Rhythmus nämlich, der diese vielfachen Aspekte der schwarzen Seele zusammenhält, er ist es, der diesen schweren dionysischen Intuitionen die nietzscheanische Leichtigkeit verleiht, es ist der Rhythmus – Tamtam, Jazz, das Stampfen dieser Gedichte –, der die Zeitlichkeit der schwarzen Existenz darstellt. Und wenn ein schwarzer Dichter seinen Brüdern eine bessere Zukunft prophezeit, so schildert er ihnen ihre Befreiung in Form eines Rhythmus:

Quoi?

un rythme
une onde dans la nuit à travers les forêts, rien – ou une âme nouvelle
un timbre
une intonation
une vigueur
un dilatement
une vibration qui par degrés dans la moelle déflue, révulse dans sa marche un vieux cœur endormi, lui prend la taille et vrille
et tourne
et vibre encore, dans les mains, dans les reins, le sexe, les cuisses et le vagin, descend plus bas[35]

35 Was?
ein Rhythmus
eine Welle in der Nacht durch die Wälder, nichts – oder eine neue Seele
eine Klangfarbe

Aber man muß noch weiter gehen: diese Grunderfahrung des Leidens ist mehrdeutig; durch sie wird das Bewußtsein der Schwarzen ein historisches werden. Denn, was auch immer das unerträgliche Unrecht seiner gegenwärtigen Lage ist, nicht auf sie bezieht sich der Neger als erstes, wenn er proklamiert, er habe den Boden des menschlichen Leids berührt. Er hat den entsetzlichen Vorteil, die Knechtschaft kennengelernt zu haben. Für diese Dichter, von denen die meisten zwischen 1900 und 1918 geboren sind, bleibt die erst ein Jahrhundert früher aufgehobene Sklaverei die lebendigste aller Erinnerungen:

mes aujourd'hui ont chacun sur mon jadis
de gros yeux qui roulent de rancœur de
honte
. . . .
Va encore mon hébétude du temps jadis
de
coups de corde noueux de corps calcinés
de l'orteil au dos calcinés
de chair morte de tisons de fer rouge de bras
brisés sous le fouet qui se déchaîne ...,[36]

schreibt Damas, ein Dichter aus Guyana. Und Brière aus Haiti:

Et souvent comme moi tu sens des courbatures
Se réveiller après les siècles meurtriers,

ein Tonfall
eine Kraft
eine Schwellung
eine Vibration, die sich stufenweise im Mark fortsetzt
bei ihrem Verlauf ein altes eingeschlafenes Herz umdreht, es an der Taille packt
und bohrt
und kreist
und weiter vibriert, in den Händen, in den Hüften, im Geschlecht, in den Schenkeln, in der Vagina, noch weiter hinuntergeht
Paul Niger, *Je n'aime pas l'Afrique* (Ich liebe Afrika nicht), ebd., 100. *Anm. d. Übers.*

36 meine Heute werfen jedes auf mein Einst
große Augen, die voll Wut voll Schande rollen

Ganz zu schweigen von meiner Benommenheit der damaligen Zeit

Et saigner dans ta chair les anciennes blessures.[37]

Während der jahrhundertelangen Sklaverei hat ja der Schwarze den bitteren Kelch bis zur Neige getrunken; und die Sklaverei ist eine vergangene Tatsache, die weder unsere Autoren noch ihre Väter direkt kennengelernt haben. Aber sie ist auch ein enormer Alptraum, von dem selbst die Jungen unter ihnen nicht wissen, ob sie wirklich aus ihm aufgewacht sind.[38] Von einem Ende der Erde zum andren haben die Schwarzen, obwohl durch ihre Sprachen, die Politik und die Geschichte ihrer Kolonisatoren getrennt, ein kollektives Gedächtnis gemeinsam. Darüber wird man nicht erstaunt sein, sofern man sich nur erinnert, daß die französischen Bauern 1789 noch die panischen Schrecken kannten, deren Ursprung auf den Hundertjährigen Krieg zurückging. Wenn sich also der Schwarze zu seiner Grunderfahrung zurückwendet, erweist sich diese plötzlich als zweidimensional: sie ist sowohl das intuitive Erfassen der menschlichen Lage als auch das noch frische Gedächtnis an eine historische Vergangenheit. Ich denke hier an Pascal, der unablässig wiederholt hat, daß der Mensch ein irrationales Kompositum aus Metaphysik und Geschichte sei, unerklärbar in seiner Größe, wenn er aus dem Schlamm kommt, in seinem Elend, wenn er noch so ist, wie Gott ihn geschaffen hat, und daß man zu seinem Verständnis auf die unreduzierbare Tatsache des Sündenfalls zurückgreifen müsse. In demselben Sinn nennt Césaire seine Rasse die «gefallene Rasse». Und in einem gewissen Sinn sehe ich, daß man ein schwarzes Bewußtsein durchaus mit einem christlichen

von
Schlägen von knotigen Stricken von verkohlten Körpern
von der verkohlten Zehe bis zum verkohlten Rücken
von totem Fleisch von Scheiten von rotglühendem Eisen von Armen
gebrochen unter der Peitsche, die sich austobt ...

Léon Gontran Damas, *La complainte du nègre* (Die Klage des Negers), ebd., 10f. *Anm. d. Übers.*

37 Und oft fühlst du wie ich die Zerschlagenheit
Nach den mörderischen Jahrhunderten erwachen
Und in deinem Fleisch die alten Wunden bluten.

Jean-F. Brière, *Me revoici, Harlem* (Da bin ich wieder, Harlem), ebd., 122. *Anm. d. Übers.*

38 Was ist außerdem die gegenwärtige Lage des Negers in Kamerun, an der Elfenbeinküste, wenn nicht Sklaverei im strengsten Sinn des Worts?

Bewußtsein vergleichen kann: das eherne Gesetz des Sklaven erinnert an das des Alten Testaments, das die Folgen der Erbsünde berichtet. Die Aufhebung der Sklaverei läßt an jene andre historische Tatsache denken: die Erlösung. Der gönnerhafte Patriarchalismus des weißen Mannes nach 1848 und der des weißen Gottes nach der Passion ähneln sich. Allerdings ist das unsühnbare Vergehen, das der Schwarze am Boden seines Gedächtnisses entdeckt, nicht sein eignes, sondern das des Weißen; das erste Faktum der schwarzen Geschichte ist durchaus eine Erbsünde: aber der Schwarze ist ihr unschuldiges Opfer. Deshalb steht seine Auffassung vom Leiden in radikalem Gegensatz zum weißen Dolorismus. Wenn seine Gedichte in den meisten Fällen so entschieden antichristlich sind, so liegt das daran, daß die Religion der Weißen in den Augen des Negers noch klarer als in denen des europäischen Proletariats als eine Mystifikation erscheint: sie will ihn die Verantwortung für ein Verbrechen teilen lassen, dessen Opfer er ist; sie will ihm einreden, in den Verschleppungen, den Massakern, den Vergewaltigungen und den Foltern, die Afrika mit Blut bedeckt haben, eine berechtigte Züchtigung, verdiente Prüfungen zu sehen. Kann man sagen, daß sie dafür die Gleichheit aller Menschen vor Gott proklamiert? Vor Gott, ja. Noch vor kurzem las ich im *Esprit* folgende Zeilen eines Korrespondenten aus Madagaskar:

«Ich bin ebenso wie Sie davon überzeugt, daß die Seele eines Madagassen ebenso viel wert ist wie die Seele eines Weißen ... Ganz genauso wie die Seele eines Kindes vor Gott ebenso viel wert ist wie die Seele seines Vaters. Dennoch lassen ja auch Sie, Herr Herausgeber, Ihr Auto, wenn Sie eines haben, nicht von Ihren Kindern fahren.»

Eleganter kann man Christentum und Kolonialismus nicht versöhnen. Gegen solche Sophismen behauptet der Schwarze, durch die bloße Vertiefung seiner Erinnerung als ehemaliger Sklave, daß der Schmerz das Los der Menschen ist und daß er trotzdem unverdient ist. Mit Entsetzen verwirft er die christliche Ausgezehrtheit, die griesgrämige Lust, die masochistische Demut und all die tendenziösen Aufforderungen zur Resignation; er lebt das absurde Faktum des Leidens in seiner Reinheit, in seiner Ungerechtigkeit und in seiner Sinnlosigkeit und entdeckt darin jene verkannte oder vom Christentum verdeckte Wahrheit: das Leiden enthält seine eigne Ablehnung in sich selbst; es ist seinem Wesen nach Ablehnung zu leiden, es ist die

Schattenseite der Negativität, es öffnet sich zur Revolte und Freiheit hin. Damit vergeschichtlicht er sich in dem Maße, wie die Intuition des Leidens ihm eine kollektive Vergangenheit verleiht und ihm ein Ziel in der Zukunft zuweist. Eben noch war er das Auftauchen uralter Instinkte in der Gegenwart, reine Manifestation der universellen und ewigen Fruchtbarkeit. Jetzt redet er seine farbigen Brüder in einer ganz anderen Sprache an:

Nègre colporteur de révolte
tu connais les chemins du monde
depuis que tu fus vendu en Guinée ...[39]

und

Cinq siècles vous ont vus les armes à la main
et vous avez appris aux races exploitantes
la passion de la liberté.[40]

Schon gibt es ein schwarzes Epos: zuerst das goldene Zeitalter Afrikas, dann die Ära der Zerstreuung und der Gefangenschaft, dann das Erwachen des Bewußtseins, die heldenhaften und finsteren Zeiten der großen Revolten eines Toussaint Louverture und der schwarzen Helden, dann die Tatsache der Aufhebung der Sklaverei – «unvergeßliche Metamorphose», sagt Césaire[41] –, dann der Kampf für die endgültige Befreiung.

Vous attendez le prochain appel,
l'inévitable mobilisation,
car votre guerre à vous n'a connu que des trèves,
car il n'est pas de terre où n'ait coulé ton sang,
de langue où ta couleur n'ait été insultée.

39 Neger Hausierer der Revolte
du kennst die Wege der Welt
seit du in Guinea verkauft wurdest ...

Jacques Roumain, *Bois d'ébène* (Ebenholz) in: *Anthologie ...*, a. a. O., 114. *Anm. d. Übers.*

40 Fünf Jahrhunderte haben euch bewaffnet gesehen
und ihr habt die ausbeutenden Rassen
die Leidenschaft der Freiheit gelehrt.

Jean-F. Brière, *Black Soul*, ebd., 126. *Anm. d. Übers.*

41 *inoubliable métamorphose* in: *An neuf. Poème pour le Centenaire de la Révolution de 1848* (Das neue Jahr. Gedicht zum hundertsten Jahrestag der Revolution von 1848), ebd., 75. *Anm. d. Übers.*

Vous souriez, Black Boy,
vous chantez,
vous dansez,
vous bercez les générations
qui montent à toutes les heures
sur les fronts du travail et de la peine,
vous monterez demain à l'assaut des bastilles
vers les bastions de l'avenir
pour écrire dans toutes les langues,
aux pages claires de tous les ciels,
la déclaration de tes droits méconnus
depuis plus de cinq siècles ...[42]

Merkwürdige und entscheidende Wendung: die Rasse hat sich in Geschichtlichkeit verwandelt, die schwarze Gegenwart explodiert und verzeitlicht sich, die Négritude fügt sich mit ihrer Vergangenheit und ihrer Zukunft in die Weltgeschichte ein, sie ist nicht mehr ein Zustand, ja nicht einmal eine existentielle Handlung, sie ist ein Werden; der schwarze Beitrag zur Entwicklung der Menschheit ist nicht mehr eine Würze, ein Geschmack, ein Rhythmus, eine Authentizität, ein Strauß primitiver Instinkte: es ist ein datiertes Unternehmen, ein ge-

42 Ihr wartet auf den nächsten Appell,
die unvermeidliche Mobilisierung,
denn euer Krieg hat nur Feuerpausen gehabt,
denn es ist kein Land, wo dein Blut nicht geflossen ist,
keine Sprache, in der deine Farbe nicht beschimpft worden ist.
Ihr lächelt, Black Boy,
ihr singt,
ihr tanzt,
ihr wiegt die Generationen,
die zu allen Stunden emporsteigen
an die Fronten der Arbeit und der Mühsal,
ihr werdet morgen emporsteigen zum Sturm auf die Bastillen,
zu den Bastionen der Zukunft,
um in allen Sprachen zu schreiben,
auf die hellen Seiten aller Himmel,
die Erklärung deiner Rechte, die nicht anerkannt sind
seit mehr als fünf Jahrhunderten ...

Jean-F. Brière, *Black Soul*, ebd., 127f. *Anm. d. Übers.*

duldiger Aufbau, eine Zukunft. Im Namen der ethnischen Qualitäten verlangte der Schwarze eben noch seinen Platz an der Sonne; jetzt gründet er seine Mission auf sein Lebensrecht; und diese Mission rührt für ihn, ebenso wie die des Proletariats, von seiner historischen Situation her: weil er mehr als alle andren unter der kapitalistischen Ausbeutung gelitten hat, hat er mehr als alle andren den Sinn für die Revolte und die Liebe zur Freiheit erworben. Und weil er der Unterdrückteste ist, verfolgt er notwendig die Befreiung aller, wenn er für sein eignes Freiwerden arbeitet:

noir messager d'espoir
car tu connais tous les chants du monde
depuis ceux des chantiers immémoriaux du Nil[43]

Aber können wir nach alldem noch an die innere Homogenität der Négritude glauben? Und wie sollen wir sagen, was sie ist? Bald ist es eine verlorene Unschuld, die nur in einer fernen Vergangenheit existierte, und bald eine Hoffnung, die sich erst im Schoß des Reichs der Zukunft verwirklichen wird. Bald zieht sie sich in einem Augenblick pantheistischer Verschmelzung mit der Natur zusammen, und bald dehnt sie sich aus, bis sie sich mit der gesamten Geschichte der Menschheit deckt; bald ist sie eine existentielle Haltung und bald die objektive Gesamtheit der schwarzafrikanischen Traditionen. Wird sie entdeckt? Wird sie geschaffen? Immerhin gibt es Neger, die «kollaborieren»; immerhin scheint Senghor in den Vorbemerkungen, die er den Werken jedes Dichters voranschickt, verschiedene Stufen der Négritude zu unterscheiden. Fordert der, der sich bei seinen farbigen Brüdern zu deren Verkünder macht, sie auf, sich immer noch mehr zum Neger zu machen, oder enthüllt er ihnen durch eine Art poetischer Psychoanalyse, was sie sind? Ist sie Notwendigkeit oder Freiheit? Geht es für den authentischen Neger darum, daß seine Verhaltensweisen von seinem Wesen herrühren, so wie die Folgen von einem Prinzip, oder ist man Neger wie der Gläubige einer Religion, das heißt in Furcht und Zittern, in Angst und ständigem Schuldgefühl, niemals genug das zu sein,

43 schwarzer Hoffnungsbote
denn du kennst alle Gesänge der Welt
seit denen der uralten Baustellen des Nils
Jacques Roumain, *Bois d'ébène*, ebd., 114. *Anm. d. Übers.*

was man sein möchte? Ist sie eine Tatsachengegebenheit oder ein Wert? Der Gegenstand einer empirischen Intuition oder eines moralischen Begriffs? Ist sie eine Errungenschaft der Reflexion? Oder wenn die Reflexion sie vergiftete? Wenn sie nur im Unreflektierten und Unmittelbaren authentisch wäre? Ist sie eine systematische Erklärung der schwarzen Seele oder ein platonscher Archetyp, dem man sich unendlich annähern kann, ohne ihn jemals zu erreichen? Ist sie für die Schwarzen wie unser Ingenieursverstand für uns die am besten verteilte Sache der Welt?[44] Oder kommt sie über einige wie eine Gnade und sucht sich ihre Auserwählten? Natürlich wird man antworten, daß sie all das zugleich und noch vieles andere ist. Und ich stimme dem zu: wie alle anthropologischen Begriffe schwankt die Négritude zwischen Sein und Sein-müssen; sie macht einen, und man macht sie: Eid und Passion zugleich. Aber es gibt da etwas noch Ernsteres: der Neger schafft sich, wie wir gesehen haben, einen antirassistischen Rassismus. Er will keineswegs die Welt beherrschen: er will die Aufhebung der ethnischen Privilegien, woher sie auch kommen; er behauptet seine Solidarität mit den Unterdrückten jeder Hautfarbe. Insofern kann man sagen, der subjektive, existentielle, ethnische Begriff der Négritude «geht über», wie Hegel sagt, in den – objektiven, positiven, exakten – des Proletariats. «Für Césaire», sagt Senghor, «symbolisiert der ‹Weiße› das Kapital so wie der Neger die Arbeit ... Über die Menschen schwarzer Haut seiner Rasse besingt er den Kampf des Weltproletariats.» Das ist leichter gesagt als gedacht. Natürlich ist es kein Zufall, daß die glühendsten Sänger der Négritude gleichzeitig militante Marxisten sind. Aber das ändert nichts daran, daß der Rassenbegriff sich nicht mit dem Klassenbegriff deckt: jener ist konkret und partikulär, dieser ist universell und abstrakt; der eine fällt unter das, was Jaspers «Verstehen» nennt, und der andre unter das «Erklären»; der erste ist das Produkt eines psychobiologischen Synkretismus, und der andre ist eine methodische Konstruktion auf Grund von Erfahrung. Die Négritude erscheint tatsächlich als die schwache Zeit eines dialektischen Voranschreitens: die theoreti-

44 Anspielung auf den ersten Satz von Descartes' *Discours de la méthode*: «Der gesunde Menschenverstand ist die am besten verteilte Sache der Welt.» *Anm. d. Übers.*

sche und praktische Behauptung der Überlegenheit des Weißen ist die These; die Setzung der Négritude als antithetischer Wert ist der Moment der Negativität. Aber dieser negative Moment genügt sich nicht selbst, und die Schwarzen, die ihn benutzen, wissen das ganz genau; sie wissen, daß er die Synthese oder Verwirklichung des Menschlichen in einer rassenlosen Gesellschaft vorbereiten soll. So ist die Négritude zu ihrer Selbstzerstörung da, sie ist Übergang und nicht Ziel, Mittel und nicht letzter Zweck. In dem Moment, wo die schwarzen Orpheuse jene Eurydike am engsten umarmen, spüren sie, daß sie sich in ihren Armen auflöst. Ein Gedicht von Jacques Roumain, einem schwarzen Kommunisten, liefert das bewegendste Zeugnis für diese neue Ambiguität:

Afrique j'ai gardé ta mémoire Afrique
tu es en moi

Comme l'écharde dans la blessure
comme un fétiche tutélaire au centre du village
fais de moi la pierre de ta fronde
de ma bouche les lèvres de ta plaie
de mes genoux les colonnes brisées de ton abaissement . . .

POURTANT
je ne veux être que de votre race
ouvriers paysans de tous les pays

Mit welcher Traurigkeit hält er noch einen Moment fest, was aufzugeben er beschlossen hat! Mit welchem Menschenstolz wird er für die andren Menschen seinen Negerstolz ablegen! Wer zugleich sagt, daß Afrika in ihm ist «wie der Splitter in der Wunde» und daß er nur von der weltweiten Rasse der Unterdrückten sein will, der hat das Reich des unglücklichen Bewußtseins nicht verlassen. Ein Schritt weiter, und die Négritude wird gänzlich verschwinden: aus dem, was die von den Vorfahren stammende geheimnisvolle Wallung des schwarzen Bluts war, macht der Neger selbst einen geographischen Zufall, das unbeständige Produkt des allumfassenden Determinismus:

Est-ce tout cela climat étendue espace
qui crée le clan la tribu la nation

la peau la race et les dieux
notre dissemblance inexorable?[45]

Aber diese Rationalisierung des Rassenbegriffs sich zu eigen zu machen, hat der Schwarze nicht ganz den Mut: man sieht, daß er sich auf Fragen beschränkt; unter dem Vereinigungswillen dringt eine bittere Sehnsucht durch. Ein merkwürdiger Weg: gedemütigt und beleidigt schürfen die Schwarzen im Tiefsten ihrer selbst, um ihren geheimsten Stolz wiederzufinden, und wenn sie schließlich auf ihn gestoßen sind, ficht sich dieser Stolz selbst an: in einer äußersten Hingabe legen sie ihn ab, wie Philoktet seinen Bogen und seine Pfeile Neoptolemos überläßt. So entdeckt der Rebell bei Césaire in der Tiefe seines Herzens das Geheimnis seiner Revolten: er ist von königlicher Rasse:

Et c'est vrai qu'il y a
quelque chose en toi qui n'a jamais pu se soumettre, une colère, un désir, une tristesse, une impatience, un mépris enfin, une violence ... et voilà tes veines charrient de l'or non de la boue, de l'orgueil non de la servitude. Roi tu as été Roi jadis.

Aber sofort stößt er die Versuchung zurück:

45 Afrika ich habe dein Gedächtnis behalten Afrika
du bist in mir

Wie der Splitter in der Wunde
wie ein Schutzfetisch in der Mitte des Dorfs
mach aus mir den Stein deiner Schleuder
aus meinem Mund die Lippen deiner Wunde
aus meinen Knien die zerbrochenen Säulen deiner Erniedrigung ...

JEDOCH
ich will nur von eurer Rasse sein
Arbeiter Bauern aller Länder

Ist das alles Klima Ausdehnung Raum
das den Klan den Stamm die Nation schafft
die Haut die Rasse und die Götter
unsere unerweichliche Unähnlichkeit?

Jacques Roumain, *Bois d'ébène* in: *Anthologie ...*, a. a. O., 116f. *Anm. d. Übers.*

Ma loi est que je courre d'une chaîne sans cassure
jusqu'au confluent de feu qui me volatilise qui
m'épure et m'incendie de mon prisme d'or
amalgamé ...
... je périrai. Mais nu. Intact.[46]

Vielleicht ist es diese äußerste Nacktheit des Menschen, der den weißen Flitter von sich abreißt, welcher seinen schwarzen Panzer verdeckte, und diesen Panzer selbst dann kaputtmacht und wegwirft; vielleicht ist es diese farblose Nacktheit, die die Négritude am besten symbolisiert: denn die Négritude ist kein Zustand, sie ist eine reine Selbstüberschreitung, sie ist Liebe. In dem Moment, wo sie auf sich verzichtet, findet sie sich; in dem Moment, wo sie bereit ist, zu verlieren, hat sie gewonnen: von dem Farbigen und nur von ihm kann verlangt werden, daß er den Stolz auf seine Farbe aufgibt. Er macht eine Gratwanderung zwischen dem vergangenen Partikularismus, den er gerade erklommen hat, und dem zukünftigen Universalismus, der die Dämmerung seiner Négritude sein wird; er lebt den Partikularismus bis zum Ende und findet die Morgenröte des Universellen darin. Natürlich gewinnt auch der weiße Arbeiter Bewußtsein von seiner Klasse und negiert sie dann, weil er das Aufkommen einer klassenlosen Gesellschaft will: aber noch einmal, die Definition der Klasse ist objektiv; sie resümiert nur die Bedingungen seiner Entfremdung; während der Neger am Grund seines Herzens die Rasse findet und

46 Und es ist wahr, daß
etwas in dir ist, was sich nie hat unter-
werfen können, eine Wut, ein Verlangen, eine Traurigkeit, eine
Ungeduld, ja eine Verachtung, eine Gewalt ... und
nun treibt auf deinen Adern Gold nicht Dreck,
Stolz nicht Knechtschaft. König bist du gewesen
König einst.

Mein Gesetz ist, daß ich von einer Kette ohne Riß
bis zum Zusammenfluß aus Feuer renne, der mich auflöst der
mich läutert und mich verbrennt an meinem Prisma aus
legiertem Gold ...
... ich werde umkommen. Aber nackt. Unversehrt.

Aimé Césaire, *Et les chiens se taisaient* in: *Les armes miraculeuses*, a. a. O., 159f. *Anm. d. Übers.*

daher sein Herz ausreißen muß. So ist die Négritude dialektisch; sie ist weder nur noch vor allem das Aufblühen atavistischer Instinkte; sie stellt die Überschreitung einer von freien Bewußtseinen definierten Situation dar. Als schmerzlicher hoffnungsvoller Mythos ist die Négritude, aus Bösem geboren und eines zukünftigen Guten trächtig, lebendig wie eine Frau, die geboren wird, um zu sterben, und die in den reichsten Augenblicken ihres Lebens ihren eignen Tod spürt; sie ist eine labile Ruhe, eine explosive Starre, ein Stolz, der auf sich verzichtet, ein Absolutes, das sich als Übergang weiß: denn während sie Verkünderin ihrer Geburt und ihrer Agonie ist, bleibt sie die existentielle Haltung, die von freien Menschen gewählt und bis zur Neige absolut gelebt wird. Weil die Négritude diese Spannung zwischen einer nostalgischen Vergangenheit ist, in die der Schwarze sich nicht mehr ganz hineinversetzen kann, und einer Zukunft, wo sie neuen Werten weichen muß, schmückt sie sich mit einer tragischen Schönheit, die nur in der Poesie Ausdruck findet. Weil sie die lebendige dialektische Einheit von so vielen Widersprüchen ist, weil sie ein analysefeindlicher Komplex ist, ist sie lediglich die vielfache Einheit eines Gesangs, der sie manifestieren kann, und diese aufblitzende Schönheit des Gedichts, die Breton *explosante-fixe* nennt. Weil jeder Versuch, deren verschiedene Aspekte auf den Begriff zu bringen, notwendig dabei enden würde, deren Relativität zu zeigen, während sie von königlichen Bewußtseinen im Absoluten erlebt wird, und weil das Gedicht ein Absolutes ist, wird nur die Poesie ermöglichen, den bedingungslosen Aspekt dieser Haltung festzuhalten. Weil die Négritude eine Subjektivität ist, die sich ins Objektive einschreibt, muß sie in einem Gedicht Gestalt annehmen, das heißt in einer Objekt-Subjektivität; weil sie ein Archetyp und ein Wert ist, wird sie ihr durchsichtigstes Symbol in den ästhetischen Werten finden; weil sie ein Appell und eine Gabe ist, kann sie sich nur mittels eines Kunstwerks hören lassen und anbieten, das Appell an die Freiheit des Betrachters und absolute Hingabe ist. Die Négritude ist der Inhalt des Gedichts, ist das Gedicht als Ding der Welt, geheimnisvoll und offen, unentzifferbar und suggestiv: sie ist der Dichter selbst. Man muß noch weiter gehen; die Négritude, Triumph des Narzißmus und Selbstmord von Narziß, Spannung der Seele jenseits der Kultur, der Wörter und aller psychischen Fakten, leuchtende Nacht des Nicht-Wissens, bewußte Wahl des Unmöglichen und dessen, was Bataille *supplice* nennt, intuitive Annahme der Welt und

Ablehnung der Welt im Namen vom «Gesetz des Herzens»[47] doppelte widersprüchliche Strebung[48], forderndes Sich-Zurückziehen, Ausbreitung von Hingabe, ist *ihrem Wesen nach Poesie*. Zumindest einmal gehen der authentischste revolutionäre Entwurf und die reinste Poesie aus derselben Quelle hervor.

Und wenn das Opfer eines Tages vollbracht ist, was wird dann geschehen? Was wird geschehen, wenn der Schwarze zugunsten der Revolution seine Négritude ablegt und sich nur noch als ein Proletarier betrachten will? Was wird geschehen, wenn er sich nur noch durch seine objektive Lage definieren läßt? Wenn er sich zwingt, um gegen den weißen Kapitalismus zu kämpfen, die weißen Techniken zu assimilieren? Wird die Quelle der Poesie versiegen? Oder wird der große schwarze Fluß trotz allem das Meer färben, in das er sich ergießt? Das ist unwichtig: jeder Epoche ihre Poesie; in jeder Epoche wählen die Umstände der Geschichte eine Nation, eine Rasse, eine Klasse aus, die die Fackel übernehmen soll, indem sie Situationen schaffen, die nur durch die Poesie ausgedrückt oder überschritten werden können; bald deckt sich der poetische Schwung mit dem revolutionären Schwung, und bald streben sie auseinander. Begrüßen wir heute die historische Chance, die den Schwarzen erlauben wird, zu sagen:

> *... et je pousserai d'une telle*
> *raideur le grand cri nègre que les assises du*
> *monde en seront ébranlées.*[49]

1948

47 Anspielung auf das Kapitel «Das Gesetz des Herrens und der Wahnsinn des Eigendünkels» aus Hegels *Phänomenologie des Geistes. Anm. d. Übers.*

48 Anspielung auf Baudelaire: *Il y a dans tout homme, à toute heure, deux postulations simultanées, l'une vers Dieu, l'autre vers Satan* (Es gibt in jedem Menschen, zu jeder Stunde, zwei gleichzeitige Strebungen, eine zu Gott, die andre zu Satan) aus *Mon cœur mis à nu XI* in: *Œuvres complètes* I, Gallimard, Paris 1975, 682. *Anm. d. Übers.*

49 ... und ich werde mit einer solchen
Schroffheit den großen Negerschrei ausstoßen, daß die Grundfesten
der Welt davon erschüttert sein werden.

Aimé Césaire, *Et les chiens se taisaient* in: *Les armes miraculeuses*, a. a. O., 156. *Anm. d. Übers.*

Nathalie Sarraute, *Portrait eines Unbekannten*[1]

Einer der eigentümlichsten Züge unserer literarischen Epoche ist das vereinzelte Erscheinen lebenskräftiger und durchaus negativer Werke, die man Antiromane nennen könnte. Zu dieser Kategorie zähle ich die Werke Nabokovs, Evelyn Waughs und in einem gewissen Sinn *Les faux-monnayeurs*[2] von André Gide. Es handelt sich dabei nicht um Schriften gegen die Gattung des Romans in der Art von Roger Caillois' Essays über die *Puissances du roman* (Potenzen des Romans), die ich, bei allem Unterschied, mit der *Lettre sur les spectacles*[3] von Rousseau vergleichen würde. Die Antiromane wahren den Anschein und die Konturen des Romans; es sind Werke der Imagination, die uns fiktive Personen vorstellen, deren Geschichte sie uns erzählen. Allerdings nur, um uns auf diese Weise eine Enttäuschung zu bereiten: es geht darum, den Roman durch den Roman selbst in Frage zu stellen, ihn in der gleichen Zeit, in der er geschaffen zu werden scheint, vor unseren Augen zu zerstören, den Roman eines Romans zu schreiben, der nicht entsteht, der nicht entstehen kann, eine Fiktion zu schaffen, die zu den großen Werken von Dostojewski und Meredith in dem gleichen Verhältnis steht wie Mirós Bild *Assassinat de la peinture* (Ermordung der Malerei) zu den Gemälden von Rembrandt und Rubens. Diese merkwürdigen, schwer einzuordnenden Werke zeugen nicht von der Schwäche des Romans als Gattung, sie zeigen lediglich, daß wir in einer Epoche der Reflexion leben und daß der Roman im Begriff ist, über sich selbst zu reflektieren. Nathalie Sarrautes Buch ist so ein Antiroman, der sich wie ein Kriminalroman liest. Er ist übrigens eine Parodie der Ermittlungsromane, und die Autorin hat eine Art Amateurdetektiv eingeführt, der sich leidenschaftlich für ein ganz gewöhnliches Paar – einen alten Vater und eine

1 *Portrait d'un inconnu*, Robert Marin, Paris 1948, und Gallimard, Paris 1956. Deutsch: *Portrait eines Unbekannten*, Kiepenheuer & Witsch, Köln 1962. *Anm. d. Übers.*

2 1926. Deutsch: *Die Falschmünzer*, Deutsche Verlags-Anstalt, Stuttgart 1928.

3 1758. Deutsch: *Patriotische Vorstellungen gegen die Einführung einer Schaubühne in Genf*, 1761.

nicht mehr sehr junge Tochter – interessiert, sie bespitzelt, ihnen auf Schritt und Tritt folgt und sie manchmal auf Grund einer Art Gedankenübertragung aus der Ferne erahnt, ohne dabei je ganz genau zu wissen, was er sucht und was sie überhaupt sind. Er findet übrigens nichts oder *fast* nichts. Er gibt seine Nachforschungen infolge einer Metamorphose auf: als verwandelte sich Agatha Christies Kriminalkommissar unmittelbar vor der Entlarvung des Schuldigen plötzlich selbst in einen Verbrecher.

Nathalie Sarraute graut vor der Unaufrichtigkeit – vor der *notwendigen* Unaufrichtigkeit – des Romanschriftstellers. Befindet er sich «bei» seinen Personen, «hinter» ihnen oder draußen? Und wenn er sich hinter ihnen befindet, will er uns dann nicht glauben machen, er bleibe drinnen oder draußen? Durch die Erfindung dieses Seelendetektivs, der sich am «Draußen», am Rückenschild der «riesigen Mistkäfer» stößt und dunkel das «Drinnen» ahnt, ohne jemals daran zu rühren, versucht Nathalie Sarraute ihre Erzähleraufrichtigkeit zu retten. Sie will ihre Personen weder von drinnen noch von draußen nehmen, da wir gänzlich draußen und drinnen zugleich sind, für uns selbst und für die anderen. Das Draußen ist neutrales Gelände, es ist dieses *Drinnen* von uns selbst, das wir für die anderen sein möchten und das für uns selbst zu sein die anderen uns ermuntern. Es ist das Reich des *Gemeinplatzes*. Denn dieses schöne Wort hat mehrere Bedeutungen: es bezeichnet zwar die abgedroschensten Gedanken, aber diese Gedanken sind eben zu Plätzen geworden, auf denen die Gemeinschaft sich trifft. Jeder findet sich dort und findet dort die anderen wieder. Der Gemeinplatz gehört allen, und er gehört auch mir; er gehört in mir allen anderen, er ist die Anwesenheit aller anderen in mir. Seinem Wesen nach ist er *die Allgemeinheit*; um ihn mir anzueignen, bedarf es eines Aktes: eines Aktes, durch den ich meine Besonderheit ablege, um dem Allgemeinen zuzustimmen, um die Allgemeinheit zu werden. Nicht etwa allen anderen *ähnlich*, sondern eben die *Verkörperung* aller anderen. Durch diese in höchstem Maße soziale Zustimmung identifiziere ich mich mit *allen* anderen in der Ununterscheidbarkeit des Allgemeinen. Nathalie Sarraute scheint drei konzentrische Sphären der Allgemeinheit zu unterscheiden: die des Charakters, die des moralischen Gemeinplatzes und die der Kunst und eben des Romans. Wenn ich den im Grunde gutmütigen Griesgram spiele wie der alte Vater im *Portrait eines Unbekannten*, beschränke ich mich auf die erste Sphäre; wenn ich zu der Weigerung eines Vaters, seiner Tochter Geld zu geben, äußere: «Ist es kein Jammer, so was zu sehen; und wenn man bedenkt, daß er nur sie auf der Welt hat ... er wird es jedenfalls nicht mitnehmen können!», so versetze ich mich in die zweite; und in die dritte, wenn ich von einer jungen Frau sage, sie sei eine Tanagrafigur, oder von einer Landschaft, sie sei wie von Corot, oder von einer Familiengeschichte, daß Balzac sie geschrieben haben könnte. Sofort pflichten die anderen, denen diese Bereiche zugänglich und vertraut sind, mir bei und verstehen mich; indem sie meine Haltung, mein Urteil, meinen Vergleich reflektieren, verleihen sie dem eine Art Weihe. Beruhigend für andere und beruhigend für mich selbst, denn ich habe meine Zuflucht zu dieser neutralen gemeinsamen Zone genommen, die weder ganz das Objektive ist, weil ich mich ja auf Grund eines Beschlusses dort aufhalte, noch ganz subjektiv, weil alle mich dort erreichen und sich dort wiederfinden können, sondern die man zugleich die Subjektivität des Objektiven und die Objektivität des Subjektiven nennen könnte. Da ich vorhabe, nur das und nichts andres zu sein, und da ich behaupte, keine Geheimfächer zu haben, ist es mir auf dieser Ebene gestattet, zu schwätzen, mich aufzuregen, mich zu entrüsten, «Charakter» zu zeigen und sogar ein «Original» zu sein, das heißt, die Gemeinplätze in einer noch nie dagewesenen Weise zusammenzustellen: es gibt nämlich sogar «Gemeinparadoxe». Man läßt mir sozusagen die Freiheit, in den Grenzen der Objektivität subjektiv zu sein. Und je subjektiver ich innerhalb dieser engen Grenzen sein werde, um so mehr wird man es mir danken: denn ich werde hierdurch beweisen, daß das Subjektive nichts ist und daß man sich nicht davor zu fürchten braucht.

In ihrem ersten Werk, *Tropismen*[4], hat Nathalie Sarraute schon gezeigt, wie die Frauen ihr Leben damit verbringen, im Gemeinplatz miteinander zu *kommunizieren*. «Sie redeten: ‹Es gibt zwischen ihnen jämmerliche Szenen, Auseinandersetzungen wegen nichts. Ich muß schon sagen, daß ich *ihn* dabei trotzdem bedaure. Wieviel? Doch mindestens zwei Millionen. Und es ist nur das, was er von der Tante

4 *Tropismes*, Denoël, Paris 1939. Neuausgabe unter Auslassung eines Textes und Aufnahme sechs neuer Texte, Éditions de Minuit, Paris 1957. Deutsch: *Tropismen*, Neske Verlag, Pfullingen 1959, und Suhrkamp Verlag, Frankfurt 1972. *Anm. d. Übers.*

Josephine geerbt hat ... Nein ... Wie stellen Sie sich das vor? Er wird sie nie heiraten. Er braucht eine gute Hausfrau, das ist ihm selber nicht klar. Nein, nein, ich sage Ihnen, eine Hausfrau braucht er ... ein Heimchen am Herd ... ein Heimchen am Herd ...› Man hatte es ihnen immer schon gesagt. Das hatten sie immer schon sagen hören, sie wußten es: die Gefühle, die Liebe, das Leben, das war ihr Reich. Das gehörte ihnen.»

Es handelt sich hier um das «Gerede» Heideggers, um das «Man» und, genaugenommen, um das Reich der Unauthentizität. Es haben wahrscheinlich manche Autoren beiläufig die Wand der Unauthentizität gestreift und angekratzt, ich kenne jedoch keinen, der sie absichtlich zum Thema eines Buches gemacht hätte: weil eben die Unauthentizität sich nicht für den Roman eignet. Die Romanschriftsteller bemühen sich vielmehr uns einzureden, die Welt bestehe aus lauter unersetzlichen Individuen, die allesamt, sogar die Bösen unter ihnen, ausgezeichnet, leidenschaftlich, einzigartig seien. Nathalie Sarraute zeigt uns die Wand des Unauthentischen; sie zeigt sie uns überall. Und hinter dieser Wand? Was ist da? Eben *nichts*. Nichts oder fast nichts. Vage Bemühungen, etwas, was man dunkel ahnt, zu fliehen. Die *Authentizität*, das echte Verhältnis zu den anderen, zu sich selbst und zum Tod, wird überall angedeutet, bleibt aber unsichtbar. Man errät diese Authentizität, da man sie flieht. Werfen wir, der Aufforderung der Autorin folgend, einen Blick ins Innere der Leute, so glauben wir ein Gewimmel von weichen, polypenartigen Fluchten zu entdecken. Da ist die Flucht in die Objekte, die friedlich das Allgemeine und die Permanenz widerspiegeln, die Flucht in die alltäglichen Beschäftigungen, die Flucht in die Engstirnigkeit. Ich kenne nur wenig, was mich mehr beeindruckt hat als jene Seiten, die uns zeigen, wie «der Alte» mit knapper Not der Todesangst entgeht, indem er barfuß im Nachthemd in die Küche stürzt, um zu kontrollieren, ob seine Tochter ihm Seife stiehlt. Nathalie Sarraute hat eine protoplasmatische Vorstellung unserer Innenwelt: man beseitige den Stein des Gemeinplatzes, und man findet Schaum, Geifer, Schleim und zögernde amöboide Bewegungen. Sie hat einen unvergleichlich großen Wortschatz, mit dem sie das langsame zentrifugale Kriechen dieser klebrigen lebendigen Elixiere umschreibt. «Wie eine Art zähflüssigen Geifers drangen ihre Gedanken in sein Inneres, das sie klebrig überzogen.» Und hier die mädchenhafte Frau, «still unter der Lampe, wie eine hinfällige, weiche, überall mit beweglichen Saugnäpfen bedeckte Meerespflanze ...» Diese tastenden, verschämten Fluchten, die man nicht beim Namen zu nennen wagt, sind nämlich auch Beziehungen zu anderen. Die sakrosankte Konversation, der rituelle Austausch von Gemeinplätzen, verbirgt eine Art «Subkonversation»[5], bei der die Saugnäpfe einander streifen, lecken und ansaugen. Da ist zunächst das *Unbehagen*: wenn ich vermute, daß Sie *nicht* schlechthin der Gemeinplatz sind, den Sie *sagen*, erwachen alle meine weichen Ungeheuer; ich fürchte mich: «Sie hockte auf einer Sesselecke, sie wand sich mit gestrecktem Hals und hervorquellenden Augen: ‹Ja, ja, ja›, sagte sie, und sie stimmte jedem Satzglied mit wackelndem Kopf zu. Sie sah furchterregend aus, sanft und flach, ganz glatt, und nur ihre Augen quollen hervor. Sie hatte etwas Beängstigendes, Beunruhigendes an sich, und ihre Sanftheit war bedrohlich. Er fühlte, daß man sie um jeden Preis wieder aufrichten, beschwichtigen mußte, aber daß nur jemand mit übermenschlichen Kräften es könnte ... Er hatte Angst, in Panik zu geraten, er durfte keine Minute mit sinnlosen Überlegungen verlieren ... Er begann zu reden, pausenlos über irgendwen, über irgendwas zu reden, er drehte fast durch (Wie eine Schlange beim Hören von Musik? Wie Vögel beim Anblick der Boa? Er wußte es nicht mehr), schnell, schnell, ohne aufzuhören, ohne eine Minute zu verlieren, schnell, schnell, solange noch Zeit ist, sie zu zügeln, sie freundlich zu stimmen.» Nathalie Sarrautes Bücher sind voll von diesen Schrecken: man spricht, irgend etwas wird platzen, wird plötzlich den blaugrünen Abgrund einer Seele beleuchten, und jeder wird den schwankenden Schlamm seiner eigenen Seele spüren. Aber nein, das Bedrohliche weicht zurück, das Gefährliche wurde vermieden, man beginnt wieder in aller Ruhe Gemeinplätze auszutauschen. Diese brechen jedoch manchmal zusammen, und die gräßliche protoplasmatische Blöße wird sichtbar: «Ihnen ist so, als lösten ihre Konturen sich auf, als dehnten sie sich nach allen Richtungen aus, als krachten die Panzer, die Rüstungen an allen Ecken und Kanten; sie sind nackt, schutzlos, sie gleiten aneinandergeklammert, sie sinken

5 Siehe Nathalie Sarraute, *Conversation et sous-conversation* in: *L'ère du soupçon*, Gallimard, Paris 1956. Deutsch: *Konversation und Subkonversation* in: *Zeitalter des Mißtrauens*, Suhrkamp Verlag, Frankfurt 1975. *Anm. d. Übers.*

wie in die Tiefe eines Brunnens hinab ... hier, wo sie nun wie in einer Unterwasserlandschaft versinken, scheinen alle Dinge zu wanken, sie schwanken, unwirklich und doch deutlich wie Alptraumbilder, sie blähen sich auf, sie nehmen seltsame Formen an ... eine dicke weiche Masse, die auf ihr lastet, zerquetscht sie ... sie versucht unbeholfen, sich ein wenig zu befreien, sie hört ihre eigene Stimme, eine seltsame, allzu neutrale Stimme ...» Es geschieht übrigens nichts: es geschieht nie etwas. Einmütig ziehen die Gesprächspartner über das vorübergehende Versagen den Vorhang der Allgemeinheit. Man sollte also in Nathalie Sarrautes Buch nicht suchen, was sie uns nicht geben will; ein Mensch ist für sie nicht ein Charakter, nicht zunächst eine Geschichte und nicht einmal ein System von Gewohnheiten: er ist das unablässige, weiche Hin und Her zwischen dem Besonderen und dem Allgemeinen. Manchmal ist das Gehäuse leer, ein «Monsieur Dumontet» kommt plötzlich herein, der sich geschickt des Besonderen entledigt hat, der nur ein charmantes, lebhaftes Sammelsurium von Allgemeinheiten ist. Dann atmen alle auf und schöpfen Hoffnung: Es ist also möglich! Es ist also immer noch möglich. Eine Totenstille kommt mit ihm ins Zimmer.

Diese wenigen Bemerkungen wollen nichts anderes als dem Leser ein paar Anhaltspunkte geben für dieses schwierige ausgezeichnete Buch; sie versuchen nicht seinen Inhalt erschöpfend zu behandeln. Das Beste an Nathalie Sarraute ist ihr strauchelnder, tastender, so ehrlicher, so skrupelhafter Stil, der sich dem Gegenstand mit ehrfürchtiger Behutsamkeit nähert, sich auf einmal aus einer Art Scham oder Schüchternheit vor der Kompliziertheit der Dinge von ihm entfernt und uns schließlich jählings das geifernde Monstrum ausliefert, jedoch fast ohne es zu berühren, nur kraft der Magie eines Bildes. Ist es Psychologie? Vielleicht möchte Nathalie Sarraute, eine große Bewunderin Dostojewskis, es uns glauben machen. Ich meinerseits glaube, daß sie, indem sie eine unfaßbare Authentizität ahnen läßt, indem sie dieses unablässige Hin und Her zwischen Besonderem und Allgemeinem zeigt und sich bemüht, die beruhigende öde Welt des Unauthentischen zu beschreiben, eine Technik entwickelt hat, die es ermöglicht, über das Psychologische hinaus die menschliche Realität in ihrer *Existenz* selber zu erreichen.

1948

Verteidigung der französischen Kultur durch die europäische Kultur

Vortrag am Centre d'Études de Politique étrangère vom 24. April 1949

Die französische Kultur, heißt es allenthalben, ist heute in Gefahr. Fast überall im Ausland stellt man einen geringeren Einfluß französischer Kultur fest und beklagt täglich den Import ausländischer Ideologien nach Frankreich, die, so sagt man, den traditionellen kulturellen Rahmen zu sprengen drohen.

Ist unsere Kultur wirklich bedroht? Kann man sie noch retten, und wie? Und was ist zunächst überhaupt Kultur? Ich möchte sie hier nicht definieren, sondern nur einige Überlegungen zu unserem Thema vortragen.

Wenn wir eine Gemeinschaft zu einer beliebigen Epoche betrachten (zum Beispiel die Mitte des 18. Jahrhunderts oder die heutigen Jahre), dann merken wir, daß allzuoft derartige Epochen als eine Gegenwart, allenfalls als eine Vergangenheit betrachtet werden. Daß sie auch eine Zukunft sind, und zwar eine Zukunft mit zwei sehr unterschiedlichen Gesichtern, sieht man nicht.

Heute können wir sagen, daß es eine Zukunft unserer Gegenwart gibt, bestehend aus einer bestimmten Zahl von Möglichkeiten, bearbeiteten Problemen und unternommenen Forschungen, deren Lösung auf unserem Boden oder in unserer Gemeinschaft von Gruppen oder Einzelpersonen betrieben werden. Ein bestimmtes wissenschaftliches Problem geht seiner Klärung entgegen. Irgendwelche Reformen oder Reformkomplexe werden unternommen, irgendein Fortsetzungsroman wie *Les Thibault*[6] von Roger Martin du Gard steht vor seinem Abschluß usw. Mit andren Worten, wir haben hier eine Art Zukunft, die Teil unserer Gegenwart ist, die auf sie zurückkommt und ihr einen Sinn gibt. Gleichzeitig ist diese Gemeinschaft in eine breitere Zukunft eingebunden, eine europäische oder internationale, die oft zu ihr kommt, ohne daß sie es will oder leicht umgehen kann. In

6 Achtbändiger Romanzyklus, erschienen von 1940 bis 1920. Deutsch: *Die Thibaults. Anm. d. Übers.*

diesem Fall wirkt die Zukunft der andren auf sie selbst ein, denn während jene Erfindungen, jene Werke oder jene Malerei sich fortsetzen, besteht zum Beispiel die Gefahr eines Krieges, in den unsere Gemeinschaft hineingezogen werden kann.

So stehen wir also einer doppelten Zukunft gegenüber: einer Schicksal-Zukunft, in die wir mit mehr oder weniger großen Möglichkeiten, sie zu umgehen, eingebunden sind, und einer freien Zukunft, die im eigentlichen Sinn das Produkt dieser Gemeinschaft, ihr gegenwärtiger Sinn und die Erklärung ihrer Gegenwart ist.

Was ist demnach die Kultur einer Gemeinschaft in bezug auf diese beiden Zukünfte? Wir stellen fest, daß man seit Hegel die Kultur einer gegebenen sozialen Gruppe zu Recht den *objektiven Geist* dieser Gruppe oder dieser Gemeinschaft genannt hat, der durch die Gesamtheit der Ideen, Werte, Gefühle konstituiert ist, die von andren gewollt, gefühlt, geliebt, geschaffen wurden, aber gerade deshalb für die Generation, die in diesem Moment auftaucht, Objekte sind: Bücher, Bilder, Lehren, Stadtlandschaften, Empfindungsweisen. Aber diese Objekte haben eine Bedeutung. Einerseits nämlich spiegeln sie eine Situation, das heißt, man kann in einem Essaywerk die gewöhnliche Erklärungsweise des Werks lesen, die Situation, von der her es konzipiert worden ist. Man kann Nietzsche oder Racine von einem sozialen, ökonomischen usw. Kontext her interpretieren. Und andrerseits stellt jedes dieser Objekte eine Überschreitung dieser Situation durch seinen Autor dar, das heißt, es gibt, selbst wenn eine solche Erklärung versucht worden ist, einen Rückstand, wenn man so sagen kann, der das Wesentliche des betreffenden Werks ist und die Art und Weise, in der der Autor, anstatt das bloße Produkt dieser Situation zu sein, sie zu überschreiten, zu verstehen und eine Lösung für sie zu finden versucht hat.

So sind diese Werke Monumente der Vergangenheit, und uns insofern hermetisch verschlossen, denn es hat eine von Nietzsche, Descartes oder Racine erlebte Situation gegeben, die wir niemals erleben werden. Und gleichzeitig sind diese Werke eine Zukunft der verflossenen Epoche gewesen, weil sie eine Bemühung um eine Lösung für einen einzelnen Konflikt darstellten, eine Bemühung zum Beispiel, für ein neues Deutschland einen Platz in Europa zu finden – wie bei Nietzsche – oder bestimmten ästhetischen Vorschriften der Vergangenheit einen Sinn zu verleihen. Kurz, in jenem Moment ist ihr andres Gesicht die Zukunft. Wenn wir also Nietzsche lesen, wenn wir die Aufführung einer Tragödie von Racine sehen, erweisen sich diese Objekte, die ursprünglich wie ein abgeworfenes Produkt der Vergangenheit und undurchlässig vor uns standen, plötzlich als offen, schließen sich über uns wieder und deuten uns eine Zukunft an. Diese Zukunft ist übrigens nicht genau unsere Zukunft, sondern die des Menschen und der Gruppe, die dieses Werk in einer bestimmten Epoche hervorgebracht haben; und in dem Moment, wo wir uns einem Werk widmen, erscheint uns diese Zukunft in Form eines Anspruchs. Wir sind von dem Werk umfangen, das entweder den Anspruch des Kunstwerks hat, das heißt einer Freiheit, die sich an eine andre Freiheit wendet, oder den Anspruch und die Dringlichkeit einer Vernunft, die eine Situation zu denken versucht hat und die uns leidenschaftlich ihre Lösung anbietet, so daß, wenn wir ein so weit von unseren Sorgen entferntes Werk wie Rousseaus *Lettre sur les spectacles* lesen (denn niemand unter uns lehnt, glaube ich, das Theater *a priori* ab), die Dringlichkeit und Leidenschaft der Argumentation uns einen Moment lang als eine Art Anspruch der Zukunft erscheinen, der versuchte, von uns eine Verurteilung des Schauspiels zu erreichen.

Diese zweideutigen Phänomene, die wir kulturelle Fakten oder Kulturobjekte nennen, lassen sich also einerseits von einer geographischen, ökonomischen, sozialen, demographischen, technischen, politischen usw. Situation her erklären, lassen sich aber andrerseits überhaupt nicht erklären, denn sie sind eben eine freie Schöpfung in jener Situation und bilden von daher Ansprüche. Jedes Kulturobjekt ist, von außen betrachtet, ein Faktum und, wenn man sich in es hineinversetzt, zugleich ein Anspruch, und gerade weil es in gewissem Maß ein Faktum ist und ein Faktum sein muß, um ein Anspruch sein zu können, gibt es faktische Faktoren, die eine Kultur beeinflussen und sie erhalten oder zerstören können.

Die verschiedenen Aspekte zwischen den europäischen Kulturen hat man durch Fakten genauer erklärt. Man zeigt zum Beispiel, wie die Wichtigkeit der Literatur in Frankreich daher kommt, daß die ziemlich früh verwirklichte nationale Einheit eine relative Einheit der Sitten nach sich zieht. Wenn ein französischer Schriftsteller über das Verhalten und die Sitten der Leute seiner Umgebung und über seine eignen nachdenkt, verwirklicht er damit Werke, die der Gesamtheit der Mitglieder der Gemeinschaft, der er angehört, zugänglich sind. Auf diese

Weise erlangt die französiche Literatur eine Übereinstimmung mit ihren Zeitgenossen im Leben selbst und erscheint daher als eine unvermittelte Reflexion über das Leben, das heißt eine Reflexion über das Verhalten, die Sitten, die Moral, die Liebe usw. In einem geteilteren Land wie Deutschland im 18. oder 19. Jahrhundert dagegen kommunizieren die Schriftsteller mit den Mitgliedern der verschiedenen deutschen Gemeinwesen über ein vermitteltes Allgemeines. Aber das wird das Bedürfnis nach sich ziehen, sich zu einem andren Allgemeinen zu erheben, zum Beispiel der Prüfung der Möglichkeitsbedingungen eines Verhaltens; kurz, durch eine mehr philosophische Reflexion werden sich eine Einheit und ein Bezug zum Allgemeinen herstellen.

Gewiß kann man zum Beispiel in Nietzsche ein Produkt der deutschen Vereinigung, des Konflikts zwischen Militär und Industriebourgeoisie, des Problems der Beziehungen Deutschlands als kürzlich vereinigter junger Wirtschafts- und Militärmacht zu den europäischen Märkten sehen und auch ein Resultat des Szientismus, von dem gegen Ende des 18. Jahrhunderts Philosophie und Metaphysik abgelehnt werden. Aber Nietzsche ist vor allem eine erlebte und gesuchte Lösung für die Gesamtheit dieser Konflikte, so daß wir bei ihm die Präfiguration einer Zukunft entdecken können. Und selbst wenn diese Gesamtheit der Probleme und Fakten, die diese Reflexion hat entstehen lassen, Vergangenheit wird, so erfährt diese Zukunft selbst, als Zukunft, nicht notwendig das Los der Situation, die sie hervorgebracht hat. Es gibt mehrere Zukünfte für Nietzsche und für Nietzsches Bewunderer am Ende des 19. Jahrhunderts; die Situation hat sich geändert, das Problem ist nicht mehr das gleiche, aber Nietzsches Werk richtet sich immer noch an uns und schlägt uns eine Zukunft vor. Und unter diesen Bedingungen können wir sagen, daß wir in einer Gemeinschaft geboren werden mit einer bereits entworfenen Zukunft, die sich uns anbietet und die wir auf unsere eigne hin überschreiten müssen.

Und diese Zukunft aus einer Menge von Ansprüchen, aus einer Menge vorgeschlagener Lösungen, aus einer Menge unternommener Forschungen, diese Zukunft ist es, die wir Kultur nennen. In einer Kultur geboren werden, was uns allen geschieht, heißt mit einem Zukunftsvorschlag geboren werden, den wir nicht verwerfen können, aber zu überschreiten gezwungen sind und der seinerseits zur Situation wird. Anders gesagt, die Gesamtheit einer Situation verwandelt sich für uns in *Vergangenheit*.

Wir können sagen, daß eine Kultur lebendig ist, wenn die gegenwärtige Gemeinschaft sie umschließt und überschreitet, wenn noch jenseits jedes Individuums, das geboren wird, eine Gesamtheit von Entwicklungsmöglichkeiten da ist, die dem entsprechen, was es sucht. Anders gesagt, die Zukunft einer Gemeinschaft oder einer Epoche ist auf der kulturellen Ebene durch die Überschreitung ihrer Kultur gekennzeichnet; und jeder Schriftsteller, jeder zeitgenössische Philosoph ist gezwungen, die Gesamtheit der philosophischen Lösungen für philosophische Probleme oder Problemstellungen aufzugreifen und zu überschreiten, denn ohne das wäre er natürlich kein Philosoph.

Die Geschichte, die Paulhan in *Les fleurs de Tarbes* (Die Blumen von Tarbes) erzählt, ist immer noch gültig, die Geschichte jenes genialen Fleischerjungen, der 1895 lediglich durch seine technische Tätigkeit den Blutkreislauf entdeckte. Das war großartig, aber es war zu spät, weil sich diese Entdeckung nicht am Ende einer Gesamtheit früherer Entdeckungen ergab, sondern als ein isoliertes und nichtkulturelles Einzelphänomen. In diesem Sinn stellt die Kultur sowohl die zu überschreitende Grenze dar – man muß weitergehen, die Kultur der Situation anpassen – als auch diese Überschreitung selbst, die mit ihrer Zukunft der Vergangenheit Leben verleiht.

Die Einheit einer Kultur in einem gegebenen Moment wird also von der Einheit der Situation einer Gemeinschaft gesetzt, von der sie ausgeht; und von diesem Gesichtspunkt aus können wir verstehen, daß es je nach den Gemeinschaften zwei Arten von Kulturen gibt: die aktive Kultur und die passive Kultur. Was ich aktive Kultur nenne, ist natürlich eine lebendige Kultur, die die gegebene Situation, in die die ererbte kulturelle Gesamtheit als objektiver Geist eingeht, überschreitet und eine Zukunft und einen neuen objektiven Geist entwirft, der seinerseits für die Nachkommen Situation sein wird.

Aktive Kultur wird es geben, wenn ein solches Erbe existiert, wenn der objektive Geist bereits existiert und wenn die Situation so ist, daß sie überschritten werden kann. Ein Mikroskop ist zu nichts nütze, wenn wir keinen Grund haben, Objekte unter dem Mikroskop zu untersuchen. Damit eine Kultur lebendig bleibt, müssen Autonomie und Souveränität der Gemeinschaft so beschaffen sein, daß der Denker, der Künstler oder der religiöse Mensch die Probleme auf Lösungen hin überschreiten können.

Wenn die Gemeinschaft unterjocht oder ohnmächtig ist, kann der Künstler oder Schriftsteller keine Lösung entwerfen, weil diese Lösungen nicht in den Händen der Gemeinschaft liegen; und in einem völlig versklavten Volk verschwindet die Kultur, weil es keine Lösungen mehr gibt, für die der Schriftsteller, der Philosoph, der Maler, der Musiker sich als verantwortlich betrachten können.

Ein Intellektueller in einem souveränen Land – insofern die gegenwärtigen Gemeinschaften ihrem Rahmen nach nationale sind – fühlt sich, wie Kafka in seinem *Tagebuch* gesagt hat, als Träger eines Mandats, das ihm niemand gegeben hat. Aber er hat trotzdem ein Mandat, das im Grunde darin besteht, die allgemeinen Probleme und die besonderen Probleme, die sich seiner Epoche stellen, zu denken; die allgemeinen Probleme: Leben, Tod, Liebe; die besonderen Probleme: Krieg, Sozialstruktur mit ihren Ungerechtigkeiten; sogar einzelne politische oder ethische Probleme; und ein Schriftsteller zum Beispiel in einer freien Gemeinschaft hat eben das an sich – und darin liegt die Größe der größten –, daß er sich für alles verantwortlich fühlt. Man nehme Tolstoi oder Dostojewski, und man wird den legitimen Stolz dieser großen Männer sehen, der übrigens die Quelle ihres Wertes ist.

Als Tolstoi *Krieg und Frieden* schreibt, glaubt er, daß er für den Krieg selber verantwortlich ist, insofern er ihn brandmarken kann, und daß er eine Erklärung und Beschreibung dieses Krieges zu geben hat, die für eine ganze Gemeinschaft gültig sind. Doch das hat insofern einen Sinn für ihn, als er meint, daß diese Gemeinschaft, von Werken dieser Art gewarnt, mehr Abscheu vor dem Krieg haben und folglich weniger Gefahr laufen wird, in einen Konflikt zu geraten. Wenn wir dagegen annehmen, daß diese Gemeinschaft keinerlei Mittel hat, den Krieg zu vermeiden oder zu machen, ist das Problem, das sie stellt, viel weniger dringlich und wird den Schriftsteller weniger reizen; denn selbst wenn seine Beschreibung gut ist, wird er doch nicht auf die Gemeinschaft einwirken können, wenn der Krieg von irgendeinem Eroberungsvolk verursacht oder von irgendeinem internationalen Konflikt ausgelöst wird.

Wenn es zum Beispiel keine ganz großen Schriftstellerinnen gibt – es gibt große wie Colette, aber keine ganz großen –, wenn man, obwohl auch Frauen seit Jahrhunderten geschrieben haben, keine findet, die einem Cervantes, Tolstoi oder Stendhal gleichkommen, so liegt das nicht daran, daß ihre Gehirnfelder anders beschaffen sind als die der Männer, sondern wesentlich daran, daß die Männerwelt eine Welt ist, in der die Frau lebt, für die sie aber nicht verantwortlich ist.

Sie kann heute nicht zum Krieg, zur Gerechtigkeit, zum Heldentum, zum Wissen Stellung nehmen, weil es sich hier faktisch um Männerwerte handelt, die streng den Männern vorbehalten sind, auf die sie nicht einwirken kann. Ihr ist eine viel engere Welt vorbehalten: die der Leidenschaften, der Liebe, der Psychologie, der Natur. So wie man sich nicht vorstellen kann, daß im 18. und 19. Jahrhundert eine Frau *Krieg und Frieden* schreibt, nicht weil sie dazu unfähig wäre, sondern weil ihr die Gesamtheit der Werte von Krieg und Frieden abgehen (sie kennt aus eigner Erfahrung weder das Grauen eines Schlachtfelds noch soldatisches Heldentum, noch Zufall und Absurdität der angeblichen Kriegsplanung; sie hat von alldem keine Ahnung und hat es da nicht mit einer Welt zu tun, in die sie sich hineinversetzen und auf die sie einwirken kann), so muß man auch zugeben, daß es nur dann eine Kultur und Kulturproduktion gibt, wenn die Gesamtheit der Individuen, die zu dieser Kultur beitragen, frei sind und sich für die Werte der Gesellschaft in einer ebenfalls relativ autonomen Gemeinschaft verantwortlich fühlen.

Wenn außerdem eine kulturelle Gruppe ein solches Gewicht hat – gegenüber andren Gruppen –, daß sie den andren Gruppen als ein wichtiger Faktor ihrer Zukunft erscheinen kann, dann hat die Kultur dieser Gruppe eine präzise Bedeutung. Sie spiegelt Zukunftsmöglichkeiten, die zu den andren Gruppen von außen kommen, sie spiegelt sie als ihr Schicksal. Daß so viele Leute in den kleinen angrenzenden Ländern von der Kultur und Ideologie der Nazis angezogen waren, liegt daran, daß Deutschland in diesem Moment ein gefährlicher Imperialismus war, der sie von einem Tag zum andren verwüsten und erobern konnte; so gewann die Ideologie selbst eine Kraft, eine Aktualität und einen Wert, die in den Ideen selbst nicht enthalten waren, aber in der möglichen Macht, diese Ideen aufzuzwingen. Anders gesagt, in diesem Augenblick interessieren sich die schwächeren Gemeinschaften für Ideologie und Kultur des stärksten Landes als für ihr Schicksal. Als Luxemburger oder Holländer interessiert man sich für die Ideologie der Nazis, weil man sich sagt: Vielleicht ist das die Ideologie, die für zweihundert Jahre über mein Land herrschen wird. Also haben die kulturellen Ideen, völlig unabhängig von ihrem inneren

Wert, ein Verbreitungspotential, das vom ökonomischen oder militärischen Gewicht des betreffenden Landes abhängt. Auf diese Weise erlangen sie Universalität. In einer mächtigen Gruppe wie Frankreich im 18. Jahrhundert erreicht der Schriftsteller das Allgemeine durch das Besondere. Und die Formel: je partikulärer, je nationaler man wird, desto universeller ist man, ist völlig richtig, vorausgesetzt, daß der Menschentyp dieser Nation eine Verbreitungsmacht über die andren Gruppen hat.

Als Voltaire etwa sagte, daß der Franzose im 18. Jahrhundert das Universelle wäre, bedeutete das, mit einem gewissen Stolz, daß man im Grunde nur Franzose zu sein brauchte, damit dieser kulturelle Menschentypus, den man verwirklichte, derjenige wäre, den man überall auf der Welt antreffen würde. Man traf ihn ganz einfach deshalb an, weil die französische Hegemonie gleichzeitig eine Art Nachahmung und Verbreitung der Ideen einschloß.

Der Satz wird jedoch falsch, wenn er sich auf ein kleines, bedrohtes Land ohne wirkliche Macht bezieht.

Es ist nicht wahr, daß, wer am meisten portugiesisch oder luxemburgisch ist, am universellsten sein wird. Es ist nicht wahr, weil die andren das kleine Land als einen Zufall betrachten und den durch dieses kleine Land verwirklichten Menschentypus als Ergebnis eines Provinzialismus und nicht einer echten Realität; wenn also der Schriftsteller eines kleinen Landes die Vereinigung mit andren sozialen Gruppen sucht, begibt er sich unmittelbar auf die Ebene des Universellen und Formalen. Er wird die Welt und die menschlichen Werte suchen, weil er ganz genau spürt, daß er keine Macht hat, eine einzelne und partikuläre Kultur durchzusetzen, wie sie die seines Landes ist.

Vorausgesetzt, wir übernähmen in dieser Weise auf Grund des Spiels der Politik und der sozialen Kämpfe Elemente der amerikanischen Kultur und Ideologie, so wären sie für uns unüberschreitbar, insofern sie ihren Ursprung in einer bestimmten Reaktion auf eine Wirtschafts- und Gesellschaftsstruktur der USA haben, die wir persönlich nicht ändern können.

Wenn andrerseits dieselbe Gruppe, die Ideen aus dem Ausland übernimmt, früher eine lebendige Kultur gehabt hat, so wird sie sie nicht wiederbeleben können, weil es nicht mehr diese Gruppe ist, die diese Kultur auf eine Zukunft hin überschreitet. Also gibt es unterschiedliche und entgegengesetzte Kulturen: die eine wird eine Art Träumerei über ein Schicksal sein – das ist die Kultur, die vom Ausland kommt; die andre wird eine Träumerei über die Vergangenheit sein – das ist seine eigne, aber halbtote, ersetzte, vergessene Kultur. Daraus ergibt sich, daß das Verhältnis der Kulturen in einem bestimmten Maß von einem Kräfteverhältnis bestimmt ist.

Oft glaubt man, daß Bücher, Ideen genauso wie Fertigprodukte oder Naturreichtümer exportiert werden; natürlich exportieren bestimmte kleine Länder Uhren oder Getreide, obwohl ihre Macht geringer ist als die der Länder, die sie umgeben. Ähnlich scheint es mit den Ideen zu sein, aber was für die Naturreichtümer gilt, gilt nicht für die Kultur. Im kulturellen Bereich herrscht ein Austausch ohne Wechselseitigkeit. Die Idee, selbst die schwächste, die banalste, *kommt* vom Stärkeren zum Schwächeren *herab*, ohne daß deshalb in derselben Weise die Idee, selbst eine ausgezeichnete, vom Schwächeren zum Stärkeren *aufsteigt*. Ich sage nicht, daß sie nicht aufsteigt, sondern sie erschöpft ihre Energie beim Aufsteigen und hat schließlich für die neue Gemeinschaft keinerlei Anspruchswert, ist nur noch ein Faktum.

Niemals ist ein Amerikaner von einer europäischen Idee ergriffen. Deshalb neigen wir dazu, von einer Art ständigen nachsichtigen Überlegenheit der Amerikaner gegenüber dem, was wir schreiben oder denken, zu sprechen. Das kommt nicht daher, daß sie erhaben oder stolz wären; aber während unsere holländischen Nachbarn von einem französischen Werk beunruhigt, angewidert oder begeistert sein können, weil sie in derselben Situation wie wir sind, empfangen die Amerikaner von uns halbtote Ideen, die sie absolut nicht begeistern; und das nicht nur, weil der Kontinent andre Probleme hat, sondern vor allem, weil die Amerikaner diese Idee nicht als ihre Zukunft sehen. Sie sehen sie vielmehr als eine Vergangenheit in bezug auf sie selbst an, als die falsche Zukunft eines Landes, als dessen Zukunft sie sich selbst betrachten.

Ich habe in den USA niemanden gesehen, der von dem schönen Stück *Antigone* von Anouilh angetan oder begeistert oder betroffen gewesen wäre. Ich erinnere mich noch an jenen amerikanischen Kritiker, der geschrieben hatte: «Warum ist der amerikanische Produzent auf die Idee gekommen, uns mit jenen primitiven Sitten einer kleinen Völkerschaft Griechenlands unterhalten zu wollen?» Und dieses Problem ist völlig uninteressant, wenn man es einfach so, als ein überholtes Problem nimmt. Ebenso habe ich oft über den Komplex der Theorien, die man existentialistisch nennt und die Vertreter in England, Deutschland, Holland oder Frankreich haben, sagen hören: Ja, arme Europäer, sie haben gelitten, und, mein Gott, sie haben es entweder mit Nachwirkungen von Leiden oder mit einem Schnupfen zu tun. Diese Haltung ist ganz und gar nicht die eines Europäers, der die existentialistischen Ideen ablehnt. Er wird eher sagen: Das ist idiotisch, abstoßend, das tut mir weh, aber sicher nicht: Armes Frankreich, es hat viel gelitten. Diese Haltung ist bei einer Homogenität der Probleme oder der Kultur nicht denkbar. Und wenn dennoch der Schriftsteller eines kleinen Landes ein konstitutives Element der Kultur ist und sich durchsetzt, wie es bei Kierkegaard oder Kafka geschehen ist, dann wird dieser Schriftsteller von den Ländern einer großen Kultur mit einem großen Potential benutzt, in gewisser Weise annektiert und später dem kleinen Land zurückgegeben in einer Form, die dieses sich nicht vorstellen konnte; sehr oft werden uns Elemente gestohlen, die wir zehn Jahre später wiederfinden und die dann im Denken eines andren, unter dem Aspekt eines andren unser Schicksal werden.

Als Schlußfolgerung dieser Beobachtungen wäre naheliegend, daß wir, wenn wir frei wählen könnten, mit welchen Ländern wir in wechselseitige kulturelle Beziehungen eintreten wollen, kulturelle Beziehungen mit solchen Ländern anknüpfen sollten, die ein gleiches Potential, eine gleiche Geschichte, gleiche Probleme wie wir haben, und uns dafür von jedem Verkehr mit Ländern eines höheren Potentials fernhalten müßten. Leider können wir jedoch nicht frei wählen. Die politische, ökonomische, demographische und militärische Hegemonie eines Landes zwingt zu einem kulturellen Austausch ohne Wechselseitigkeit.

Ich möchte daher gemeinsam mit Ihnen das heutige Verhältnis zwischen den kulturellen Elementen, die aus Amerika zu uns kommen, und der eigentlichen französischen Kultur betrachten.

Wir werden sehen, wie solche Elemente, die in Amerika auf natürliche Weise spontan sind und dort einen Sinn haben, für die französische Kultur ruinös werden können. Man könnte sagen: Warum die amerikanische Kultur und warum nicht die russische Kultur? Darauf würde ich antworten: Wenn wir es mit zwei Großmächten zu tun haben, von denen jede eine Ideologie mitbringt, dann hat die russische

Kultur kompliziertere Probleme zur Folge, weil sie über die Elemente unseres eignen Landes zu uns kommt.

Doch das Problem ist tiefer. Ein schwarzamerikanischer Schriftsteller, der Frankreich sehr liebt, nämlich Richard Wright, sagte mir eines Tages mit einer gewissen Traurigkeit: «Was ich im Grunde an Ihnen liebe, ist das, was zu Ihrem Untergang führen kann.» Tatsächlich gibt es eine französische Kultur, die sich eindeutig infolge eines Mißverständnisses hält; denn wenn wir in Frankreich bestimmte Formen von Kultur, bestimmte Auffassungen vom Leben und von der intellektuellen Arbeit vorfinden, die wir woanders nicht antreffen, so gehen sie auf eine mangelhafte industrielle Ausrüstung, eine auf Ungerechtigkeit fußende Gesellschaft und eine unzureichende Geburtenrate zurück. Daß wir eine Kultur haben, die in mancher Hinsicht menschliche Werte, individuelle und persönliche Werte, Werte für Forschungsprobleme, für Autonomie und Unabhängigkeit setzt, was gerade Leute wie Richard Wright anzieht, liegt ja zum großen Teil daran, daß wir kein großes Industrieland sind wie Amerika, wo jeder Angestellter ist, oder wie die Sowjetunion, wo jeder Funktionär ist. Denn gerade weil wir nicht diese Stufe der Industrialisierung und des sozialen Wiederaufbaus erreicht haben, bieten wir noch Werte, die für uns Zukunft sind, aber für viele Ausländer den Charme des Vergangenen haben.

1918 hat es nämlich ein köstliches Mißverständnis gegeben. Wir haben einen Krieg gewonnen, der uns demographisch ruiniert und dazu beigetragen hat, unser Absinken gegenüber neuen Mächten zu verstärken; aber gleichzeitig hat uns das Prestige dieses Sieges in der internationalen öffentlichen Meinung lange Zeit auf einem entsprechenden Niveau gehalten, so daß die Ideen, die Kultur, die zwischen 1918 und 1939 in Frankreich hervorgebracht wurden, für die andren Länder noch einen Zukunftswert hatten. Die Art, wie 1925 oder 1930 Proust in den Vereinigten Staaten aufgenommen wurde, setzte die ganze französische Armee dahinter voraus und den Mythos vom Franzosen als dem besten Soldaten der Welt. Andernfalls wären höchstens einige Intellektuelle von Proust angezogen worden, und zwar so, wie heute zum Beispiel Gides *Journal* in Amerika Bewunderer findet, das heißt als Zeugnis einer köstlichen Vergangenheit.

Dieses Mißverständnis hat Frankreich gegenüber den andren Ländern noch für dreißig Jahre Macht und Stärke verliehen. Und dieses

Mißverständnis hat sich beim Zweiten Weltkrieg zerstreut, so daß wir heute vor folgendem Problem stehen: Um wieder ein Milieu schaffen zu können, in dem unsere Ideen für die andren Länder wieder ein Potential sind und noch einen Wert haben, und zwar nicht als Vergangenheit, sondern als Zukunft, müssen wir uns neu ausrüsten und neu industrialisieren. Aber um diesen Platz wiederfinden, uns neu ausrüsten und industrialisieren zu können, wenden wir uns Amerika zu, und von diesem Moment an kommen die amerikanische Kultur und die amerikanische Ideologie notwendig zu uns, zusammen mit den Schrauben, den Fertigwaren und den Obstsaftdosen. Da Amerika für uns die Zukunft wird, sind die amerikanischen Ideen für uns die Zukunft. Sie sind also jene falsche Kultur in Frankreich, selbst wenn sie dort drüben die richtige Kultur sind.

Was die europäische Kultur im allgemeinen kennzeichnet, ist, würde ich sagen, ein jahrhundertelanger Kampf gegen das Böse. Ich glaube, daß ein französischer Intellektueller, Schriftsteller oder Philosoph im Grunde nichts andres tut, als ein allen Mitgliedern der französischen Gemeinschaft gemeinsames Gefühl zum Ausdruck zu bringen: unsere Gesellschaft ist schlecht beschaffen. Nichts kann den besonders grauenhaften Tod eines Zwanzigjährigen, dessen Schicksal noch nicht erfüllt war, rechtfertigen, wiedergutmachen, erklären; nichts kann bestimmte verzweifelte Lagen, bestimmte Ungerechtigkeiten rechtfertigen; selbst wenn sie behoben werden, so bleibt, daß Tausende darunter gelitten haben. Das Böse ist unsühnbar in der Welt, und die europäische Kultur ist sicher eine Reflexion über das Problem des Bösen, über den Gedanken: Was kann ein Mensch tun, was kann er sein, was kann ihm gelingen, wenn er zugelassen hat, daß das Böse in der Welt ist?

Das Böse ist nun aber ganz allgemein kein amerikanischer Begriff. In Amerika herrscht kein Pessimismus hinsichtlich der menschlichen Natur und der Gesellschaftsordnung. Wenn ich den französischen Rationalismus mit dem amerikanischen vergleiche, würde ich sagen, daß der amerikanische Rationalismus weiß ist im Sinn von weißer Magie und der französische Rationalismus schwarz. Man denke nur an die Vernunft bei Descartes, eine zugleich allmächtige und in mancher Hinsicht völlig absurde Vernunft, weil sie lediglich die Wahrheiten spiegelt, die es Gott zu schaffen gefällt; man denke an die Vernunft bei Pascal, einem gelehrten Rationalisten, der aber eben nur an die Vernunft glaubt, um ihre Grenzen zu zeigen; man denke nur heute an einen Valéry zum Beispiel, wo sie eine Art Licht ist, an das sich der Mensch in einer absurden Welt klammert, und man wird feststellen: Was man den französischen Rationalismus genannt hat, ist in Wirklichkeit immer ein Pessimismus. Daher ist die französische Vernunft eine Konstruktion über einer irrationalen Situation, mit dem tiefen Gefühl, das selbst bei den größten Rationalisten, bei einem Voltaire zum Beispiel, verbreitet ist, daß im Grunde das Universelle in gewissem Maß der Vernunft entgeht. Die Vernunft ist jener Kampf gegen ein Universelles, das uns überall entgeht und das man zu fassen kriegen möchte; sie ist eine Art begrenztes Vertrauen in die menschliche Freiheit innerhalb einer nahezu verzweifelten Situation.

Die amerikanische Vernunft dagegen ist zunächst eine technische, praktische und wissenschaftliche. Sie wird unmittelbar durch ihre Wirksamkeit definiert; sie scheint zu beweisen, daß entweder das Universum rational ist oder daß wir jedenfalls, wie die Pragmatisten oder die Instrumentalisten, erklären, dieses Universum rational gestalten können; und folglich ist dieser Rationalismus ein Optimismus. Dieser Optimismus hat eine tiefere Bedeutung, auf der ich nicht insistieren will. Die amerikanische Geschichte ist bekannt. Man sieht, daß in Amerika Optimismus angebracht ist. Aber wenn er auf uns zurückkommt und uns mit mehr oder weniger populärwissenschaftlichen Werken überschwemmt, mit einer bestimmten ideologischen Konzeption, die unsere Zukunft wird, dann führt uns das direkt zum Szientismus, wie übrigens auch, die Zeitschrift *La Pensée* beweist es, die Spielart des russischen konstruktiven Rationalismus ebenfalls zu einem optimistischen und kulturzerstörenden Szientismus führt. Die Probleme verschwinden dann. Ob wir nun den von den Amerikanern oder von einem vulgärmarxistischen Denken herkommenden Szientismus nehmen, in beiden Fällen werden wir sehen, daß die Wahrheit die Gegebenheit ist, das Faktum, daß man nur der Wissenschaft folgen muß, so wie eine Lokomotive den Gleisen folgt, und daß es folglich nichts zu suchen gibt, kein Risiko, keinen Zweifel, kein Böses.

Doch ein französischer Schriftsteller, wer auch immer, hat seit Jahrhunderten den Eindruck gehabt, daß das Böse existiert. Dieses immer angeklagte Böse hat der Religionskrieg, die Jesuitenkultur nach Pascal, ein gewisser Konservativismus zur Zeit der *Encyclopédie* sein können. Immer haben die Schriftsteller gegen die Mächte, gegen die etablierten Ideologien und für soziale Gerechtigkeit gekämpft; nicht weil die französischen Schriftsteller anteilnehmender oder intelligenter oder gerechter als die andren sind, sondern weil die kulturelle Situation so beschaffen war, daß es fast unmöglich war, eine andre Partei zu ergreifen, weil zum Beispiel das Schicksal der Gedankenfreiheit an das Schicksal bestimmter Klassen gebunden war, wie man es im 18. Jahrhundert sieht, wo Bürger und Schriftsteller gemeinsame Sache machen.

Es gibt also eine Tendenz, die in Frankreich die lebendige und wahre Tendenz ist, ich will nicht sagen, sich zu engagieren, weil das Wort derart verschrieen ist, aber jedenfalls die Gesamtheit der Gemeinschaft unter allen ihren Aspekten als Gegenstand der Literatur zu betrachten.

Während der Intellektuelle und der Schriftsteller in Amerika getrennt sind, ist in Frankreich ein Schriftsteller auch ein Intellektueller; in Amerika ist der Schriftsteller oft ein ungeschlachter Mensch ohne Technik, der aus dem Proletariat kommt, der sagt, was er zu sagen hat, und der wieder verschwindet, nachdem er es gesagt hat, der kein reflexives kulturelles Phänomen darstellt, sondern eher eine Art lyrische Explosion. Das gilt für Faulkner, für Caldwell usw. Der amerikanische Intellektuelle dagegen erinnert eher an einen Akademiker; er produziert nichts, er mag nicht die Schriftsteller seines Landes, deren Ungeschlachtheit er tadelt. Er wendet sich Europa zu – obwohl er es verachtet –, weil er einem bestimmten Typus europäischer Zivilisation nachtrauert. Er strebt nach Ästhetizismus, dem Kennzeichen intellektueller Überlegenheit, zum großen Teil, weil ihm verweigert wird, in der amerikanischen Zivilisation eine Rolle zu spielen.

In Frankreich existiert dieser Unterschied nicht. Zufall und Glück haben bewirkt, daß in Frankreich der Schriftsteller und sogar der Künstler einen gesellschaftlichen und politischen Einfluß haben; sie haben ihn immer gehabt, und wenn es uns gelingt, in Frankreich die Kultur zu erhalten, dann werden sie ihn immer haben. Wenn man in Amerika kein Techniker ist, dann sagt man nichts, was auf der politischen oder gesellschaftlichen Ebene einen konkreten Wert hat. Mit einem Werk über politische Ökonomie, mit einer Dokumentation über die Sexualität wie dem *Kinsey-Report* kann man Aufsehen erregen, aber ein Roman, ein Stück haben niemals eine aufsehenerregende Wirkung.

Wenn wir uns also von der Gesamtheit der amerikanischen Kultur beeinflussen lassen, dann wird eine *bei ihnen* lebendige und lebbare Situation *bei uns* unsere kulturellen Traditionen völlig zerstören und eine bestimmte Beziehung zwischen Intellektuellem und Schriftsteller schaffen, die für uns keinen Sinn hat. Daß die amerikanischen Intellektuellen nicht produktiv sind, ist nicht so wichtig, weil ja in der amerikanischen Gesellschaft die Schriftsteller aus andren sozialen Schichten und besonders aus dem Proletariat kommen. Aber wenn bei uns, wo Intellektueller und Schriftsteller eins sind, der amerikanische Einfluß den Schriftsteller auf die Idee der Beschränkung seines gesellschaftlichen Einflusses und auf die Idee des Ästhetizismus bringt, werden wir in Scholastik versinken, da wir im Augenblick, beim gegenwärtigen Gesellschaftszustand, nicht die Möglichkeit haben, Schriftsteller aus den Schichten des Proletariats auftauchen zu sehen, die ständig frischen Wind mitbringen würden. Besonders *ein* amerikanischer Virus könnte uns sehr stark anstecken, nämlich der Pessimismus des Intellektuellen.

Gunnar Myrdal insistiert auf den ersten Seiten seines ausgezeichneten Berichts über die Negerfrage auf einer Tatsache, die ihm ganz allgemein gültig zu sein schien und die ich für eines der Merkmale des amerikanischen Intellektuellen halte. Mitten in jenem Optimismus, den man Amerikanismus nennt, ist eine bestimmte Anzahl von Intellektuellen, Professoren usw. der Meinung, daß durch sie keinerlei Veränderung eintreten kann, und hält sich daher für total ohnmächtig. Wenn diese Mischung aus *Optimismus* (der darin besteht, daß man sagt: Sprechen wir nicht von der Unterdrückung, denken wir nicht daran, und sie wird verschwinden, es gibt kein Böses im Menschenherzen) und *Pessimismus* (der darin besteht, daß man sagt: Das Land ist zu groß, der intellektuelle Einfluß jedenfalls ist zu schwach, um irgend etwas verändern zu können) in eine Kultur wie die französische Kultur eingeführt wird, dann kann sie eindeutig nur ein Resultat haben: die Rahmen dieser Kultur zu zerstören.

Kann man die französische Kultur als solche verteidigen? Darauf würde ich einfach antworten: nein. Das Phänomen scheint schicksalhaft zu sein: nur seinen eigenen Ressourcen überlassen, hat Frankreich keine andre Lösung, als sich auf der bürgerlichen Ebene Amerika zuzuwenden, es um Hilfe zu bitten und folglich seine Ideologie zu übernehmen oder auf der Ebene der sozialen Kämpfe sich der Ideologie zuzuwenden, die aus den Ländern des Ostens kommt, und folglich gemeinsame, obwohl entgegengesetzte Elemente wiederzufinden und so auch seine Ideologie zu verlieren. Anders gesagt, wer wie Jules Lemaître 1899–1900 die französische Kultur als solche im konservativen Rahmen unversehrt erhalten möchte, in dem er keine großen Strukturreformen wollte, sondern vor allem einen leichten industriellen Fortschritt dank einer diskreten Hilfe Amerikas, der kann sicher sein, daß er gerade durch seine Position die französische Kultur zerstört sehen würde.

Haben wir also ein andres Mittel, die wesentlichen Elemente dieser Kultur zu retten? Ja. Aber unter der Bedingung, daß wir das Problem in ganz andrer Weise aufgreifen und uns klarmachen, daß es heute ebensowenig um eine französische Kultur gehen kann wie um eine holländische oder schweizerische oder deutsche Kultur. Wenn wir wollen, daß die französische Kultur erhalten bleibt, muß sie in den Rahmen einer großen europäischen Kultur integriert werden. Warum? Ich habe gesagt, daß Kultur die Reflexion über eine gemeinsame Situation ist. Die Situation aller europäischen Länder ist eine gemeinsame. In Italien, in Frankreich, in den Beneluxländern, in Schweden, in Norwegen, in Deutschland, in Griechenland, in Österreich trifft man immer auf die gleichen Probleme und auf die gleichen Gefahren.

Zunächst das Wirtschaftsproblem, das heißt die Notwendigkeit, sich neu auszurüsten, und die Unmöglichkeit, sich an andre als die Amerikaner zu wenden, ist das Problem sowohl der Griechen wie der Schweden. Überall ist die gleiche Katastrophe passiert, und sie hat die gleiche Landschaft zurückgelassen. Rotterdam ist zwar völlig anders als Florenz, aber ob man heutzutage im Uffizien-Viertel oder in Rotterdam oder in Le Havre umhergeht, man ist immer in der gleichen Landschaft, die als eine Europa gemeinsame menschliche Architektur entstanden ist. Und selbst wenn man in verschonten Städten wohnt, so ist doch die Anwesenheit der zerstörten Städte eine Last, die die Landschaft verändert. Wir wissen, was eine verstümmelte Stadt ist, und diese verstümmelte Stadt ist eine europäische. Aber diese Katastrophe, durch die die gleiche Landschaft um uns herum aufgetaucht ist, hat uns gleichzeitig in jener tragischen Idee des Bösen und des

Kampfes gegen das Böse bestätigt, hat uns in der Idee bestätigt, daß der Optimismus nicht möglich ist oder, vielmehr, daß der Optimismus nur in einem Rahmen möglich ist, in dem auch das Böse gegeben ist; während wir durch die Besetzung, durch die Folter, durch alles, was sich vier Jahre lang abgespielt hat, erfahren haben, daß für einige Menschen die Möglichkeit bestand, bis zur äußersten Grenze, bis zum Tod Widerstand zu leisten, haben wir gleichzeitig erfahren, daß es Situationen gibt, die keine andren Lösungen als den Tod haben. Und nicht einmal einen notwendig heldenhaften Tod, sondern ganz einfach den Tod. Wir haben in gewisser Weise erfahren, daß das Gute nur im Kampf gegen das Böse entsteht.

Es ist sicher, daß die meisten Europäer in den vorangegangenen Jahren – und in vielen Fällen noch immer – dazu gezwungen waren, eine Moral der extremen Situationen zu leben, eine Moral, nach der man sich fragt, wie sich der Mensch gegenüber Folter, Hunger oder Tod verhalten wird, alles Situationen, die vor dreißig Jahren als das abstrakte Problem erschienen, das ein Philosophielehrer, der niemals so etwas erlebt hatte, seinen Schülern stellte. Werden Sie unter Folter reden? war eine absurde Frage. Bei einer Moral extremer Situationen gelangt der Mensch entweder zum äußersten Punkt der menschlichen Widerstandskraft und der Freiheit oder gerät, wenn er nachgibt, mit einem Schlag in die grauenhafteste Situation. Diese Moral erscheint mir nicht notwendig als die beste noch die einzige. Es gibt auch eine Moral der durchschnittlichen Situationen, sie heißt *kasuistisch*.

Wir haben auch heute noch unsere Jansenisten und unsere Jesuiten; und wenn wir, wie Jean Bloch-Michel geschrieben hat, dem Menschen mißtrauen müssen, der wir unter den «großen Umständen» werden,[2] so bleibt doch nichtsdestoweniger bestehen, daß die Moral,

2 Der Schriftsteller Jean Bloch-Michel wurde als aktives Résistancemitglied von der deutschen Besatzungsmacht eingekerkert und gefoltert. Siehe seinen Bericht *Les grandes circonstances* (Die großen Umstände) in: *Les Temps Modernes* Nr. 9, Juni 1946, 1642–1656: «Die großen Umstände haben sich entfernt. Wir haben es mit den kleinen zu tun. Dort geben die Menschen ihr Maß. Helden, Märtyrer, seid diskret.»

Der Jansenismus kann als eine pseudo-protestantische Strömung innerhalb des französischen Katholizismus angesehen werden. Er wurde begründet von Cornelius Jansen (1585–1638), Bischof von Ypern, der in seinem 1640 erdie sich dem heutigen Europa aufzwingt, nicht die optimistische und jesuitische Moral der Amerikaner ist, sondern eine jansenistische Moral der großen Umstände.

In allen Bereichen, politischen, sozialen, ökonomischen, ja metaphysischen, ist die Situation des heutigen europäischen Menschen die gleiche. Die Umstände, die Vergangenheit und die Zukunft stellen diesem Menschen die gleichen Probleme, so daß zum Beispiel ein französischer Student einem Berliner Studenten viel näher ist als einem Studenten aus Boston oder Princeton.

Wir entdecken hier eine ganz merkwürdige Übereinstimmung, die sich mir im Laufe meiner Reisen durch zwei Eindrücke gezeigt hat, was den ganz unterschiedlichen Kontakt zwischen den Menschen angeht. Vor dem Krieg traf man äußerst höfliche, umgängliche Menschen, die versuchten, die Ideen von einem nachzuvollziehen, so wie man selbst versuchte, ihre Ideen nachzuvollziehen, aber sehr oft nicht ohne Schwierigkeiten. Die nationalen Probleme waren unterschiedlich, die Fragen waren unterschiedlich, die Kultur war unterschiedlich. Heute trifft man Schweden, Holländer, Griechen: der Zugang ist unmittelbar. Ob es der Krieg, der amerikanische Roman, das letzte Buch ist, der Gegenstand ist unmittelbar da, und obwohl man nicht dieselbe Sprache spricht, spricht man auf gleiche Weise. Und die meisten kulturellen Werke, die heute Europa anziehen, sind Werke, die im Grunde jeder beliebige Schriftsteller in Europa hätte schreiben können.

Plieviers *Stalingrad* ist zwar das Buch über die Niederlage der Nazis, ruft uns jedoch die Niederlage von 1940 in Erinnerung. *Les jours de*

schienenen Werk über *Augustinus* vertritt, daß der Christ sich die Erlösung nicht durch gute Werke erwerben könne, sondern daß es dazu der Gnade Gottes bedürfe, zu der man unabhängig von seinen Taten vorausbestimmt, prädestiniert sei. Ähnlich wie die Prädestinationslehre Calvins führte auch der Jansenismus zu einer strengen puritanischen Moral mit einer Bekämpfung der Leidenschaften und einer Leugnung mildernder Umstände. Diese Lehre, die ihr Zentrum in der Pariser Abtei von Port-Royal hatte und – wieder analog zum Calvinismus – im aufstrebenden Bürgertum viele Anhänger fand, wurde von den Jesuiten und vom Staat verfolgt. Ihre bekanntesten Anhänger waren Blaise Pascal, Jean Racine, dessen Darstellung der Leidenschaften von ihr geprägt ist, und Pierre Nicole, der in seinen *Essais de morale* die jansenistische Morallehre entwickelt. *Anm. d. Übers.*

notre mort (Die Tage unseres Todes) von David Rousset? Die Deutschen können dieses Buch lesen. *Der Untergang*, das letzte und schönste Buch von Hans Erich Nossack, kann von allen verstanden werden; in den Büchern von Carlo Levi stößt man auf dieselben Besorgnisse wie bei uns. So haben wir da ganz deutlich die Elemente einer europäischen Kultur. Sie existiert noch nicht, aber wir besitzen Grundelemente, weil sich allen die gleichen Probleme stellen und, wie ich eben sagte, die Einheit der Kultur von der realen ökonomischen und sozialen Einheit der Gemeinschaft bestimmt wird.

Natürlich kann sich diese kulturelle Einheit nicht von selbst bilden. Sicher kann man schon heute von Regierungen, Verbänden oder Einzelpersonen verlangen, daß sie eine Kulturpolitik eröffnen; sicher kann man den Austausch, die Übersetzungen, die Kontakte vermehren, kann man eine Buchpolitik machen, kann man internationale Zeitschriften planen. All das ist schon vor dem Krieg von 1939 versucht worden. Heute wären solche Unternehmungen, die durchaus von Interesse sind, unwirksam, weil wir dann einen Überbau, eine kulturelle Einheit hätten, die keiner Einheit der Basis entspräche. Es geht also darum – und hier breche ich ab, weil ich die politische Frage umgehen möchte –, eine kulturelle Einheit Europas zu konzipieren als die einzige, die in der Lage ist, in ihrem Schoß die besonderen Werte der Kulturen jedes Landes zu retten.

Nur wenn wir eine europäische Kultureinheit anstreben, werden wir die französische Kultur retten; aber diese Kultureinheit wird keinerlei Sinn haben und nur aus Worten bestehen, wenn sie sich nicht in den Rahmen einer sehr viel tieferen Anstrengung stellt, eine ökonomische und politische Einheit Europas zu verwirklichen. Eine solche Kulturpolitik hat nur dann Chancen, wenn sie eines der Elemente einer Politik ist, die nicht nur die kulturelle Autonomie Europas gegen Amerika und die Sowjetunion zu verteidigen versucht, sondern auch seine politische und ökonomische Autonomie, um ein Europa als einige Kraft zwischen den beiden Blöcken und nicht als einen dritten Block zu konstituieren, sondern als eine autonome Kraft, die sich weigert, sich zwischen dem amerikanischen Optimismus und dem russischen Szientismus zerreißen zu lassen. Das kulturelle Problem ist heute nur ein Aspekt eines viel größeren Problems, nämlich das des gesamten Schicksals von Europa. Und wenn man glaubt, daß keinerlei Handeln gegen die beiden Blöcke möglich ist, wenn man glaubt, daß das zwischen zwei Einflußzonen gespaltene Europa ein Schlachtfeld sein muß, dann ist die europäische Kultur mit Sicherheit verloren.

Wenn man voraussetzt, daß man sie durch eine Art Mönchstum der Schriftsteller retten kann, die in Klöstern von den Vögeln sprechen, während man sich nebenan schlägt, dann ist sie auf jeden Fall für immer verloren. Wenn man dagegen annimmt, daß es eine Möglichkeit gibt, eine vereinigte, sozialistische europäische Gemeinschaft zu konstituieren, in der die ökonomischen Probleme sich im europäischen und nicht im nationalen Rahmen stellen, und wenn dieses Europa versucht, eine Autonomie wiederzugewinnen, indem es von der Feindseligkeit der Vereinigten Staaten gegenüber der Sowjetunion und der Sowjetunion gegenüber den Vereinigten Staaten profitiert, anstatt zwischen beiden hin und her gerissen zu sein, dann kann sie gerettet werden. Anders gesagt, da die Kultur innerhalb des globalen Faktums der Geschichte nur ein Element ist, haben wir es mit einem globalen Problem zu tun, das globale Lösungen voraussetzt.

April 1949

Von der Berufung zum Schriftsteller

Dem Kind erscheint das Vorhaben des Schreibens, des Malens oder der Bildhauerei als etwas Sonnenhaftes und Prunkvolles, ganz Natürliches; die Produkte der Kunst sind eine hermetische Fülle, die in der Alltagswelt funkelt. In den Gärten, wo es spielt, sind die Figuren besondere Spielarten der Gartenbaukunst, dazu bestimmt, die Tauben zu ernähren. Von einem Buch kennt es zunächst das Gewicht, die Form: es ist ein geschlossener Fächer, der sich in der Breite öffnet und krachend einen Pilzgeruch ausströmt. Seine Benutzung bleibt geheimnisvoll, aber genauso wie eine ganze Menge andrer Gegenstände auch, die die Großen mit selbstgefälliger und verschwiegener Miene handhaben, wenn sie plötzlich auf die verrückte Idee kommen, Erwachsene zu spielen. Das Kind kann sich die Nutzlosigkeit des Buchs nicht einmal vorstellen, und seine Eltern verbergen sie ihm: es gibt nichts Unnützes; es gibt nur «vorbehaltene» Nützlichkeiten.

Die *Revue des Deux Mondes* war lange Zeit eine innen weiße zarte Tuberose, die auf ein Tischchen gelegt wurde, wo sie nach einem Monat verwelkte, bis ich auf einer Terrasse am Wasser einen gelblichen alten Mann mit starren Augen sah, der ein Plaid auf den Knien hatte: man hatte die Revue zwischen seine zerbrechlichen Hände geschoben. Von diesem Moment an schien sie mir zu jener Kategorie von halb natürlichen, traditionellen, halb kalten Utensilien zu gehören, Wärmflaschen, Kräutertees und Flanelljacken, die zur Erhaltung des Alters bestimmt sind. So wird von der Geburt an kaschiert, was die Literatur Perverses und Verrücktes hat und daß sie nicht ein Spiel von Arabesken ist, die das Blatt eines Prospekts schmücken, sondern ein Loch im Sein, durch das die Wesen verschwinden.

Léon Groc, ein Mitglied der Bruderschaft, hat sich verraten, als er einen seiner Romane *L'autobus évanoui* (Der entschwundene Autobus) nannte. Genau, entschwunden, er sagt es frei heraus. Der Schriftsteller betrachtet den Autobus mit einem bösen Blick: «Da er ja nicht *mir* gehören kann, soll er *niemandem* gehören!» Und hopp, schon läßt er ihn sich verflüchtigen. Später wird er den Benutzern einen etwas überlebensgroßen, bunteren, aber durchscheinenden Autobus zurückgeben, ein in die Luft gemaltes Trugbild, das nur Trugbilder von Reisenden befördern kann. Eine solche Negation, die die Welt ärmer macht, läßt sich nur mit Herzenskälte und andren negativen Gefühlen erklären.

Aber das Kind ist mit Buchhandlungen, Lebensmittelläden und Schuhgeschäften groß geworden; im Kaufhaus ist das Buch ein *Artikel* unter andren; der Buchhändler ist ein ehrbarer Mann, der das Produkt seiner Arbeit benutzt, um seine Familie zu ernähren, der Verleger ist ein Aristokrat, der mit seinen Gewinnen Mietshäuser und Villen kauft. Es handelt sich also um eine *Industrie*, die mit den andren dazu beiträgt, das Nationaleinkommen zu vermehren. Ein Buch ist ein Sein mehr, ein produktives Gut; Schriftsteller sind unentbehrlich: wenn sie plötzlich verschwänden, würden die Bücherhersteller arbeitslos, was zu sozialen Konflikten führen kann. Man sieht den Irrtum: die Gutgläubigkeit jener Fachleute, Drucker, Papierfabrikant, Verleger, Broschierer, Buchbinder, steht natürlich nicht in Frage: sie ist überrumpelt worden. Aber schließlich erweist sich, daß sie mechanische Energie, Kalorien, menschliche Arbeit vergeudet haben, um etwas Abwesendes, eine Phantasmagorie, das irisierende Spiel des Nichts erscheinen zu lassen. Doch das Nichts hat ja die Eigenart, sich zu verbergen.

Was sieht ein Ahnungsloser? Ein Verleger ist ein Industrieller, der sich mit einem Krämer namens Drucker zusammentut, um serienweise eine bestimmte Art Waren herzustellen, die ein Vertrieb unter den Einzelhändlern verteilt. Diese verkaufen sie den Verbrauchern, und der Erlös wird zwischen Einzelhändler, Großhändler, Verleger und einem Ausstatter aufgeteilt, der damit beauftragt ist, den äußeren Anblick des Produkts zu erneuern, das heißt die Aufteilung der Zeichen auf den Blättern. Das verdiente Geld wird in neue Unternehmungen investiert oder in Umlauf gesetzt. All das ist absolut beruhigend: überall das Nützliche, das Ökonomische, das Sein.

Das Bürgertum hat eine solche Angst vor dem Negativen, daß es es sich mit allen Mitteln verhehlt: den Schriftsteller sieht es als ein Rädchen der Buchindustrie, er ist der Erfinder oder Einrichter der Muster. So wird man die Herstellung der literarischen Güter *durch das Sein* erklären. Durch die geschickte Gleichsetzung von Roman und Gedicht mit dem Band, der sie trägt, kann man den Schriftsteller mit einem Obstbaum, einer schwangeren Frau, einem Legehuhn vergleichen. Es heißt, er sei *begabt*; die Schreibbegabung sei ein Organ, so etwas wie die Gelbkörper oder die Drüsen. Sie «haben» eine flotte

Feder, wie Sie die Augen Ihres Onkels Randu «haben»; aber Sie «haben» Randus Augen, wie Sie die goldene Uhr der Coints haben, die Ihre Tante von Ihrem Großonkel bekam und die sie Ihnen am Tag Ihrer Geburt geschenkt hat, die in ein Schubfach gelegt wurde und die Sie am Tag Ihrer Volljährigkeit tragen werden. Das Bürgertum hat von den Wissenschaftlern den noch verschwommenen Begriff der Vererbung übernommen und einen Mythos daraus gemacht, der das Erbe rechtfertigt. Stimme, Augen, Zähne, Charakter werden wie Taler vererbt: warum nicht auch Talent? Renan hat die Theorie entwikkelt: Familientugenden sammeln sich langsam an, und dann, eines schönen Tages, explodiert die geduldig gesparte Energie in einem Feuerwerk: da haben wir das Genie, das Meisterwerk. Arbeit, Familie, Vaterland, die Erde und die Toten, Frankreich den Franzosen: die bürgerlichen Seelen duften nach dem Aroma der besessenen Dinge; das Gedicht, die Statue sind Produkte einer jahrhundertealten Brennerei, das Talent entsteht aus der Kapitalisierung und liefert den natürlichen Beweis für die Überlegenheit des Kapitals gegenüber der Arbeit.

Eine einzige Schwierigkeit bleibt: das Kunstwerk ist eine Abwesenheit. Wie kann man denn für das Nichts begabt sein? Die Vererbung bestimmter körperlicher Eigenschaften wird man zugeben.[1] Aber was denn? Können eine Muskulatur, ein sanguinisches Temperament und selbst eine nervöse Veranlagung bestimmte Personen dazu neigen lassen, dem Nützlichen das Nutzlose und dem Realen das Imaginäre vorzuziehen? Die Dichter wiederholen, daß sie sehen, was man nicht sehen kann, und daß sie nichts so sehr lieben wie das, was nicht ist. Aber welche erbliche Beschaffenheit der Netzhaut könnte es möglich machen, daß man das Unsichtbare sieht?

> Erde, ist es nicht dies, was du willst: *unsichtbar*
> in uns erstehn?

schreibt Rilke, und Blanchot:

«O Nacht ... ich beuge mich über dich, dir gleich, dir einen Spiegel für dein vollkommenes Nichts vorhaltend, für deine Finsternis, die weder Licht noch Abwesenheit von Licht ist, für jene Leere, die betrachtet. Allem, was du bist und für unsere Sprache nicht bist, füge ich ein Bewußtsein hinzu ...»

1 Nichts wird so sehr bestritten wie die Vererbung von *erworbenen* Charaktereigenschaften.

«Sartre hatte im Laufe seines Lebens . . .

... alles, was er verdiente, diesen und jenen Leuten geschenkt. Manchen bezahlte er regelmäßig jeden Monat große Summen. Ihm selbst blieb fast nichts übrig, um seine eigenen Bedürfnisse zu befriedigen», berichtet Simone de Beauvoir.

So investiert jeder nach seinem Vermögen.

Doch großherzige Mäzene sind selten. Am besten, man schenkt sich selbst etwas.

Wenn es das ist, was ein Dichter sein muß, ein Blinder, der das Nichts sieht, ein Klarsichtiger, der das Sein nicht sieht, dann wette ich, daß man diese *negativen* Tätigkeiten nicht durch positive Gegebenheiten, organische Konstitution oder Bewußtseinsinhalte erklären kann.

Nein, ich glaube nicht an Begabung. Das bedeutet nicht, daß jeder Beliebige zu jeder beliebigen Zeit beschließen kann zu schreiben. Sondern daß die Literatur wie die Homosexualität einen virtuellen Ausweg darstellt, den man in bestimmten Situationen findet und der in andren nicht einmal erwogen wird, weil er von keinerlei Hilfe wäre. Wenn man nicht gut schreibt, so haben einen die Umstände nicht dazu gebracht, sein Heil in die Wörter zu legen. Robert Merle spricht in seinem ausgezeichneten Buch über Oscar Wilde erst von dessen «Fabuliergabe» und verbessert sich dann: «Es wäre zu wenig, hier von Gabe zu sprechen. Das Fabulieren ist bei ihm eine Lebensnotwendigkeit, weil er nur leben kann, wenn er sich jeden Augenblick aus dem Leben davonstiehlt, wenn er die Welt durch eine imaginäre Welt ersetzt ... Die Fabel im doppelten – dem ästhetischen und dem psychologischen – Sinn des Worts als erfundene Geschichte und als Lüge ist einfach der Mittelpunkt seines Werks, das Gesetz seines Seins, die Form seines Talents.»[2] Ich spreche nicht ganz die Sprache von Merle, aber man muß ihm zugute halten, daß er am Ende einer langen Studie über einen Künstler gezeigt hat, daß das *Seinsgesetz* (wir würden sagen: sein fundamentaler Entwurf, sein «Ausweg» – und genau das will uns Merle im Grunde sagen, weil er uns ja zeigt, wie Wilde *ersetzt* oder *sich davonstiehlt*, seine Abwehr erfindet) und *die Form des Talents* zum Beispiel ein und dasselbe sind.

Es gibt keine Fabuliergabe: es gibt nur die Notwendigkeit, die Welt virtuell zu zerstören,[3] weil man sich in der Unmöglichkeit zu leben befindet. Es gibt keine Wortgabe: es gibt die Liebe zu den Wörtern, die ein Bedürfnis, eine Leere, eine Misere ist, eine besorgte Aufmerksamkeit, die man ihnen entgegenbringt, weil sie das Geheimnis des Lebens zu bergen scheinen. Der Stil ist ein Krebsgeschwür der Sprache, eine Wunde, die gepflegt wird wie die der spanischen Bettler. Es gibt keine «Sensibilität»: es gibt Zwangsgefühle. Wer ist so unsensi-

2 Robert Merle, *Oscar Wilde*, Paris 1948, 482.
3 Die Erzählung, die Fabel, der Roman.

bel wie Baudelaire? Wer so sensibel wie er? Sensibilität und Unsensibilität entstehen bei ihm gleichzeitig aus dem Stolz, der Stolz ist seine erste Reaktion auf eine unerträgliche Situation.

Wenn das Bürgertum die Pflanzschule der Literaten bleibt, so nicht, weil die Arbeiter weniger begabt sind als die Bürger: sondern diese werden, wenn ihre «Seinsschwierigkeiten» sie gegen ihre Klasse aufgebracht haben, unmöglich in jedem Sinne des Worts: sie sind auf bürgerliche Weise gegen die Bürger, in ihnen beißt sich die bürgerliche Hydra in den Schwanz und versucht, sich selbst aufzufressen; und da sie nichts zerstören können, was sich nicht zuerst selbst zerstört, wählen sie wie Mallarmé, wie Flaubert eine symbolische Zerstörung zu vollbringen, die alles unversehrt läßt.

Ich behaupte nicht, daß es nicht – auch bei den bürgerlichen Schriftstellern selbst – andre Gründe zum Schreiben gäbe; ich behaupte das um so weniger, als meine Motive nicht die von Flaubert oder Jean Lorrain sind. Aber selbst bei den engagiertesten Schriften müßte man noch erklären, warum man gewählt hat, auf dem Umweg über das Nicht-sein auf das Sein einzuwirken. Von diesem Gesichtspunkt her ist sogar die ehrenwerte Harriet Beecher Stowe[4] verdächtig. Mit einem Wort, zum Schreiben bedarf es zweier Bedingungen und nur zweier: die erste ist, daß die Situation, die uns bereitet ist, keinen besseren Ausweg enthält. Ruhmsucht, Bildung, Sinn für Nachahmung, Verkehr mit Schöngeistern, Neugierde und sogar die Verlockung von Gewinn können junge Männer und Frauen dazu bringen, ein Buch zu schreiben. Aber wenn sie nur solche Motive zum Schreiben haben, wird das Buch mittelmäßig und ohne Zukunft sein.

Die zweite Bedingung ist, daß der literarische Ausweg von jedem Schriftsteller neu gefunden und gewollt werden muß, als wenn niemand vor ihm jemals auf die Idee gekommen wäre zu schreiben. Denn die Lösung ist nicht in den Dingen eingeschrieben, und die Situation ähnelt der Natur beim Experiment des Physikers: sie sagt nein oder sagt gar nichts. Viele Leute, deren Heil die Literatur hätte sein können, sind, weil sie sie nicht erfunden, weil sie sich von der irrigen Tatsache haben blenden lassen, daß sie schon existiere, Träumer oder Mythomanen geblieben. Ich habe sogar folgenden Fall erlebt: ein junger Mann war dem Wahnsinn nahe. Seine Freunde rieten ihm zu

4 Autorin von *Onkel Toms Hütte. Anm. d. Übers.*

schreiben. «Aber das tue ich doch», antwortete er. Er schrieb tatsächlich geschickte und ausgezeichnete Bücher, und zwar aus Liebe, um zu gefallen, weil andre geschrieben hatten. Am Ende wurde er wahnsinnig: durch die Pflege der Belletristik hatte er sich davon abgebracht, die Literatur zu erfinden.

Ich glaube nämlich nicht, daß Genie aus Wahnsinn entsteht, sondern daß in bestimmten Situationen beide zwei ebenso annehmbare Auswege sind: schreibend wahnsinnig sein oder mündliche Literatur machen, das ist in bestimmten Grenzfällen die Wahl. Man stelle sich einmal vor, wie ein kahlköpfiger Riesenkerl mit Schnurrbart plötzlich herauszuschreien anfängt: «Madame Bovary, das bin ich; ich habe mich gestern vergiftet, und ich spüre noch den widerlichen Arsengeschmack in meinem Mund.» Er hat wenig Aussichten, der Irrenanstalt zu entgehen, sofern er sich nicht ausschließlich auf ein Werk bezieht, das gerade veröffentlicht wird.

Dezember 1950

Lebendiger Gide

Zum Tod von André Gide am 19. Februar 1951

Man hielt ihn für gesalbt und einbalsamiert: er stirbt, und man entdeckt, wie lebendig er blieb; die Verlegenheit und das Ressentiment, die durch die widerwillig gewundenen Totenkränze durchschimmern, zeigen, daß er noch immer Anstoß erregte und noch lange erregen wird: er hat es verstanden, die Wohlmeinenden von rechts und links gegen sich zu vereinigen, und man braucht sich nur die Freude einiger erhabener Mumien vorzustellen, die jetzt ausrufen: «Herr, hab Dank, *er* hatte also unrecht, denn ich lebe ja noch», man braucht nur in *L'Humanité* zu lesen: «Ein Leichnam ist gestorben», um zu erkennen, wie schwer dieser Achtzigjährige, der kaum mehr schrieb, noch auf der heutigen Literatur lastete.

Es gibt eine Geographie des Denkens: so wie ein Franzose im Ausland, wohin er auch immer geht, keinen Schritt machen kann, ohne sich *auch* Frankreich zu nähern oder sich von ihm zu entfernen, bringt uns jede Unternehmung des Geistes *auch* Gide näher oder entfernt uns von ihm. Seine Klarheit, seine Luzidität, sein Rationalismus, seine Ablehnung alles Pathetischen erlaubte es andren, sich mit dem Denken in trübere, ungewissere Versuche vorzuwagen: man wußte, daß gleichzeitig eine leuchtende Intelligenz die Rechte der Analyse, der Reinheit, einer gewissen Tradition aufrechterhielt; wäre man bei einer Entdeckungsreise untergegangen, hätte man den Geist nicht in den Schiffbruch mit hineingezogen. Das ganze französische Denken dieser letzten dreißig Jahre mußte sich, ob es wollte oder nicht, was auch immer sonst noch seine Koordinaten waren, Marx, Hegel, Kierkegaard, *auch* in bezug auf Gide definieren.

Die geistigen Vorbehalte, die Heuchelei, ja der widerliche Gestank der Nachrufe, die man ihm gewidmet hat, haben mich zu sehr abgestoßen, als daß ich daran dächte, hier meinerseits hervorzuheben, was uns von ihm trennte. Besser ist es, an die unschätzbaren Geschenke zu erinnern, die er uns gemacht hat.

Aus der Feder von Kollegen – die mich nie durch ihre Unerschrokkenheit in Erstaunen versetzt haben – habe ich gelesen, daß er «gefährlich lebte unter einer dreifachen Schicht von Flanelljacken». Albernes Gespött. Diese Angsthasen haben sich eine merkwürdige Abwehr gegen die Kühnheit andrer ausgedacht: sie geruhen sie erst dann anzuerkennen, wenn sie sich in allen Bereichen gleichzeitig äußert. Man hätte Gide verziehen, sein Denken und seinen Ruf aufs Spiel zu setzen, wenn er sein Leben riskiert und besonders seiner Lungenentzündung getrotzt hätte. Man tut so, als wüßte man nicht, daß es je nach den Leuten *verschiedene* Arten von Mut gibt. Freilich, Gide war vorsichtig, er wog seine Wörter ab, er zögerte, bevor er etwas unterschrieb, und wenn er sich für eine Ideen- oder Meinungsströmung interessierte, stimmte er ihr wohlweislich nur bedingt zu, blieb am Rand, immer bereit, sich zurückzuziehen. Aber derselbe Mann wagte das Glaubensbekenntnis des *Corydon*, die Anklageschrift der *Voyage au Congo*[1], hatte den Mut, sich an die Seite der Sowjetunion zu stellen, als das gefährlich war, und den noch größeren, es öffentlich zu widerrufen, als er, zu Recht oder zu Unrecht, glaubte, daß er sich geirrt hätte.[2] Vielleicht macht ihn gerade diese Mischung aus Vorbehaltlichkeit und Kühnheit zum Vorbild: Großzügigkeit ist nur bei dem schätzenswert, der den Preis der Dinge kennt, und ähnlich ist nichts so bewegend wie überlegte Unerschrockenheit. Wäre *Corydon* von einem Unbesonnenen geschrieben worden, hätte es sich auf eine Sittenaffäre reduziert; aber wenn der Autor jener gewitzte Chinese ist, der alles abwägt, wird das Buch zum Manifest, zum *Zeugnis*, dessen Tragweite den Skandal, den es hervorruft, bei weitem überschreitet. Diese behutsame Kühnheit müßte eine «Regel zur Leitung des Geistes» sein: sein Urteil bis zur Evidenz zurückhalten, und wenn die Überzeugung gewonnen ist, bereit sein, bis zum letzten Heller dafür zu bezahlen.

1 *Corydon*, Gallimard, Paris 1924. Offenes Bekenntnis zur Homosexualität, geschrieben 1911.

Voyage au Congo, Gallimard, Paris 1927. Wiederabgedruckt in: *Le retour du Tchad*, Gallimard, Paris 1928. Deutsch beides unter dem Titel: *Kongo und Tschad*, Deutsche Verlags-Anstalt, Stuttgart 1930. Schonungslose Beschreibung der Auswirkungen des französischen Kolonialismus in Afrika.

Anm. d. Übers.

2 *Retour de l'U.R.S.S.*, Gallimard, Paris 1936. Deutsch: *Zurück aus Sowjet-Rußland*, J. Christophe, Zürich 1936, und: *Retouches à mon retour de l'U.R.S.S.*, Gallimard, Paris 1937. Deutsch: *Retuschen zu meinem Rußlandbuch*, J. Christophe, Zürich 1937. *Anm. d. Übers.*

Mut und Vorsicht: diese wohldosierte Mischung erklärt die innere Spannung seines Werks. Gides Kunst will einen Kompromiß zwischen Risiko und Regel herstellen; in ihr halten sich das protestantische Gesetz und der Nonkonformismus des Homosexuellen, der stolze Individualismus des Großbürgers und die puritanische Vorliebe für den sozialen Zwang die Waage; eine gewisse Trockenheit, eine Schwierigkeit zu kommunizieren und ein Humanismus christlicher Herkunft, eine lebhafte Sinnlichkeit, die unschuldig sein möchte; die Einhaltung der Regeln vereinigt sich mit der Suche nach Spontaneität. Dieses Balancespiel ist der Ursprung des unschätzbaren Dienstes, den Gide der zeitgenössischen Literatur erwiesen hat: er ist es, der sie aus der symbolistischen Bahn herausgezogen hat. Die zweite symbolistische Generation war davon überzeugt, daß der Schriftsteller, wenn er nicht absinken wollte, nur eine ganz kleine Zahl von sehr erhabenen Gegenständen behandeln durfte, aber daß er sich über diese genau definierten Gegenstände in beliebiger Weise äußern konnte. Gide hat uns von dieser naiven Dingverhaftetheit befreit: er hat uns gelehrt oder wiedergelehrt, daß *alles* gesagt werden kann – das ist seine Kühnheit –, aber nach bestimmten Regeln einer wohlgesetzten Sprache – das ist seine Vorsicht.

Von dieser vorsichtigen Kühnheit rühren seine ständigen Kehrtwendungen, sein Schwanken von einem Extrem ins andre, seine Leidenschaft für Objektivität her, ja man müßte sogar sagen, sein – wenn auch sehr bürgerlicher – «Objektivismus», der noch beim Gegner nach der Vernunft sucht und sich von der Meinung andrer faszinieren läßt. Ich behaupte nicht, daß diese so charakteristischen Haltungen für uns heute noch vorteilhaft sein könnten, aber sie haben es ermöglicht, aus seinem Leben ein streng durchgeführtes Experiment zu machen, das wir ohne Vorbereitung assimilieren können; mit einem Wort, er hat seine Ideen *gelebt*; vor allem eine: den Tod Gottes. Ich kann mir nicht vorstellen, daß heute ein einziger Gläubiger durch die Argumente des heiligen Bonaventura oder des heiligen Anselm zum Christentum geführt worden wäre; aber ich denke ebensowenig, daß ein einziger Ungläubiger durch die entgegengesetzten Argumente vom Glauben abgebracht worden wäre. Das Gottesproblem ist ein Menschenproblem, das die Beziehungen der Menschen untereinander betrifft, es ist ein totales Problem, dem jeder durch sein ganzes Leben eine Lösung gibt, und die Lösung, die er ihm gibt, spiegelt die

Haltung, die man den andren Menschen und sich selbst gegenüber gewählt hat. Das Kostbarste, was Gide uns bietet, ist seine Entschlossenheit, die Agonie und den Tod Gottes bis zu Ende zu leben. Er hätte wie so viele andre auf zwei Begriffe setzen, mit zwanzig Jahren über seinen Glauben oder seinen Atheismus entscheiden und sich sein ganzes Leben daran halten können. Statt dessen hat er sein Verhältnis zur Religion *erproben* wollen, und die lebendige Dialektik, die ihn zu seinem schließlichen Atheismus geführt hat, ist ein Weg, der nach ihm wieder gangbar, aber nicht durch Begriffe und Kategorien festlegbar ist. Seine endlosen Diskussionen mit den Katholiken, seine Ergüsse, seine Ironieanfälle, seine Koketterien, seine abrupten Brüche, sein Voranschreiten, sein Auf-der-Stelle-Treten, seine Rückfälle, die Zwielichtigkeit des Wortes Gott in seinem Werk, seine Weigerung, es aufzugeben, wo er doch nur noch an den Menschen glaubt, kurz, all diese strengen Erfahrungen haben mehr zu unserer Erleuchtung getan als hundert Beweisführungen. *Für uns* hat er ein Leben geführt, das wir bei seiner Lektüre nur nachzuleben brauchen; er ermöglicht uns, den Fallen auszuweichen, in die er gegangen ist, oder so aus ihnen herauszukommen, wie er aus ihnen herausgekommen ist; die Gegner, die er in unseren Augen in Verruf gebracht hat, und sei es nur durch die Veröffentlichung ihrer Korrespondenz, können uns nicht mehr reizen. Jede Wahrheit, sagt Hegel, ist geworden. Man vergißt es allzuoft, man sieht das Ergebnis, nicht den Weg, man nimmt die Idee als ein endliches Produkt, ohne zu merken, daß sie nichts andres als ihre langsame Reifung ist, als eine Reihung notwendiger Irrtümer, die sich korrigieren, partieller Ansichten, die sich ergänzen und erweitern. Gide ist ein unersetzbares Vorbild, weil er im Gegenteil gewählt hat, *seine Wahrheit zu werden*. Wäre sein Atheismus mit zwanzig Jahren abstrakt beschlossen worden, wäre er unecht gewesen; langsam erworben als Krönung der Suche eines halben Jahrhunderts wird dieser Atheismus seine konkrete Wahrheit und die unsere. Von daher können die Menschen heute neue Wahrheiten werden.

März 1951

Von Ratten und Menschen

Vorwort zu André Gorz, *Der Verräter*[1]

«Sie haben sein Schielen mit einer Brille geheilt, sein Lispeln mit einer Metallspange, sein Stottern durch mechanische Übungen, und er hat vollendet gesprochen; aber so leise und so schnell, daß seine Mutter sagte: ‹Was sagst du?›, ‹Sprich lauter!›, ‹Was murmelst du da schon wieder?›, und sie haben ihn Murmler genannt ...»

Diese klanglose, gleichmäßige, höfliche Stimme ist es, die man hören wird, und man wird sie von jetzt an unter Tausenden wiedererkennen. Wem gehört sie? Niemandem. Als wenn die Sprache angefangen hätte, von allein zu sprechen. Dann und wann geschieht es, daß das Wort «ich» ausgesprochen wird, und man glaubt flüchtig den Sprecher dieser Sprache zu erkennen, das Subjekt, das die Ausdrücke wählt. Pure Fata Morgana; das Subjekt des Verbs ist selbst nur ein abstraktes Wort; der Satz ist seinen üblichen Weg gegangen, er hat aus Bequemlichkeit zur persönlichen Wendung gegriffen. Doch *da ist jemand,* «ein magerer Bursche mit eingefallenen Wangen und tiefliegenden Augen, fliehendem Kinn und fliehender Stirn, einem langen, vorgestreckten Schildkrötenhals, der aus einem etwas gekrümmten Rücken aufsteigt: der Gang eines Vogels mit sparsamen Gesten, als ob er sein Sein in sich zurückhalten wolle». Aber er schweigt: er ist ein Objekt, jeder Satz gestaltet ihn um und bezeichnet ihn. Ohne diesen Stummen wäre die Stimme völlig verlassen: er wohnt in ihr, er streckt seinen verbalen Körper durch die Wörter aus; sie sagt uns, daß *er* Angst hat, daß *er* ein philosophisches Werk beendet hat, daß *er* dabei ist, es bei einem gewissen Morel zu hinterlegen.

«Was soll uns», wird man sagen, «dieses anonyme Geflüster? Wir wollen konstruierte Bücher mit richtigen Autoren: in der Literatur wie beim fliegenden Trapez ist es unser einziges Vergnügen, die Arbeit des Künstlers würdigen zu können; dem Zittern, das eine herrenlose Sprache durchläuft, messen wir nicht mehr Bedeutung bei als

1 André Gorz, *Le traître*, Éditions du Seuil, Paris 1958. Deutsch: *Der Verräter*, Suhrkamp Verlag, Frankfurt 1980. *Anm. d. Übers.*

dem Rascheln des Schilfs im Winde.» Schön, legen Sie das Buch fort: auf seiner letzten Seite macht in der Tat ein gewisser aus dem Schlamm aufgetauchter Gorz nachträglich seine Rechte auf den Text geltend, der ihn hervorgebracht hat: «Ich habe kein Kunstwerk machen wollen», sagt er. Man wird es gern glauben: kaum hat man die herrenlose Stimme vernommen, hat man darin zugleich die unbestimmte Weichheit der natürlichen Dinge und ein irgendwie sprödes, seiner selbst unbewußtes Suchen erkannt, das stets nahe daran ist, in den Worten zu versanden. Nun ist die Kunst ein stehendes Bild der Bewegung; wenn Sie mit der Lektüre eines Romans und gar einer Konfession beginnen, ist alles längst vorbei; das Vorher und das Nachher sind nur noch operative Zeichen, Geburt und Agonie einer Liebe existieren gleichzeitig, das eine erstreckt sich über das andere in der ewigen Unterschiedslosigkeit des Augenblicks; lesen heißt eine Zeittransfusion vornehmen; der Held lebt von unserem Leben, seine Unkenntnis der Zukunft, der Gefahren, die ihn umgeben, ist unsere Unkenntnis: aus der Geduld, die wir als Leser aufbringen, schafft er sich eine parasitäre Dauer, deren Faden wir je nach Laune zerreißen und wieder zusammenknüpfen. Was den Stil betrifft, diese große Signatur eines Erhabenen, so ist es der Tod. Seine illusorische Zügigkeit reißt uns mit in die Vergangenheit des Autors. Dieser kann vor unseren Augen klagen und sich abquälen, soviel er will: er fühlt nichts, er erzählt sich. Wenn er zur Feder greift, ist es lange her, daß das Spiel aus ist, daß sein Freund ihn verraten, daß seine Geliebte ihn verlassen, daß er den Beschluß gefaßt hat, die beiden zu hassen oder das Menschengeschlecht zu hassen: er schreibt, um seinen Haß mitzuteilen, der Stil ist ein Hammer, der unseren Widerstand bricht, ein Degen, der unsere Einwände zerfetzt; alles ist Ellipse, Synkope, Hiatus, falsche Komplizenschaft: die Rhetorik wird Terror; Wut und Anmaßung, wiedergekäute Erniedrigung und Erhabenheit bestimmen Tenor und Bau der Sätze. Der große Schriftsteller, dieser rasende Irre, stürmt gegen die Sprache an, unterwirft sie, legt sie in Ketten, mißhandelt sie, *in Ermangelung eines Besseren;* allein in seinem Arbeitszimmer, ist er ein Autokrat: wenn er sein Papier mit einem Geistesblitz versengt, der zwanzig Generationen blenden wird, so deshalb, weil er in diesem verbalen Ukas das Symbol der Achtung und der bescheidenen Macht sucht, die ihm seine Zeitgenossen hartnäkkig verweigern. Die Rache eines Toten; es ist lange her, daß die Mißachtung ihn umgebracht hat; hinter diesem Gewitter verbirgt sich ein totes Kind, dem nichts über es selbst geht: das Kind Racine, das Kind Pascal, das Kind Saint-Simon, das sind unsere Klassiker. Wir lieben es, zwischen den Gräbern der Literatur spazierenzugehen, auf diesem stillen Friedhof, die Grabschriften zu entziffern und für einen Augenblick ewige Bedeutungen wiederauferstehen zu lassen: beruhigend wirkt, daß diese Sätze gelebt *haben;* ihr Sinn ist für immer festgelegt, sie werden das kurze Fortleben, das wir ihnen zuzugestehen geruhen, nicht dazu benutzen, sich unvermutet in Marsch zu setzen und uns in eine unbekannte Zukunft zu entführen. Was die Romanciers betrifft, die noch nicht so glücklich sind, im Sarg zu liegen, so stellen sie sich tot: sie holen die Wörter aus ihrem Fischteich, töten sie, schlitzen sie auf, weiden sie aus, bereiten sie zu und werden sie uns blau, auf Müllerinnenart oder gegrillt servieren.

Man wird den *Verräter* diesseits und jenseits des literarischen Unternehmens ansiedeln: er ist nicht tot, dieser Gorz; er treibt am Anfang die Unverschämtheit sogar so weit, nicht einmal geboren zu sein. Daher keinerlei Rhetorik: Wer sollte uns überzeugen? Und wovon? Es geht auch nicht darum, unsere Dauer zugunsten eines fiktiven Helden einzufangen oder durch Wörter unsere Träume zu lenken. Da ist diese Stimme, das ist alles: diese Stimme, die sucht und nicht weiß, was sie sucht, die will und nicht weiß, was sie will, die ins Leere spricht, ins Dunkle, vielleicht, um *durch Worte* den Worten einen Sinn zu geben, die ihr gerade herausgefahren sind, oder vielleicht, um sich ihre Angst zu verbergen.

Sie hat Angst: wir können nicht mehr daran zweifeln. Sie sagte: «*Er* hat Angst, *er* fürchtet sich, weil *er* sein Buch beendet hat»; sie für ihr Teil erhob den Anspruch, unerschütterlich zu sein: sie war nur ein tönendes Medium, in dem sich objektive Bedeutungen versammelten, sie zählte die Leidenschaften eines mageren Burschen mit tiefliegenden Augen auf und empfand sie nicht. Wir fallen nicht darauf herein: die Leidenschaften, zunächst eingeschlossen in diesen fremden Körper, in das *Individuum, von dem gesprochen wird,* sind aus ihrer Hülle herausgesickert, man kann sie schon nicht mehr lokalisieren: die Furcht durchdringt die ganze Stimme, sie ist es, die diesem Murmeln seine inerte Dringlichkeit verleiht; diese tastenden, skrupelhaften, bescheidenen Wörter haben Fieber: es ist die Stimme der

Sorge, die wir vernehmen. Diesmal haben wir begriffen: der, *von dem gesprochen wird,* ist der, *der spricht*: aber es gelingt den beiden nicht, eins zu sein. Es existiert mindestens ein Mensch auf der Welt, der trinkt, ißt, schläft, arbeitet, kurz, der uns ähnlich sieht wie ein Bruder und den ein mysteriöser Fluch dazu verdammt, in seinen eigenen Augen *ein anderer* zu sein.

Hat man sein Innenleben so weit zerstampft, zermalmt, daß nichts übriggeblieben ist als ein Gewimmel von Wörtern in einem verwesten Leichnam? Oder ist sein Bewußtsein intakt, aber so tief vergraben, daß es ihn aus sehr weiter Ferne als ein fremdes betrachtet und ihn nicht wiedererkennt? Noch weiß es niemand, da dieses gespaltene Wesen niemand ist. Es gibt die Gliederpuppe mit den tiefliegenden Augen, jenes reine Objekt, das sich nicht kennt; es gibt dieses leise Wortgewirr, das sich in der leeren Nacht verflüchtigt und sich nicht hört. Zu wem spricht sie eigentlich, diese Stimme? Zu uns? Sicherlich nicht. Um sich an Menschen wenden zu können, muß man schon ein ganzer Mensch sein. Sie kümmert sich nicht darum, gehört zu werden: sie ist die Spaltung selbst, die sich verschlimmert, indem sie sich zu überwinden sucht, sie ist eine Laufmasche der Sprache. Die Wörter arbeiten ohne Anhaltspunkte, hervorgerufen durch eine Unruhe ohne Namen: wenn sie hartnäkkig versuchen, dieses menschliche Gerippe zu bezeichnen, so deshalb, weil sie dunkel versuchen, sich seiner zu bemächtigen, es in sich aufzulösen; die Stimme erwächst aus einer Gefahr: man kann sich nur entweder verlieren oder das Recht erwerben, in der ersten Person zu sprechen.

Daher verwirrt es, dieses Selbstgespräch: es ist nicht für unsere Ohren bestimmt. Man wird über meine Naivität lächeln, man wird sagen: schließlich hat Gorz sein Buch doch veröffentlicht. Ja, *als es* einen Gorz *gab,* der darüber entscheiden konnte: aber er hat diesem Beginn, der nirgendwohin zu führen schien und für niemanden bestimmt war, nichts hinzugefügt und nichts davon weggelassen. Wenn ich als Kind zuviel schwätzte, bekam ich zu hören: «Sei still, du Rinnsal von lauem Wasser.» Ein Rinnsal von lauem Wasser wird einen durchrieseln: ein Rinnsal aus langen Sätzen, die sich bewegen wie Züge von Raupen, unterbrochen von Parenthesen, aufgebläht von den nachträglichen Präzisierungen, die sie hervorgerufen haben, durchgestrichen aus Skrupelhaftigkeit und Reue, plötzlich umgestoßen durch Kehrtwendungen. Wo bleibt die Ordnung? Wo bleibt die Zeremonie? Wo die schlichte Höflichkeit? Vergeblich würde man versuchen, sich an einmal gemachte Aussagen zu klammern: sie verwandeln sich unablässig unter dem Einfluß der Aussagen, die ihnen folgen: auf Seite 80 wird man erfahren, daß *man* das, was man auf Seite 30 gelesen hat, nicht wirklich gedacht, daß *man* nur geglaubt habe, es zu denken, auf Seite 150, daß *man* das nicht einmal geglaubt habe, auf Seite 170, daß *man* es überhaupt nicht geschrieben, daß *man* einen bestimmten Satz niedergeschrieben habe, während *man* träumte, *man* schreibe einen anderen, auf Seite 200, daß die geträumte Bedeutung und die niedergeschriebene Bedeutung völlig austauschbar und im übrigen alle beide falsch seien. Wir sollten aber nicht glauben, wir seien Zeugen einer zunächst verlogenen Beichte, die nach und nach ihre Aufrichtigkeit erfindet. Es gibt weder einen Beichtiger noch einen Beichtenden, noch einen Beichtstuhl, noch etwas zu beichten; als die Stimme sich erhob, das weiß ich, das bezeuge ich, hatte sie nichts zu sagen, und ihre Wahrheit existierte nicht. Sie sprach Wörter auf gut Glück, weil schließlich einmal angefangen werden mußte: diese Wörter sind transparent, sie verweisen nur auf sich selbst. Und man sehe in diesem wehrlosen Gestammel vor allem nicht irgendeinen Kunstgriff zur Exposition: nichts Aufrichtigeres, nichts weniger Gekünsteltes als dieses Unternehmen. Es beginnt in der Angst, in der Not, *da*, unter unseren Augen, mit eben diesen Wörtern; es geht in die Irre und wir mit ihm: *es ist wahr,* daß es sich verliert und sich wiederfinden wird; *es ist wahr,* daß es sich entgeht und daß es reicher wird.

Gewöhnt an die Exerzitien des Geistes, glauben wir, von den ersten Wörtern an die Bewegung dieses Denkens zu erfassen, die Absicht, die den Aufbau eines Absatzes lenkt: dieses rasche Vorwegnehmen, diese stillschweigenden Mutmaßungen, diese Prophezeiungen erlauben uns gewöhnlich, den Lauf der Welt und die Handlungen der Menschen zu verstehen. Also springen wir mit einem Satz über die kommenden Entwicklungen hinweg, machen es uns am Schlußpunkt bequem und erwarten die Ankunft der Sprache. Aber in diesem Fall taugt das Verfahren nichts: wir hatten eine Absicht entdeckt, und tatsächlich hatten wir uns nicht getäuscht, nur ändert sie sich unterwegs: da ist niemand, der sie aufrechterhalten könnte: «der Meister ist am Styx» oder, vielmehr, im Limbus, es gibt diese Nippsachen tönender Nichtigkeit[2], die sich durch ihre Verkörperung verwandeln und von denen jede einzelne allein durch ihre Anwesenheit alle anderen modifiziert. Wir warten an der Ziellinie und sehen den Wortstrom auf uns zufließen, und dann plötzlich kräuselt er sich, zieht sich zusammen, wendet sich ab, gleitet einen anderen Abhang hinab und läßt uns im Stich. Die unendliche Wiederkehr unserer Enttäuschungen läßt uns eine schwatzhafte Unordnung sehen in dem, was uns später als eine sich aufbauende Ordnung erscheinen wird.

Denn *es ist* eine Ordnung, dieses langsame, unvorhersehbare Vorrücken: es ist eine Wahrheit im Werden, die sich in winzigen Schritten konstituiert, es ist eine ganze menschliche Existenz, die vom Abstrakten zum Konkreten übergeht, vom Elend zum Reichtum, vom Allgemeinen zum Einzelnen, von der anonymen Objektivität zur Subjektivität. Es gibt Entschuldigungen für unser Erstaunen: Bücher sind Tote; hier jedoch liegt eines vor, das, kaum hat man es in Händen, ein lebendiges Tier wird. Gewiß, man hat es aufschlagen, die Seiten umblättern und die Zeichen wieder aufwecken müssen: aber schon der Vorgang des Lesens bringt ein unvorhersehbares Ereignis in Gang, von dem weder die einzelnen Etappen noch der Ausgang im voraus gegeben sind; man glaubt ihm seine eigene Dauer zu leihen, und in Wirklichkeit zwingt es einem die seine auf; man wird die Gesetze dieser kühnen Rede entdecken, sobald sie sie hervorbringt, aber man wird gleichzeitig erkennen, daß sie sich unablässig ändern und daß das gesamte System sie in genau dem Maße umformt, in dem es sich nach ihnen richtet.

Sie wird in unseren Ohren leben, diese rauhe, klanglose Stimme, diese Stimme im Stimmbruch: ihre Langsamkeit ist eine wirkliche Geschwindigkeit, da sie uns in eine *wirkliche Zukunft* führt, die *einzige*, die keine Maskerade von Erinnerungen ist, zu einem Ort, der niemandem bekannt ist, der nicht existiert und der dennoch *sein wird*. Sie legt ihre Erscheinungsformen ab: weder lau noch sanft, noch fließend, enthüllt sie uns die unabweichbare Ordnung der *Anreicherung*; jeder Satz faßt in sich alle vorhergehenden zusammen, jeder ist das lebendige Medium, in dem alle anderen atmen, dauern und sich

2 Anspielungen auf Mallarmés Sonett *Ses purs ongles très haut ... Anm. d. Übers.*

verändern, oder, vielmehr, es gibt nur einen einzigen Satz, der sich über jeden Boden dahinwälzt, aus jederlei Erde Nahrung zieht, immer schwerer, immer runder, immer kompakter wird, der anschwillt, bis er zerbirst, bis er ein Mensch wird. Jeden Augenblick ist er in einer *wirklichen* Gefahr: es ist möglich, daß er zerplatzt, daß er jämmerlich steckenbleibt und in sich selbst zurücksinkt, eine riesige inerte Kugel, erstarrt in der Wüste der Gegenwart; wir spüren sie in uns, diese Gefahr, wir lesen voller Unruhe; gewiß, das Buch scheint abgeschlossen; nach dieser Seite kommen andere Seiten: aber was beweist das? Alles kann im Nichts enden oder, schlimmer noch, versikkern. Was uns jedoch beruhigt, ist die Tatsache, daß wir hinter den Stockungen des Lebens und der Sprache eine kalte Leidenschaft wahrnehmen, schneidend und eisig, einen stählernen Draht, der sich zwischen den Rissen der Vergangenheit und der Ungewißheit der Zukunft spannt. Eine unmenschliche Leidenschaft, die von sich selbst nichts weiß, ein Unbehagen auf der Suche, ein manisches Schweigen im Herzen der Sprache: sie bricht in die Zeit des Lesers ein mit diesem ganzen Gefolge von Worten im Schlepptau; wir werden ihr Vertrauen schenken.

Da das Kunstwerk den Namen des Künstlers, des großen Toten, der über alles entschieden hat, in alle Winde hinausschreit, ist *Der Verräter* kein Kunstwerk: es ist ein Ereignis, eine plötzliche Überstürzung, eine Unordnung von Wörtern, die sich ordnen; wir halten dieses merkwürdige Objekt in der Hand: ein *Werk*, das dabei ist, *seinen* Autor zu schaffen. Von diesem wissen wir nichts, außer daß eins ausgeschlossen ist: er wird, er kann keines der geheiligten Ungeheuer sein, die man als Schriftsteller bezeichnet; wenn er sich am Ende seiner Bemühungen findet, dann wird er irgend jemand sein, ein Mensch wie alle anderen: denn die Stimme sucht einen Menschen und kein Ungeheuer. Man erwarte also nicht die *Gebärde*, die der Stil ist: alles ist in Bewegung. Aber wenn man bei unseren großen Autoren einen bestimmten Geschmack der Wörter schätzt, eine eigentümliche Satzmelodie, eine Physiognomie der Gefühle und des Denkens, dann lese man den *Verräter*: zunächst wird man alles verlieren, aber man wird alles wiedergewinnen; ihre Hilflosigkeit, ihre leidenschaftliche Suche, ihre Brüchigkeit verleihen dieser Stimme einen unnachahmlichen Klang; in diesem Schreiben ohne Subjekt wird die völlige Unmöglichkeit des Stils auf die Dauer zu einer Überschreitung aller bekannten Stile, oder, wenn man lieber will, der Stil des Todes macht einem Lebensstil Platz.[3]

Das Unternehmen wird Mißfallen erregen. Wir lieben den, der uns liebt; wenn man gelesen werden will, muß man sich anbieten, die Worte heimlich zupfen, damit sie vibrieren, sich heiser schreien vor Zärtlichkeit: aber wie könnte *er* uns lieben, das Objekt, der Dritte, der Verräter? Wie könnte die Stimme uns lieben? Wir haben einen entzweigeschnittenen Menschen vor uns, der versucht, die Stücke wieder zusammenzuschweißen: diese Tätigkeit läßt keinerlei freie Zeit; sollen die Weibergeschichten doch bis morgen warten. Worauf man sicher antworten wird, daß auch für einen selbst die Zeit knapp bemessen ist und daß die Probleme des Schweißens einen nicht interessieren. Aber was weiß man schon davon? Ich lese manchmal Science-fiction-Romane; stets mit Vergnügen: sie zeigen genau das Ausmaß unserer Angst vor uns selbst. Einer hat mich besonders fasziniert: Menschen landen auf der Venus; kaum haben sie ihre Rakete verlassen, machen die künftigen Kolonialherren fröhlich Jagd auf die Eingeborenen dieses Sterns, ihr künftiges Kolonialvolk, von dem zunächst nichts zu sehen ist. Man kann sich den Stolz des Königs der Natur vorstellen, den Rausch des Triumphs und einer neuen Freiheit. Alles stürzt bald zusammen angesichts einer unerträglichen Gewißheit: die Eroberer befinden sich in einem Käfig, ihre Bewegungen sind vorausgeplant; die Wege, die sie herausfinden, sind ihnen von irgend jemandem vorgezeichnet. Unsichtbar, über den gläsernen Käfig gebeugt, unterwerfen die Venusbewohner diese höheren Säugetiere Intelligenztests. Genauso ist unser aller Lage, nur daß wir unsere eigenen Venusbewohner und unsere eigenen Versuchskaninchen sind. Man schlage den *Verräter* auf, und man ist der Kolonialherr, man betrachtet kopfschüttelnd ein merkwürdiges Lebewesen – vielleicht einen Eingeborenen –, das völlig kopflos auf der Venus herumläuft. Aber in weniger als zwei Minuten wird man merken, daß der Eingeborene eine Ratte ist und daß diese Ratte niemand anderes ist als man selbst. Das Buch war eine Falle, und wir sind hineingegangen; jetzt fliehen

3 Ich will nicht die *Überlegenheit* von Gorz beweisen, sondern seine Originalität. Ich liebe wie jedermann den Tod ebensosehr wie das Leben, da beide zu unserem Los gehören.

wir durch die Gänge des übergroßen Labyrinths, unter dem Blick der Experimentatoren, das heißt unter *unserem* Blick. Das Experiment ist im Gange: es geht darum, herauszubekommen, ob es in dieser verfälschten Welt eine einzige Tat gibt, von der wir in aller Ruhe sagen könnten: *ich* habe sie getan. *Erkennen* wir unsere Unternehmungen? Werden sie nicht bei ihrer Realisierung *andere*? Führen nicht *andere* sie an unserer Stelle weiter? Andere, die wir mehr lieben als uns selbst und die sich von unserem Blut ernähren? Kaum hat der Fremde in meinem geheimsten Ratschluß für mich über mein Verhalten entschieden, höre ich das Geschrei der Menge, die mich bewohnt: eine heftige Erregung bemächtigt sich all dieser Leute, die ich nicht kenne, sie verurteilen meine Initiative und erklären, sie verpflichte nur mich. Ich bin ein anderer, sagt die Stimme des Verräters; ich finde sie recht bescheiden: an ihrer Stelle würde ich sagen, ich sei *andere*, und von mir in der dritten Person Plural sprechen. Jede meiner Handlungen wird dadurch, daß sie sich der Passivität des Seins einschreibt, ein Drehkreuz, dessen gebieterische Trägheit in mir *seinen Menschen* definiert, mit anderen Worten, *seinen Sklaven*, den anderen, der ich sein muß, um es in Bewegung zu setzen und in Bewegung zu halten. Meine unauffälligsten Gebärden, die lautersten Verpflichtungen, die ich eingehe, bilden leblose Figuren; ich muß in diese Karusselle hineinschlüpfen und darin im Kreis herumlaufen wie ein Zirkuspferd, damit sie sich drehen. *Er*, der Autor, der dieses Vorwort schreibt, ist ein Anderer, genau in diesem Moment, ein Anderer, den ich nicht liebe. Das Buch gefiel mir, und ich habe gesagt: ja, ich werde ein Vorwort dazu schreiben, weil man stets für das Recht bezahlen muß, zu lieben, was man liebt; aber sowie ich zur Feder griff, setzte sich gleich oberhalb des Papiers ein unsichtbares kleines Karussell in Bewegung: es war das *Vorwort als literarische Gattung*, das seinen Spezialisten forderte, einen schönen sanften alten Herrn, ein Mitglied der Académie. Ich *war nicht* Mitglied der Académie? Völlig nebensächlich: *er* würde es für den Augenblick werden. Wie kann man sich unterstehen, das Buch eines anderen vorzustellen, wenn man nicht mit einem Bein im Grabe steht? *Er* hat sich in die Person hineinversetzt und ist der transparente-und-entzückte-ältere-Kollege geworden: *er* hat das Vorangehende geschrieben mit den Fingerspitzen einer schmalen weißen Hand, die meine breite Hand führte, er läßt seine Saugfäden in mich hinab, er saugt meine Wörter und meine

Gedanken ein und schöpft daraus seine etwas altmodische Eleganz. Wenn ich versuche, mich seinem Einfluß zu entziehen, natürlich zu schreiben, ist es schlimmer: ich habe keine Natürlichkeit mehr, *er* filtriert sie und verwandelt sie in Bonhomie. Er wird die Feder bis zum Ende dieser Übung in der Hand behalten und dann verschwinden. Aber woran immer ich mich in der Folge machen werde, Pamphlet, Libell, Autobiographie, andere Vampire erwarten mich, zukünftige Mittler zwischen meinem Bewußtsein und der Seite, an der ich gerade schreibe.

Immerhin kann ich hoffen, daß der Eindringling wieder geht. Aber es kommt vor, daß er bleibt, daß ich Opfer und Komplize seiner Etablierung bin. Eines Tages mußte *Mirandole* unter dem Pseudonym *Jouvence* eines jener zornigen und gesunden Bücher veröffentlichen, die dem Leser Mut zusprechen und die man aus diesem Grund als mutig bezeichnet. Das Werk wurde ein Erfolg. Schwermütige und abgespannte Menschen erblickten zwischen den Zeilen ein strenges und ehrwürdiges Gesicht, das ihnen neue Hoffnung gab. Kurz, das Werk Mirandoles schuf, erkaltend, Jouvence, seinen wirklichen Autor. Heute gilt Jouvence als gemeinnützig, seine Tugenden werden in den Grundschulen gelehrt, er gehört zu unseren nationalen Gütern und repräsentiert oft Frankreich im Ausland; er lebt von Mirandole, und Mirandole stirbt an ihm. Kürzlich hatte man ihnen bei irgendeiner Premiere nur einen armseligen Klappsitz reserviert; Mirandole ist bescheiden, fast schüchtern: trotzdem überwand er sich und rief zaghaft einen Skandal hervor: «Meinetwegen hätte ich nichts gesagt», erklärte er am Ausgang, «aber ich *konnte nicht* dulden, daß sie Jouvence *das* antaten.»

Wo liegt sein Fehler? Wo liegt unser Fehler? Schließlich haben wir sie nicht eingeladen, diese ungebetenen Gäste: es sind die *Anderen,* die sie uns aufzwingen. Die Anderen oder die Werkzeuge der Anderen, diese starren Finger, die unablässig auf uns zeigen: die Bereitschaftstasche und der Kranke machen aus einem zerfahrenen dicken Mann den *Doktor,* diesen engelgleichen Diktator, aufgeklärten Despoten, der gegen uns unser Heil betreibt und dessen Anordnungen, dessen Ermahnungen, dessen anbetungswürdige Strenge wir gierig erwarten. Bisweilen kommt einen Lust an, den Vampiren das Maul zu stopfen und sich natürlich zu geben: niemand hört zu, mit *Jenen* rechnet man. Angesichts der Enttäuschung oder allgemeinen Gleichgültigkeit sagen wir uns mit zusammengekniffenen Lippen: «Wenn alle einverstanden sind ...», und dann lassen wir die Ungeheuer los: das nimmt stets ein böses Ende. In den ersten Tagen nach dem Kriege lernte ich einen ausländischen Maler kennen; er kam aus London: wir unterhielten uns in einem Café. Ebenfalls ein Verräter, dieser Maler, oder jemand, der glaubte, einer zu sein. Er liebte sich so wenig, daß die Menschen ihn haßten: es war sein Name, den sie liebten. Ich fand ihn sehr anziehend: autoritär und schwach, argwöhnisch und naiv, beherrscht von Stolz und Scham, boshaft und zartfühlend, fasziniert und geplagt von seinem Ruhm, war er noch ganz verdutzt, ein ansehnliches Œuvre geschaffen zu haben, das er gleichwohl geringschätzte: dieser Don Quijote konnte seine Selbstachtung nur erringen, wenn er auf einem anderen Gebiet eine Schlacht gewann, von der er im voraus wußte, daß er sich nicht einmal auf sie einlassen durfte. Tatsächlich endete das Ganze zwei Jahre später in schallendem Gelächter. Haltlos, unglücklich, romantisch veranlagt, war er vom Augenblick, vom Licht, von ein wenig Musik, von den Frauen und vor allem von den Männern abhängig, von allen Menschen: *alle zusammen* hätten wir ihn retten können; mangels solcher Einmütigkeit schwankte er zwischen Hochmut und wehrloser Nettigkeit: bald ließ er sich, um den alten, unsachgemäß behandelten Tripper, seinen Verrat, zu vergessen, völlig durch das ruhmvolle Wesen verzehren, das er für andere darstellte, und dann blieb von ihm nur noch ein schillerndes Insekt übrig; bald verwandelten ihn die Angst, die Weichherzigkeit und die Gutgläubigkeit in ihn selbst, in einen beliebigen Menschen, der malte. An jenem Tage verschlang ihn ein kleiner Alter an einem anderen Tisch mit den Augen; ich kannte ihn, es war ein Landsmann von ihm, ein Emigrant wie er, der aber kein Glück gehabt hatte. Schließlich konnte der Alte nicht länger an sich halten, erhob sich, kam an unseren Tisch und stellte sich meinem Begleiter vor, der, überrascht, sein Lächeln unbefangen erwiderte: Ruhm und Genie löschten sich gemeinsam aus; übrig blieben zwei Verbannte, die sich wiedererkannten, ohne sich zu kennen, die beide nicht glücklich waren und die freundschaftlich miteinander sprachen.

Es war der unglücklichere der beiden, der den Glorienschein um den Schädel seines Gesprächspartners wiederaufleuchten ließ: es war ein Mißverständnis gewesen, nicht zu dem Menschen sprach er, sondern zu dem Maler. Man darf von Künstlern nicht zuviel verlangen:

eine allzu deutlich geäußerte Ehrerbietung, einige servile Wendungen riefen den Großen Mann auf den Plan; er war perfekt: verständnisvoll, bescheiden, auf eine so geniale Art schlicht, daß er seinen Landsmann vertrieb: dieser raffte hastig die Papiere zusammen, die auf seinem Tisch herumlagen, und verließ das Café verbittert und enttäuscht, ohne zu begreifen, daß er sich sein Unglück selbst zuzuschreiben hatte. Wir blieben allein zurück, und nach einem verlegenen Schweigen murmelte die große Persönlichkeit etwas, was ich nicht vergessen werde: «Wieder ein Fehlschlag!» Und das bedeutete: *Er* hatte sich gesagt, *er* würde seinen Namen, seinen Ruhm, seine voluminöse Präsenz vergessen, *er* würde einfach als Verbannter mit einem anderen Verbannten sprechen. Aber da man den Unvergleichlichen Künstler sehen wollte, hatte *er* sich gefügt, hatte *er* seinen Körper und seine Stimme diesem Anderen geliehen, der nicht einmal sein persönlicher Parasit ist, der zur gleichen Zeit ein gutes Tausend Personen von Peking über Moskau und Paris bis Valparaiso vampirisiert, und er hatte ihn mit seinem eigenen Mund sprechen hören, mit jener schrecklichen Sanftheit, die ausdrückte: «Aber nein, das will gar nichts heißen, ich bin nichts, ich bin nicht mehr als Sie, ich habe Glück gehabt, das ist alles.» Und er war sich darüber klargeworden, daß er wieder einmal die *Gelegenheit* versäumt hatte und daß sie sich täglich, stündlich von neuem bieten würde und daß er sie täglich, stündlich versäumen würde.

Der Test ist nicht abgeschlossen, wir haben nicht aufgehört, im Labyrinth herumzulaufen, die Stimme hat nicht aufgehört zu sprechen. Die Touristen, die Fernfahrer, die sich monats- oder tageweise bei uns einquartieren, interessiert die Untersuchung nicht: man wird von uns keine Rechenschaft fordern über die möblierten Zimmer, über die hundertspiegligen Venus-Salons, die wir unseren Durchgangsgästen vermieten; alle werden nach Feststellung ihrer Identität entlassen, ausgenommen ein geheimnisvoller und selten sichtbarer Gast, ein Usurpator, der sich als Aufseher aufspielt und in Wirklichkeit nur unser ältester Mieter ist. Die Person, die die Stimme so hartnäckig «er» nennt, das ist eben *der da*. Man höre übrigens genau hin, es ist nicht mehr ganz dieselbe Stimme. Anfangs beschränkte sie sich darauf, die Gesten des Inhabers zu kommentieren; dann hat sie erkennen lassen, daß diese Person unter Beobachtung stand, sie hat die Tests beschrieben, denen man sie unterwarf, und die Resultate angegeben. Jetzt, kräftiger geworden, hartnäckig, manchmal rücksichtslos, *verhört* sie:

die Venusbewohner haben sich in Bullen verwandelt und die Ratten in Verdächtige. Natürlich macht man uns zunächst glauben, daß wir nur *Zeugen* einer gerichtlichen Untersuchung seien. Niemand scheint sich um uns zu kümmern. Ein gewisser Gorz sitzt auf der Anklagebank; eben ist sein Name ausgesprochen worden: unablässig werden ihm Fragen gestellt, seine Alibis zerpflückt, er soll dazu gebracht werden, sich in Widersprüche zu verwickeln: Was machte er an einem bestimmten Tag im Winter 1936 in Wien? Und vorher, in seiner frühen Kindheit? Und nachher, zur Zeit des Anschlusses? Er gibt zu, mit jungen Nazis verkehrt, sie bewundert zu haben. Warum? Er behauptet, später mit ihnen gebrochen zu haben: Stimmt das auch? Hat er aus freien Stücken mit ihnen gebrochen? Kann er sagen: *Ich* habe mit ihnen gebrochen? Ist er nicht durch die Umstände dazu gezwungen worden? Durch *seine objektive Natur?* Und woher kommt sie ihm, diese Natur? Von wem? Von was? Stumm, verlegen wohnen wir dem Verhör bei und tun unser Bestes, uns als indiskret zu empfinden. Wir könnten von Glück reden, wenn wir uns sagen könnten: Ich war nicht in Wien zur Zeit des Kanzlers Dollfuß, ich nicht; diese Geschichte geht mich nichts an. Aber nein: wir sind in der Klemme, und wir wissen es; wenn wir den Wächtern beweisen, daß unsere Anwesenheit in der Folterkammer auf einem schlichten Mißverständnis beruht, haben wir längst ein Geständnis abgelegt. Als Henker und Opfer zugleich sind wie immer wir die Bullen, die den Verräter foltern. Aber sobald er gesteht, sobald er seinen ersten Bewohner angibt, den mißgestalten Zwerg, von dem man nicht weiß, ob er verstorben ist oder ob er sich versteckt hält und ob es nicht sein schelmisches Gesicht war, das sich da an die Fensterscheibe gepreßt und uns Fratzen geschnitten hat, erinnern wir uns plötzlich an den kleinen Krüppel, der lange in uns gewohnt hat, und versuchen, die verdächtigen Umstände seines Verschwindens zu rekonstruieren: 1920 existierte ich, und *er* existierte noch, *wer also* hatte ihn so grausam verstümmelt; ich erinnere mich, daß ich ihn kaum mochte. Danach sehe ich ihn nicht wieder; es hat ein Mord stattgefunden, glaube ich. Aber wer von uns beiden hat den anderen getötet? Die Stimme spricht immer noch: sie hat Worte gefunden, um den Riß zu bezeichnen, der uns zerreißt; die ersten Schuldigen haben ihre Fingerabdrücke auf einem Messer hinterlassen: wir werden nicht lange brauchen, sie zu identifizieren.

Es gibt offensichtlich auf der Erde noch Wilde, die so töricht sind, in ihren Neugeborenen Reinkarnationen ihrer Vorfahren zu sehen. Man schwenkt die Waffen und die Halsketten der Längstverstorbenen über dem Säugling; er braucht bloß eine Bewegung zu machen, und alle schreien laut: der Großonkel ist wiederauferstanden. Dieser Greis bekommt die Brust, scheißt das Stroh unter sich voll, er wird bei seinem Namen gerufen; die Überlebenden seiner Generation ergötzen sich daran, ihren Jagd- und Kriegsgefährten mit seinen Beinchen strampeln und aus vollem Halse schreien zu sehen; sobald er sprechen kann, trichtern sie ihm die Erinnerungen des Verstorbenen ein, eine harte Dressur gibt ihm seinen früheren Charakter zurück, er wird daran erinnert, daß *er* jähzornig, grausam oder großmütig war, er ist allen gegenteiligen Erfahrungen zum Trotz davon überzeugt. Wie barbarisch: man nimmt ein ganz lebendiges Gör, näht es in die Haut eines Toten ein, es erstickt in dieser greisenhaften Kindheit, ohne eine andere Beschäftigung, als die Gesten des Onkels genau zu reproduzieren, ohne eine andere Hoffnung, als nach seinem Tode zukünftige Kindheiten zu vergiften. Ist es bei alldem verwunderlich, daß es von sich selbst nur mit äußerster Zurückhaltung spricht, halblaut, oft in der dritten Person; dieser Unglückliche weiß genau, daß er sein eigener Großonkel ist.

Diese zurückgebliebenen Eingeborenen findet man auf den Fidschiinseln, auf Tahiti, auf Neuguinea, in Wien, in Paris, in Rom, überall, wo es Menschen gibt: man nennt sie Eltern. Lange vor unserer Geburt, ja bevor sie uns gezeugt haben, haben die unseren unsere Persönlichkeit definiert. Man hat von uns «er» gesagt, Jahre bevor wir «ich» sagen konnten. Wir haben zunächst *als absolute Objekte* existiert. Über unsere Familie wies uns die Gesellschaft eine Situation, ein Sein, einen Komplex von Rollen zu; die Widersprüche der Geschichte und die sozialen Kämpfe bestimmen im voraus den Charakter und das Schicksal der künftigen Generationen.

Algerien 1935: die Eltern werden ausgebeutet, unterdrückt, ins Elend gestürzt im Namen eines Rassismus, der in ihnen keine Menschen sieht, man lernt die arabische Sprache wie eine tote Sprache, es gibt so wenig französische Schulen, daß weitaus die meisten Algerier Analphabeten sind; von Frankreich zurückgewiesen, ohne Rechte, ohne Kultur, ohne Vergangenheit, finden sie Zuflucht nur bei der Religion, bei dem negativen Stolz eines erwachenden Nationalismus: sind ihre Söhne, die Fellaghas von 1957, nicht *im voraus geformt*?

Und wer anders hat sie geformt als der Kolonialherr? Wer hat ihnen seit Bugeaud dieses Schicksal aus Zorn, Verzweiflung und Blut verordnet? Wer hat diese Höllenmaschinen gebaut, die eines Tages explodieren und die Kolonisation sprengen müssen? Überall wartet die Rolle auf ihren Menschen: für diesen ist es die Rolle des Juden; für jenen die Rolle des Grundbesitzers. Aber diese Funktionen sind noch zu abstrakt: man spezifiziert sie in der Familie; wir sind alle gezwungen worden, *mindestens einen* Verstorbenen zu reinkarnieren, im allgemeinen ein seinen Verwandten zum Opfer gefallenes, in zartem Alter getötetes Kind, dessen trostloses Gespenst in Gestalt eines Erwachsenen fortlebt: unseren eigenen Vater oder unsere eigene Mutter, diese lebenden Toten. Kaum aus einem Bauch heraus, wird jedes Menschenkind *mit jemand anderem verwechselt*; man stößt, man reißt es mit Gewalt in seine Persönlichkeit hinein wie die Kinder, die die *comprachicos* in porzellanene Vasen hineinpreßten, damit sie nicht wachsen konnten. Wenigstens waren jene nicht die Söhne ihrer Henker, wird man sagen; man kaufte sie manchmal, man raubte sie oft. Zweifellos: aber wer ist kein geraubtes Kind, mehr oder weniger? Der Welt geraubt, seinem Nächsten geraubt, sich selbst geraubt? Der Brauch hat sich fortgepflanzt: aus den geraubten Kindern macht man die Kinderräuber. All das wußten wir, hatten es immer gewußt: eine einsame Stimme sagte es uns unablässig; aber wir zogen es vor, sie mit Schweigen zu übergehen, sie sprach in der Wüste, in *unserer* Wüste: *er* tat dies oder jenes an unserer Stelle, und wir waren *sein* Strohmann, wir erklärten, aus Feigheit, aus Gefälligkeit: *Ich* habe das gemacht; und alle taten, als ob sie uns glaubten: unter der Bedingung, daß wir ihnen denselben Gefallen erwiesen. So schließt die Menschheit, voller Scham darüber, daß sie der Furcht, der Erpressung nachgibt, seit Jahrtausenden die Augen davor, daß eine plötzlich auftauchende und wieder verschwindende Bande von ihr lebt. Glücklicherweise hat jemand gepfiffen: ein Verräter, ein Bursche vom Schlage der amerikanischen Dockarbeiter, die aus Ekel vor ihrer eigenen Feigheit die Gang ihrer Ausbeuter anzeigen und die man kurz darauf im Hudson unter Wasser wiederfindet. Ein Verräter: ein Bursche, der wie wir alle einen Riß hat, der aber das Doppelspiel nicht länger ertragen konnte. Er hat das Schweigen gebrochen, es abgelehnt, die Verantwortung für die Taten des Eindringlings auf sich zu nehmen, der sich für ihn ausgab, «ich» zu sagen. Und auf einmal sind sie nackt, die

Anderen, die Zars, die Loas, die schwarzen Engel, die Kainssöhne, all unsere Parasiten. Nackt, aber nicht tot: wir schwanken zwischen Entrüstung und Entsetzen; man erwartet von Minute zu Minute den Gegenschlag des Syndikats und die Exekution des Verräters. In der Tat haben wir nichts gewonnen: wir erkennen unsere Risse wieder, wir entdecken unsere Bewohner, das ist alles. Aber wir sehen jetzt klar: wir dachten, das leise nagende Geräusch dringe durchs Ohr in uns ein, aber nein: von unserem Herzen ist es ausgegangen; diesmal haben wir das allgemeine Murmeln der Sklavenbewußtseine erkannt, die Menschliche Stimme – und wir werden sie nicht so bald vergessen.

Trotzdem gehört der Verräter natürlich einer ganz besonderen Spezies an; er hat seine eigene Art, irgendwer zu sein. Weder die Extravaganten Doktoren noch die Ruhmredigen Helden haben ihn zum Wohnsitz gewählt. Wenn er von sich selbst in der dritten Person spricht, so nicht aus Maßlosigkeit, sondern aus einem Mangel heraus: er würde die maßvollen Handlungen, die man in seinem Namen macht, für *seine eigenen* halten, wenn er nur die Motive dafür wiederfände: er hat hundert stets vergebliche Haussuchungen vorgenommen; man kann daraus schließen, daß ihm an nichts etwas liegt. *Er* reist, ohne es zu wollen; *er* trifft Menschen, *er* besucht sie, *er* empfängt sie bei sich, ohne ihre Gesellschaft zu schätzen; ein anderes Mal verkriecht *er* sich, schließt *er* sich ein ohne die mindeste Lust, allein zu sein. Ist er blasiert? Aber nicht doch: um sich von den Gütern dieser Erde lösen zu können, muß man daran gehangen haben. Und werfen wir ihm vor allem nicht vor, «er sei von allem zurückgekommen, ohne dort gewesen zu sein». Denn er hat nichts von einem *Zurückkehrenden*: er ist nicht aufgebrochen, das ist sein eigentliches Unglück. Warum? Weil er es nicht stark genug wünschte. Sein Herz weist übrigens keine Spur des erhabenen Unbefriedigtseins auf, das bei uns drei literarischen Generationen als Alibi gedient hat. Das Unendliche, das ewige Anderswo, der Traum, Gott sei Dank, er pfeift darauf. Ich kenne Menschen, die sich das Recht herausnehmen, die Welt zu verachten, indem sie sie an irgendeinem vollkommenen Prototyp messen. Aber der Verräter verachtet nichts und niemanden. Also der «leere Koffer», von dem Drieu sprach? Nein: der Koffertrick war gut für die Zeit zwischen den Kriegen: man öffnete ihn, man bat den Zuschauer, sich selbst davon zu überzeugen, daß er nichts enthielt als einen Schlafanzug und eine Zahnbürste. Wir wissen heute, daß er einen doppelten Boden hatte, daß man sich seiner zum Waffentransport und zum Rauschgifthandel bediente: die Jeunesse dorée verbarg darin geschickt alles, was irgend dazu dienen konnte, die Spezies auszurotten und das Heraufkommen des Unmenschlichen zu beschleunigen. Aber der Verräter wird sich schön hüten, die Welt in die Luft zu sprengen: das Unmenschliche *ist bereits sein Los*, da er die Ziele der Menschen nicht teilt. Mit einem Wort, ich reihe ihn unter die Indifferenten ein: diese Untergruppe ist neueren Ursprungs, ihre Vertreter sind nicht älter als dreißig Jahre; noch weiß niemand, was aus ihnen werden wird. Aber man muß schon heute darauf aufmerksam machen, daß man sich der Möglichkeit beraubt, sie zu verstehen, wenn man sich darauf versteift, ihnen eine aristokratische Nonchalance zuzuschreiben. Was sie auszeichnet, ist ihre Beflissenheit. Gorz ist berufstätig, er bildet seinen Körper und seinen Geist aus, er hat geheiratet. Wenn man ihm mit seiner eleganten ledernen Aktentasche im Gericht oder an der Börse begegnete, würde man ihn für unseresgleichen halten. Bei der Arbeit ist er gewissenhaft, ja peinlich genau, niemand ist freundlicher als er; höchstens, daß er im täglichen Umgang eine Spur von Zurückhaltung an den Tag legt, was seine Kollegen lächelnd mit Schüchternheit erklären; aber man braucht ihn nur um eine Gefälligkeit zu bitten, schon rennt, schon fliegt er, um sie einem so schnell wie möglich zu erweisen. Die Oberflächlichsten werden ihn für unbedeutend halten: gewiß, er spricht wenig; *er hat ein Allerweltsgesicht*; seine Bescheidenheit und seine so perfekt gepflegte Unauffälligkeit gewährleisten seine Beliebtheit. Aber wenn man ihn von nahem sieht, wird dieser Schwindler durch seinen Pflichteifer entlarvt. Die meisten Leute behandeln, weil sie überzeugt sind, seit Generationen, seit Adam Menschen zu sein, ihre menschliche Natur mit einer gewissen Nachlässigkeit: sie haben so alte und so wenig angefochtene Ansprüche darauf, daß sie gelassen ihren persönlichen Neigungen folgen, weil sie sicher sind, daß sie, wenn ihnen der Sinn danach steht, pissen oder höchst menschlich töten werden. Aber der Indifferente kennt keinerlei Neigung: ob er trinkt oder kämpft, er muß sich dazu entschließen, er muß ohne Durst trinken, sich ohne Zorn für eine Beleidigung rächen, die ihn nicht getroffen hat, *um es wie die anderen zu tun*. Seine erste Regung besteht darin, daß er keine hat: das muß unablässig verheimlicht, verleugnet werden; dieses seltsame Produkt unserer Gesellschaften empfindet Entsetzen bei dem Gedanken, auf das Niveau der Engel oder das der dressierten Tiere abzusinken, und bemüht sich, es in allem den Adamiten gleichzutun; er verliert sich: Paulhan hat sich in einem ausgezeichneten Büchlein, in dem er seine Kriegserlebnisse erzählte, als «beflissenen Krieger» bezeichnet. Der Indifferente seinerseits macht sich einfach dadurch verdächtig, daß er ein beflissener Mensch ist.

Zu beflissen, um ehrlich zu sein: wenn er sich als meinesgleichen hinstellen will, dann also deshalb, weil er es nicht ist. Sollte die menschliche Gemeinschaft falsche Menschen umfassen? Die sich nicht von den echten unterschieden? Wie kann man dann wissen, ob die echten existieren? Wer soll ihre Ansprüche beglaubigen? Ich habe manchmal sagen hören, der Mensch sei die Zukunft des Menschen, dann wieder, er sei seine Vergangenheit: seine Gegenwart, niemals. Wir sind alle falsch; abermals hat der Verräter etwas ausgeplaudert: durch die Leidenschaft, die er daran wendet, *sich* menschlich *zu machen*, erinnert er uns daran, daß unsere Spezies nicht existiert. Der Verfasser dieses Buches ist eine Ratte, wie man sich denken konnte. Und was mehr ist, eine besessene Ratte. Besessen von einer anderen Ratte? Von der Ratte an sich? Das gerade nicht: dieser Andere, von dem eine einsame Stimme unablässig zu uns spricht, dieses reine Objekt, diese Fluchtlinie, diese Abwesenheit, ist der Mensch, unser Tyrann. Damit sind wir entlarvt: Ratten, beherrscht vom Menschen. Und sogleich wird das wahnsinnige Unternehmen des Indifferenten erkennbar, es ist unser eigenes: wir laufen alle in den Gängen eines Experimentallabyrinths hinter einem Phantom her, mit Gorz an der Spitze. Wenn er diesen Parasiten fängt und ißt, den er so lange mit seinen Ängsten und seinen Mühsalen genährt hat, wenn er ihn in seine eigene Substanz resorbiert, ist unsere Spezies möglich; irgendwo zwischen Ratten und Engeln ist sie im Entstehen begriffen, wir werden aus dem Labyrinth herauskommen.

Einmal mehr hat sich das Thema dieses Buches verwandelt: es geht nicht darum, sich zu erkennen, sondern sein Leben zu ändern; wir werden noch nicht angesprochen, aber uns wird, mögen wir wollen oder nicht, die fundamentale Frage gestellt: durch welche Tätigkeit kann ein «zufälliges Individuum»[4] in sich selbst und für alle die menschliche Person verwirklichen?

Dieses Werk, ich sagte es schon, ist wie eine Feedback-Maschine aufgebaut: die Gegenwart verändert unablässig die Vergangenheit, aus der sie hervorgegangen ist. Auf den ersten Seiten des Buches schien es uns, als ob die Stimme aufs Geratewohl irgendwo Worte auflese, um der Angst zu entkommen und um *irgend etwas* hinter sich zu haben, irgend etwas, nur nicht das Schweigen. Und das stimmte: *zu jenem Zeitpunkt* stimmte es. Aber die Frage nach dem Menschen ist gestellt worden: der Beginn des Unternehmens erscheint in einem neuen Licht, es ist eine Metamorphose: *vor der Stimme* existierte Gorz bereits, er litt bereits unter seiner Indifferenz, er wehrte sich dagegen mit den erstbesten Mitteln. Plötzlich ändert er die Taktik und kehrt seine Beziehung zu sich selbst um. Dieser Bruch stellt in sich selbst ein absolutes Ereignis dar; aber es wäre falsch, darin ein inneres Abenteuer zu sehen, dessen hauptsächliches Verdienst darin bestünde, ein Buch ins Leben gerufen zu haben: tatsächlich findet es *innerhalb* des Buches statt, über und durch das Buch entwickelt es sich und wird sich seiner selbst bewußt. *Der Verräter* will uns nicht die Geschichte eines Konvertiten *erzählen;* er *ist* die Konversion selbst.

Gorz ist zweiunddreißig Jahre alt: seit zweiunddreißig Jahren ist für ihn, was immer er tut, unmittelbar danach klar, daß er auch das Gegenteil hätte tun können und daß das Ergebnis dasselbe gewesen wäre, nämlich gleich Null – oder schlimmer noch: belanglos. Seit zweiunddreißig Jahren entgeht ihm seine Existenz, er hat keinen anderen Beweis dafür als eine unüberwindliche Langeweile: ich langweile mich, also existiere ich. Aber er hat sich gewehrt; er hat nach einem Ausgleich gesucht und, wie er glaubt, einen gefunden; er hat sich gesagt: «Da ich von nirgendwoher, von keiner Gruppe, von keinem Unternehmen, der Verbannte aller Gruppen und aller Unternehmen bin, gibt es nur die Alternative: am Rande der Gesellschaft und der Geschichte sein, in der Spezies Mensch überzählig, reduziert auf den Lebensüberdruß, auf das scharfe Bewußtsein von der Zufälligkeit aller Dinge um mich herum; oder mich im Bewußtsein zum Absoluten erheben, das heißt alles philosophisch begründen als ein Moment

4 Ein Ausdruck von Marx (*Die deutsche Ideologie*)

des geistigen Abenteuers und danach von diesem spekulativen Interesse aus wieder Geschmack am Konkreten finden ... ich kann das Reale nur von der Idee aus erreichen.» Mit anderen Worten, da er nun einmal so beschaffen ist, daß er kein bestimmtes Verlangen empfindet, wird er sich seine Indifferenz zunutze machen: da er nicht *ein bestimmter* Gorz sein kann – oder will: noch ist nichts entschieden –, wird er aus sich den Allgemeinen Menschen machen; er wird sich in seinem Verhalten von Begriffen bestimmen lassen und sich zur Regel machen: handle stets so, daß die Umstände und der Augenblick deinen Handlungen als Vorwand dienen können, in dir und außerhalb deiner selbst die Allgemeinheit der Spezies Mensch zu verwirklichen. Deshalb hat er mit zwanzig Jahren begonnen, ein philosophisches Werk zu schreiben: wenn man von Geburt an gegen das Wüten der Furcht, der Begierde oder des Zorns immun ist, dann kann man nur entweder gar nichts tun oder alles auf Vernunft gründen, selbst den Handgriff, mit dem man einen Regenschirm aufspannt, wenn es regnet.

Jetzt erklärt sich alles; niemand wird sich mehr darüber wundern, daß er verraten hat: er ist einer von jenen Typen, die den Kopf voller Wörter haben, die alles analysieren, die stets das Warum und das Wie wissen wollen, ein kritischer, ein zersetzender Geist, ein widerlicher Intellektueller, mit einem Wort. Ich denke nicht daran, es zu bestreiten, das ist es sogar, weswegen er mir gefällt: ich bin selbst einer. Eine literarische Zeitschrift fragte den Fürsten des Falschgelds[5], was er am meisten verabscheue; er hat sich keinen Augenblick besonnen: «Die Intellektuellen.» Dieser Falschmünzer ist mir sympathisch: er ist ein wahrer Dichter und ein aufrichtiger Mensch; aber ich frage mich, was für eine Laus ihm an jenem Tag über die Leber gelaufen ist: jeder kennt sein gehetztes Getue, seine Monologe über das Schicksal, über die Zeit, über das Leben, Fragmente aus einer endlosen flehentlichen Apologie, die Wortstauungen in seiner Kehle, seine bezaubernden Hände, die ebenfalls Worte sind und mit den Handflächen nach außen um Gnade für ihn flehen, das abgespannte, zu Tode erschöpfte Denken, das dennoch in ständiger Bewegung ist, das leichtfüßig von einer Idee zur anderen springt, ohne zu bemerken, daß es in seinem Käfig im Kreise herumläuft, die funkelnden Improvisationen, deren

5 Gemeint ist Jean Cocteau. *Anm. d. Übers.*

Vorstufen man in dem wiederfindet, was er tags zuvor geschrieben hat, und die, wenn sie erlöschen, die unheilbare Trauer eines eisigen Blicks erkennen lassen; dieser Mensch sucht sich ein Tribunal zu dem einzigen Zweck, es zu korrumpieren; wenn er einem begegnet, ist man Richter und Geschworener, er erspart einem nicht die geringste Einzelheit seines Verhaltens und läßt einen nicht los, bevor man ihn nicht freigesprochen hat; aber man täusche sich nicht, er weiß alles: er weiß, daß er das Urteil, dem er zuvorkommen will, am Anfang des Jahrhunderts selbst gefällt hat, er weiß, daß er Zuchthäusler ist und daß er seine Strafe seit fünfzig Jahren verbüßt; denn er hat sich dazu verurteilt, bis ins Alter hinein den Prozeß zu führen, den seine Jugend unwiderruflich entschieden hat. Als was würde man diesen Advocatus Diaboli bezeichnen, wenn nicht als *Intellektuellen*? Ich kenne natürlich andere, die diesem Geschwätz gern das tiefe Schweigen der Erde oder der Bauern entgegensetzen. Aber wenn man sie öffnet, was für ein Lärm: in ihrem Kopf braust es nur so von den Wörtern, die das Schweigen der anderen bezeichnen. Gorz ist, glaube ich, der erste, der das Problem konkret formuliert hat; und ich bin ihm dankbar dafür. Es hat wenig zu besagen, ob über die Sprache oder über das Schweigen gesprochen wird, über die verworrenen Intuitionen des Dichters oder über klare Gedanken: was zählt, ist, daß diese Sprecher zum Sprechen gezwungen sind. Der Falschgeldmann hat zur Verteidigung der Finsternisse des Herzens mehr Vernunftgründe ins Feld geführt als Kant zur Begründung der Rechte der Vernunft: er war dazu gezwungen; Erörterungen, Begriffe, Schlußfolgerungen: das ist unser Los. Warum? Weil die Intelligenz weder eine Gabe noch ein Makel ist: sie ist ein Drama; oder, wenn man so will, eine Notlösung, die meistens zu einer Verurteilung auf Lebenszeit wird. Irgendwer sagte zu unserem Verräter: «Du stinkst nach Intelligenz, wie man unter den Armen stinkt.» Und das stimmt: Intelligenz stinkt. Aber nicht mehr als Dummheit: es gibt Gerüche für jeden Geschmack. Diese riecht nach wildem Tier, jene riecht nach Mensch. Zunächst einmal, weil gewisse Individuen, zerrissen, verbannt, verurteilt, ihre Konflikte und ihre Einsamkeit dadurch zu überwinden versuchen, daß sie dem wahnhaften Bild der Einmütigkeit nachjagen: das ist es, was sich in ihren Augen spiegelt, was uns ihr Lächeln schüchtern vorschlägt. Bei jeder passenden und unpassenden Gelegenheit: der Appell ist da, dauerhaft in die Gesichter eingegraben; die Stimme fordert, was immer sie sagt, allgemeine Zustimmung; aber die Leute, belastet mit ihren Besonderheiten, mit sehr handgreiflichen Interessen, mit Leidenschaften, finden das Vorhaben, ihre Differenzen und ihre Feindschaften in der rein formalen Harmonie der Billigung aufzulösen, abscheulich.

Und dann ist die Intelligenz umständlich: sie möchte alles noch einmal von vorn durchgehen, selbst das, was jeder zu können glaubt: sie nimmt das Gehen und das Atmen auseinander und setzt sie wieder zusammen, sie lehrt, wie man sich im Einklang mit den Prinzipien waschen und schneuzen soll. Sie ist es, die den Intellektuellen den Gang von Schwerbeschädigten zur Zeit der Rehabilitation verleiht; aber man muß sie verstehen: jeder von ihnen erfindet ihn neu, um den großen Ausverkauf zu kompensieren, der jeden Impuls und jede Eigenwilligkeit in ihm liquidiert hat; sie brauchen ihn als Ersatz für die Signale, die ihrem Fleisch nicht eingeprägt, die Gewohnheiten, die ihnen nicht gegeben, die Wege, die ihnen nicht gebahnt worden sind, kurz, *zum Leben*. Ich erinnere mich an einen jungen Hund, dem ein Teil des Kleinhirns amputiert worden war: er bewegte sich im Zimmer hin und her und stieß sich selten an den Möbeln, aber er war nachdenklich geworden: dieses Tier legte sorgfältig seine Route fest, meditierte lange, bevor es um ein Hindernis herumging, es brauchte viel Zeit und Überlegung, um die Bewegungen auszuführen, die es vorher gemacht hatte, ohne darauf zu achten; dem damaligen Sprachgebrauch entsprechend hieß es, daß die Gehirnrinde bei ihm die Funktionen der tiefergelegenen Zentren übernommen habe: es war ein intellektueller Hund. Ich weiß nicht, ob er seinen Artgenossen sehr nützlich oder sehr schädlich war, aber wir können uns ziemlich gut vorstellen, daß er verloren hatte, was ein anderer Verbannter, Genet, so zutreffend die «angeborene süße Verschmelzung mit der Welt» genannt hat; kurz: er konnte nur entweder krepieren oder den Hund neu erfinden. Und wir, die Ratten ohne Kleinhirn, sind so beschaffen, daß wir nur entweder krepieren oder den Menschen erfinden können: wir wissen übrigens genau, daß er ohne uns entstehen wird, durch Arbeit und Kampf, daß unsere Modelle von einem Tag auf den anderen veralten, daß im Endprodukt nichts davon enthalten sein wird, nicht einmal ein Knöchelchen, aber die Herstellung fände blindlings statt, wäre Bastelei und Flickwerk, wenn wir nicht da wären, wir, die Kleinhirnlosen, und unablässig wiederholten, daß nach Prinzipien vorgegangen werden muß, daß es nicht darum geht, auszubessern, sondern den Stein zu behauen und aufzubauen, kurz, daß unsere Spezies entweder das konkrete Allgemeine sein oder nicht sein wird.

Gorz' Intelligenz setzt einen schon auf den ersten Blick in Erstaunen: sie ist eine der wendigsten und durchdringendsten, die ich kenne; er muß dieses Werkzeug bitter nötig gehabt haben, da er es so sorgfältig geschärft hat. Aber wenn er sich daranmacht, seine philosophische Abhandlung zu schreiben, entgeht er dennoch nicht dem Widerspruch, der den Intellektuellen eigentümlich ist. Er will im Hinblick auf die menschliche Kondition handeln; aber sobald die Handlung vollzogen ist, zieht sie sich ins Besondere zurück: übrig bleibt die zufällige Verwirklichung einer Möglichkeit unter tausend. Warum gerade *jene*? Das Schlimmste ist, daß sie ihn kompromittiert: er kann nicht einmal atmen, ohne einem Porträt ohne Modell, das nichts anderes als sein eigenes Porträt ist, einen neuen Pinselstrich hinzuzufügen. Er müßte gleichzeitig alle möglichen Gorz werden, wenn diese belanglosen Entsprechungen einander aufheben sollten, wenn er *endlich dadurch nur der Mensch sein wollte*, daß er *der ganze Mensch* würde. Aber nein: «Wir werden als mehrere geboren, und wir sterben als ein einziger», sagt Valérys Sokrates. Gorz kann es nicht verhindern, daß er lebt und im Laufe der Zeit schrumpft: seine allgemeine Intelligenz übersteigt sein persönliches Abenteuer und sieht mit Widerwillen, wie sich die Physiognomie des Gorz abzeichnet, der *ein einziger* sein wird; sie weist ihn zurück, sie will ihn nicht einmal wiedererkennen: sie hätte es mit Freuden hingenommen, wenn er irgend jemand wäre; aber er ist nicht einmal das; eine Folge von Zufällen hat ihm eine bestimmte Individualität gegeben, die sich durch Lappalien von den anderen unterscheidet.

Wir kennen alle diese zerstreute süßliche Angst – wir, das heißt die Intellektuellen. Wir hielten uns für allgemein, weil wir mit Begriffen spielten, und dann sehen wir plötzlich unseren Schatten zu unseren Füßen; wir sind *da*, wir machen *dies* und nichts anderes: in Brooklyn habe ich einmal geglaubt, den Kopf zu verlieren. Durch meine Schuld: ich ging spazieren; man geht in den Vereinigten Staaten nicht spazieren. Ich überquerte also Fahrdämme, ich ging an Häusern entlang, ich sah mir die Passanten an. Und von einer Straße zur anderen glich sich alles, Häuser, Passanten, Fahrdämme, oder mindestens schien es mir so. Ich ging nach rechts, nach links, ich machte kehrt, ich ging geradeaus und fand immer die gleichen Backsteinhäuser, die gleichen weißen Stufen vor den gleichen Türen, die gleichen Kinder, die die gleichen Spiele spielten. Anfangs gefiel mir das, ich hatte die Stadt der absoluten Entsprechungen entdeckt; allgemein und beliebig, hatte ich nicht mehr Grund, auf *diesem* Bürgersteig als auf *dem gleichen* hundert Blocks weiter zu gehen; tausendfach wiederbegonnen, trug mich die Steinwoge, ließ mich an ihrem inerten Wiederbeginnen teilhaben. Was mich allmählich ermüdete, war, daß ich mich ständig fortbewegte *und nirgendwohin ging;* ich ging schneller, ich rannte fast und kam nicht von der Stelle. Plötzlich wurde ich mir einer tausendfachen Zurückweisung bewußt: all diese Serienprodukte, all diese schnurgerade aneinandergereihten Stücke Straße glichen einander überdies darin, daß sie gleich leer von mir waren – außer genau einem, das sich in nichts von den anderen unterschied, in dem ich mit nicht mehr Grund war als in den Nachbarsegmenten und das aus einem unbekannten Motiv oder auch ohne irgendein Motiv meine Gegenwart duldete. Alsbald erschienen mir meine Bewegungen, mein Leben, ja sogar meine Schwere illegitim: ich war keine reale Person, da ich keinerlei besonderes Motiv hatte, mich an *diesem* Punkt des 42. Breitenkreises und nicht vielmehr an irgendeinem anderen aufzuhalten; und doch war ich ein einzigartiges, nicht reduzierbares Wesen, da ich durch meine Position nach Längen- und Breitengrad eindeutig definiert war. Weder alle noch irgend jemand und auch nicht ganz irgend etwas: eine räumliche Bestimmung, ein sündiger und anstekkender Traum, der an bestimmten Stellen auf dem überhitzten Asphalt umging, ein Defekt des Seins, eine Mißgeburt. Ich war nur noch ein obstinater beweglicher Körper, meine Anwesenheit im mechanischen Universum der Wiederholung purer Zufall, idiotisch wie meine Geburt. Allgegenwart hätte mich gerettet; ich hätte Legion sein, auf tausend Bürgersteigen zugleich gehen müssen: das allein hätte mir erlaubt, ein beliebiger Spaziergänger auf einer beliebigen Straße in Brooklyn zu sein. Da ich mich nicht verlassen oder vervielfältigen konnte, stürzte ich mich in die U-Bahn. Ich kam nach Manhattan zurück, ich fand in meinem Hotel die normalen, wenig überzeugenden, aber menschlichen Seinsgründe wieder.

Keine U-Bahn für den jungen Gorz, kein Hotel noch Seinsgrund: selbst in seinem Zimmer ist er draußen; also überall illegitim; und gründlich hinters Licht geführt: er glaubt seiner unbedeutenden Person dadurch entfliehen zu können, daß er den Widerwillen hervorkehrt, den sie ihm einflößt; doch es ist *in erster Linie* dieser Widerwillen, der ihn zu einem Einzelnen macht; die Besonderheit der Intellektuellen ist nichts anderes als ihr eitles Verlangen nach Allgemeinheit.

Aber er hat soeben seine philosophische Abhandlung beendet, er tritt etwas zurück, um sie zu betrachten, und die ganze Täuschung löst sich in nichts auf; das Denken des Allgemeinen hat sich zusammengezogen, verdichtet, es hat eine Physiognomie gewonnen, es ähnelt ihm; er ist der Ursprung eines überzähligen Objekts – dieses Bündels von betippten Blättern –, und gleichzeitig hat er sich darin eingesperrt: seit langem schon glaubten die anderen, ihn ganz in seinen allergewöhnlichsten Gebärden, in der Art, wie er aß, sich hinsetzte, ein Telegramm öffnete, zu finden – ja, das ist Gorz, das entspricht ganz deiner Art, daran erkenne ich meinen Gorz, was du da machst, das ist ganz Gorz, Gorz, wie er leibt und lebt –, und Gott weiß, wie sehr er sich darüber ärgerte, aber was hat er soeben anderes gemacht als eine voluminöse Gebärde, die sich über ihm wieder geschlossen hat? Die anderen werden nur allzu zufrieden sein, sie werden sich über die durchsichtigen Wände seines Gefängnisses beugen und ihn *wiedererkennen*, diese Art zu schreiben, alter Junge, dich zu korrigieren, allmählich tiefer in den Gegenstand einzudringen, die Zehe hineinzustecken, bevor du hineinspringst, aber das bist du, das entspricht ganz deiner Art, das bist genau du, und diese Ideen, alter Junge, armer alter Junge, das ist Gorz, Gorz, wie er leibt und lebt! Ein Teufel in einer Flasche. Für das Öffnen der Konservendosen, der Gedanken anderer, seines Regenschirms hat er nur ein und dieselbe Gebärde; eine einzige, um in das Lehrgebäude eines Philosophen des 17. Jahrhunderts und in die Wohnung eines Genossen, einer jungen Frau einzutreten. Er nimmt sich die Sätze seines Buches einen nach dem anderen vor: Gebärden! Gebärden! Gebärden! Da, vor seinen Augen ist Gorz, er reckt seinen langen Hals, er kneift seine schmalen Lippen zusammen: so wie in ihn selbst schließlich ...[6] Kurz, er hat zu leben versucht, und er hat verloren. Er weiß jetzt, daß er verlieren mußte und daß er im übrigen insgeheim dazu entschlossen war.

6 Anspielung auf *Le tombeau d'Edgar Poe* von Stéphane Mallarmé: *Tel qu'en Lui-même enfin l'éternité le change ...* (So wie in Ihn selbst schließlich die Ewigkeit ihn verwandelt ...) *Anm. d. Übers.*

Genau in diesem Augenblick hat sich die Stimme erhoben. Ein leises, fast unverständliches, aus Angst und Anklage hervorgegangenes Gemurmel, das diese überraschende und vorausgesehene Niederlage wiederkäute; die Stimme macht eine einfache Feststellung: das ist er, das ist ganz er, das ist er, wie er leibt und lebt. Das genügt, um alles ins Wanken zu bringen: dieser Parasit, der sich mit seinen Handlungen mästete, das waren die anderen, die ihn zu kennen behaupteten; der allgemeine Blick des Indifferenten ging durch ihn hindurch wie das Licht durch eine Scheibe. Plötzlich ist er da, undurchlässig, hinderlich: «Gestehe! Du hast ihn gesehen, du hast mit ihm gesprochen, das ist bekannt; deine Verteidigung wird niemanden überzeugen, Zeit und Ort eurer Zusammenkünfte sind bekannt: du bist entdeckt!» Die Stimme läßt sich zu einem Geständnis bewegen: «Also gut! Ja, ich kenne ihn besser als irgend jemand sonst, ich habe ihn immer gekannt, ich werde Ihnen sagen, was ich von ihm weiß.»

Hatte ich nicht eben recht, als ich sagte, man müsse von sich im Plural sprechen? Von diesem Unglücklichen leben zwei: da gibt es den allgemeinen Menschen, den ungreifbaren und gutgerüsteten Tyrannen, und außerdem gibt es den anderen, den Auswurf. *Man* macht sich dadurch zu einem *bestimmten Gorz*, daß man versucht, nur der Mensch zu sein; und, um die ganze Wahrheit zu sagen, man will *der ganze Mensch* werden, weil man sich weigert, ein bestimmter Gorz zu sein. Aber wer weigert sich denn, Gorz zu sein, wenn nicht Gorz selbst? Diese Weigerung erklärt und definiert ihn. Wenn man *bereit wäre,* zu sein, anders gesagt, der Geizige mit dem langen Hals gewesen zu sein, der seine eitle Allgemeinheit bewahren will, wenn man unablässig von ihm spräche, wenn man all seine besonderen Halsstarrigkeiten aufzählte, wenn der intellektuelle Blick, anstatt durch ihn hindurchzusehen, ihn durchschaute – würde dieses «Original» nicht verschwinden mit der beharrlichen Negation, die seine Originalität ausmachte? Sicher würde nicht der Mensch der Zukunft seinen Platz einnehmen, sondern ein anderer Besonderer, dessen fundamentale Halsstarrigkeiten nur Gefahr laufen würden, positiver zu sein. Was wäre damit gewonnen? Lohnt das Spiel den Einsatz? In Wirklichkeit ist es zu spät, Vorteile und Nachteile gegeneinander abzuwägen: die Stimme spricht, das Unternehmen hat begonnen. Der Verräter hat sich seine eigene Besonderheit zum Ziel gesetzt.

Es geht nicht darum, sie zu erkennen, und auch nicht eigentlich darum, sie zu verändern, sondern *in erster Linie* darum, sich selbst zu verändern durch den Willen, sie zu erkennen. Der Indifferente hat nicht den törichten Plan, sich zu malen: er will die fundamentale Beziehung, die ihn an Gorz bindet, modifizieren. Wenn er sich dem Kind, dem Halbwüchsigen, der er gewesen ist, zuwendet, wenn er seine Person befragt, ist seine Nachforschung schon eine Tat: er hält jäh in seiner kopflosen Flucht inne, er zwingt sich, sich ohne Widerwillen zu betrachten, er überträgt seine Neigung zu Totalisierungen auf sich selbst, und da er nicht der ganze Mensch ist, versucht er zunächst, für sich selbst *ganz Gorz* zu werden.

Das ist nicht so einfach: da er sich so lange vernachlässigt hat, ist er mitten in sich selbst wie ein Robinson auf einer einsamen Insel. Wie die verlorenen Pfade wiederfinden: Schlingpflanzen und Dornen bedecken alles. Man erhascht noch Erinnerungen: Aber was ist eine Erinnerung? Welche Wahrheit besitzt dieses inerte Bildchen? Welche Bedeutung hat es? Ist es die Vergangenheit, die in die Gegenwart explodiert wie eine Bombe? Ist es die Gegenwart, die sich zur Vergangenheit umschminkt? Oder beides zusammen? Zwei Fragen müssen beantwortet werden: *Wer* ist dieser Gorz, der ich bin? Wer hat mich so gemacht, daß ich Gorz bin und daß ich mich so entschieden weigere, es zu sein? Aber wie das entscheiden? Wo sind die Hilfsmittel? Natürlich fehlt es nicht an Angeboten: es gibt bewährte Methoden, die sich eilig melden und sogar kleine Probevorführungen machen, um ihre Wirksamkeit zu beweisen: «Deine Klasse», sagt die eine, «ist völlig dekadent; ohne Prinzipien und ohne Hoffnung, wendet sie all ihre Kräfte daran, sich zu erhalten, und hat nicht mehr genug Mut oder, wenn du so willst, Naivität, irgend etwas Neues zu unternehmen: deine Indifferenz ist ein Ausdruck ihrer ängstlichen Unsicherheit; die Existenz scheint dir ziellos, weil das bürgerliche Leben keinen Sinn mehr hat; was deine philosophische Malaise betrifft, so brauchst du nicht nach einer anderen Ursache dafür zu suchen: das Bürgertum hat nicht einmal mehr zu seinem alten Idealismus Vertrauen, es versucht, ihn unter altem Flitterkram zu verstecken; du hast diesen abgenutzten Stoff in die Hand genommen, du hast gesehen, wie fadenscheinig er ist, und bist seitdem angewidert, und du kannst dich weder mit diesem Plunder zufriedengeben noch ein neues Denken finden.» Er hört zu, er stimmt zu, er ist nicht ganz überzeugt; er gibt anstandslos zu, daß er ein junger Bürger ist. Ohne Bedürfnisse, völlig abstrakt, «ein purer Konsument von Wasser, Luft, Brot, der Arbeit von anderen, reduziert auf das scharfe Bewußtsein von der Zufälligkeit aller Dinge um ihn herum». Aber er kennt viele andere Bürger seines Alters, die anders sind als er. Sicherlich könnte er, ohne die Methode aufzugeben, die historischen und sozialen Umstände, die seine Besonderheiten erklären können, wiederfinden: er unterrichtet uns selbst darüber, daß er Österreicher, Halbjude ist, daß er Österreich zur Zeit des Anschlusses verlassen mußte und daß er mehrere Jahre in der Schweiz gelebt hat. Er ist davon überzeugt, daß diese Faktoren nicht ohne Einfluß auf seine gegenwärtige Haltung sind. Aber *um was für einen Einfluß* handelt es sich? Und wie ist er ausgeübt worden? Und noch allgemeiner, gibt es etwas Erstaunlicheres, Undurchsichtigeres als das Einwirken von Menschen, Ereignissen oder Objekten auf die Entwicklung eines Menschen? Um ihn herum sind sich alle einig: wir sind bedingt; es findet sich nicht einer, der die Existenz dieser Bedingtheit in Zweifel ziehen und sich über deren Natur Fragen stellen würde; das sind Dinge, die die Söhne von ihren Vätern wissen; die Meinungsverschiedenheiten beginnen, wenn sie versuchen, die Bedingungen zu klassifizieren und ihr jeweiliges Gewicht zu bestimmen. Aber alle diese Leute sind Erben: die Voraussetzungen, die vermeintlichen Gewißheiten sind Teil eines uralten Vermächtnisses, das jede Generation der nächsten weitergibt und das niemals jemand inventarisiert hat. Der Indifferente dagegen hat keine ihrer Überzeugungen geerbt: wer aus allen Gruppen verbannt ist, ist es auch aus allen Ideologien. Wenn er schließlich überlegt, daß er «von einem Juden geboren» ist und zugleich ein «scharfes Bewußtsein von der Zufälligkeit aller Dinge» hat, bewundert er die Isoliertheit, die Opazität, die stolze Unreduzierbarkeit dieser zwei so verschiedenartigen Tatsachen: als naiver Betrachter würde man von zwei mit Wall und Graben umgebenen Miniaturstädten sprechen; jede ist auf eine alte eingerahmte Leinwand gemalt, beide sind am Ehrenplatz aufgehängt: zwischen ihnen *gibt es keinen sichtbaren Weg*, da sie nicht in derselben Welt existieren. Er weiß indessen sehr wohl, daß die Leute in ihrem kleinen privaten Museum aus und ein gehen, daß sie von einer «Beschneidung» zu einer «Geißelung» schlendern, ohne auch nur nach dem Namen des Künstlers zu suchen, und sagen: *Jenes* ist Ursache von *Diesem*, ich bin das unglückselige Produkt meiner Rasse, des Judentums meines Vaters, des Antisemitismus meiner Kameraden, als ob die wirkliche Verbindung zwischen diesen geheimnisvollen Bildern seiner selbst ganz einfach die Wand wäre, an der die Gemälde, die sie einschließen, hängen; aber wenn er an die friedliche Selbstsicherheit dieser Erben denkt, fällt er in tiefstes Erstaunen.

An diesem Punkt bietet sich die andere Methode an, der seltsame Dogmatismus, der sich auf einem absoluten Skeptizismus gründet: erinnert er sich seiner ersten Lebensjahre, des Widerwillens seiner Mutter gegen den Juden, mit dem sie verheiratet ist, dieses Widerwillens, den sie auch ihm einzuflößen verstanden hatte, der unerträglichen Spannung innerhalb der Familiengemeinschaft, der strengen Dressur, der er unterworfen wurde, sobald er sprechen gelernt hatte? Er solle sich doch fragen, ob er nicht das Opfer einer übermächtigen Mutter geworden sei, die ihn kastriert habe, und ob man nicht von dieser finsteren Epoche, von dieser verstört erlittenen Unterdrükkung, das Auftauchen der Komplexe datieren muß, die ihn heute von der Welt abschneiden. «*Er*», wäre das nicht letzten Endes der *Ehrenarier,* diese Persönlichkeit, die eine gekränkte Ehefrau ihrem Sohn aufzwingen will, weil sie es einem gewissen Israeliten nicht verzeihen kann, daß er der einzige Mann ist, den sie hat finden können? Die Gefügigkeit eines zurechtgestutzten Kindes würde bei dem Erwachsenen als Apathie fortleben.

Worauf er antwortet, daß ihm seine Erziehung tatsächlich Komplexe verschafft habe: seine Mutter habe aus ihm jenen Anderen machen wollen, der er zum Teil geworden sei; in seinen ersten Lebensjahren litt er wie heute an einer unruhigen und beflissenen Indifferenz. Aber er bekommt nicht heraus, wie diese berühmten «Komplexe» fortbestehen können: er war mit acht Jahren apathisch, er ist es heute; *ist das dieselbe Apathie*? Hat sie sich durch eine träge Beharrlichkeit des Seins erhalten? Aber er kann nicht so leicht an die menschliche Passivität glauben: seine gesamte Erfahrung widerspricht diesem so bequemen Gedanken und der Metaphysik, die ihm zugrunde liegt. Wird er zugeben, daß er im Gegenteil seine Komplexe genährt, gehätschelt hat, daß er sie pflegt und mästet, daß der Halbwüchsige und der Erwachsene in einer Art fortgesetzter Schöpfung die ersten Eigenschaften des Kindes wiederaufgenommen, ausgeprägt, entwickelt haben? Er wäre für alles verantwortlich, er wäre derjenige, der sich jeden Tag neu indifferent machte.

Er kann das nicht so schnell entscheiden: keine dieser Deutungen ist völlig befriedigend, keine findet er wirklich einleuchtend; einmal mehr Verräter, wie das Kind bei Andersen, das den splitternackten Kaiser sieht, inventarisiert er unser philosophisches Erbe, findet die Tresore leer und sagt das auch ganz unbefangen. Warum sollte er sich im übrigen von den Methoden der anderen ausfragen lassen, warum sich den psychiatrischen oder marxistischen Bullen ausliefern? Im Gegenteil, es ist an ihm, in der Frage, die er sich über sich selbst stellt, diese Untersuchungsmethoden in Frage zu stellen. Dieser Ödipus stellt Nachforschungen an über seine eigene Vergangenheit und die Gültigkeit seiner Erinnerungen, über die Rechte der Erfahrung und die Grenzen der Vernunft, über die Legitimität, schließlich, der prophetischen Gaben, die unsere Teiresiasse sich zuschreiben. Aber er kehrt dem Allgemeinen den Rücken: die Methode erfindet er, indem er über seinen Fall reflektiert, sie wird sich durch den Erfolg ausweisen: um sich als eine besondere Totalität zeigen zu können, muß er sich auf die Erfahrung seiner Besonderheit beschränken, sich erfinden, indem er seine eigene Befragung und die Mittel, darauf zu antworten, erfindet. Der Verräter löscht alles aus und beginnt sich selbst neu: das gibt uns heute die Chance, ein *radikales* Buch zu lesen.

Lange haben wir die «Stimme seines Herrn» gehört. Jetzt spricht Gorz: das Ende des Monologs greift auf seinen Anfang zurück, nimmt ihn in sich auf, absorbiert ihn; der Sinn des Werks erscheint in voller Klarheit. Zunächst war es eine *von niemandem* im Dunkeln gestellte Frage: Unter welchen Bedingungen wird ein gewisser Gorz Ich sagen können? Aber gleich danach taucht ein noch schemenhaftes Wesen aus der Nacht auf: diese Bedingungen müssen nicht nur bestimmt werden, das Buch wird Gorz' lebendiger Versuch, sie zu erfüllen. *Er* weiß jetzt, daß *er* nichts erreicht haben wird, wenn er nicht den Vampiren, die ihn waschen, ihn anziehen, ihn mästen, um sich an ihm zu mästen, den Hals umdreht: die erste Handlung, die allein von mir ausgehen wird, die nur von sich selbst und von den zu überwindenden Hindernissen abhängen wird, die sich auf sich selbst zurückziehen wird, um sich selbst in die Gewalt bekommen und kontrollieren zu können, wird auch mein erstes *Ich* sagen; dieses unmerkliche Reiben einer Handlung an sich selbst, *das werde ich sein*. Und wer hindert ihn daran, zu handeln? Auch das weiß er: es ist das allzu voreilige Verlangen, allzu früh allgemein zu sein. Er sagt sich jetzt immer wieder, daß sein zukünftiges Handeln sich notwendigerweise *seine* Augen, *seinen* Mund, *seine* Arme ausleihen, daß es *seine* Kopfhaltung haben wird; und vor allem, daß er jeden Tag genauer festgelegt sein wird durch die vorübergehende Bewegung, die es den Gegenständen in seiner Umgebung mitteilt; von außen betrachtet ist es nichts als das, ein Mensch: eine Unruhe, die innerhalb der Grenzen eines genau festgelegten Bereichs die Materie bearbeitet. Alte einmalige Unternehmen zwingen ihre Einmaligkeit einem neuen Unternehmen auf, das auf alle zurückwirkt und sie noch einmaliger macht: *ich, ich* bin dieses unaufhörliche Hin und Her. Wenn er handelt, wird er *er selbst* sein; aber man muß sich *akzeptieren*, um handeln zu können. Was hindert ihn daran? Was ist der Grund für sein eitles Verlangen nach Allgemeinheit? Er entdeckt einen Haufen von Abfällen, der sich in seinem Herzen angesammelt hat, seine Kindheit: er versucht, ihn abzutragen; aber das genügt nicht: er kann es sich nicht mehr verhehlen, daß er in jedem Augenblick das Bastarddasein, die Last seiner früheren Leiden, seine Gebrechen neu erfindet; da er nicht alles ist, ist *heute* er selbst es, der sich in eine stolze Passivität stürzt, um allen verständlich zu machen, daß er von außen bestimmt wird, und zwar ohne das zu billigen, er selbst vernichtet sich aus freiem Willen oder absentiert sich doch zumindest, wobei er den Gewohnheiten, die andere ihn haben annehmen lassen, die Sorge für den Aufrechtgang, die natürlichen und sozialen Funktionen seines Körpers überläßt, er selbst hat in aller Freiheit, wie der heilige Johannes vom Kreuz, aber ohne Mystizismus, beschlossen, niemals etwas zu tun, um «in nichts etwas zu sein», aus freien Stücken. Er ist also frei? Natürlich: er hat nie daran gezweifelt. Er ist gemacht, er ist markiert, in Gips gegossen worden, *und* er ist frei? Ja: unfreier und freier Wille sind in ihm ein und dasselbe: Wie ist das möglich? Er wird versuchen, es zu sagen, es *sich* zu sagen; aber sein Ziel bleibt ein praktisches: es geht für ihn darum, die dialektische Bewegung zu erfinden, die die wechselnden Beziehungen zwischen Vergangenheit, Gegenwart und Zukunft, zwischen Objektivem und Subjektivem, zwischen Sein und Existenz, zwischen Apparaten und Freiheit totalisieren kann, um sich zugleich ständig bestätigen und auflösen zu können, bis in seinem Herzen schließlich ein wirklicher Impuls entsteht, der es verwüstet und durch die Hände aus ihm heraustritt und sich draußen in jener Opferung von Gegenständen vollendet, die man eine *Tat* nennt.

Das ist seine Aufgabe: er hat es gerade begriffen, er bringt, was er begriffen hat, zu Papier; und genau in diesem Augenblick merkt er, daß sein innigstes Verlangen durch seine Hände aus seinem Herzen heraustritt, daß er *schon* in ein Unternehmen verwickelt ist, daß die Wörter von heute, von gestern, vom vergangenen Monat sich vereinigen und sich organisieren, um ihm sein neues Gesicht widerzuspiegeln, daß er im Begriff ist, sich durch das Wort zu zerstören, um sich eines Tages durch Taten erzeugen zu können, daß diese Zerstörung ihn erschafft, daß sie ihn unwiderruflich bestimmt, daß sie ihn nach und nach in das unvergleichliche und beliebige Wesen verwandelt, das wir alle für uns selbst sind, wenn unsere Vampire schlafen, daß er sich endlich «naßgemacht» hat, «ins Wasser gesprungen» ist, sich dazu verurteilt hat, nie wieder, was immer er unternehmen wird, ein anderes Sprungbrett zu haben als sich selbst. Der Augenblick ist gekommen: *hic Rhodus, hic salta*; das Unternehmen kehrt sich um, legt sich die tausend verborgenen Winkel des Bewußtseins, die tausend Ringe der Reflexion bei, es berührt sich, es fühlt sich, es sieht sich: das Unternehmen war die Stimme. Die Stimme erkennt sich wieder: in ihr entdeckt sich das Handeln und sagt: *ich. Ich* mache dieses Buch, *ich* suche mich, *ich* schreibe. Irgendwo seufzt ein Bursche mit tiefliegenden Augen eingeschüchtert: «Wie hochtrabend es ist, in der ersten Person zu sprechen!», und dann löst er sich auf: Gorz erscheint: Ich bin Gorz, *es war meine Stimme*, die sprach, ich schreibe, ich existiere, ich nehme mich auf mich und bringe mich hervor, ich habe die erste Runde gewonnen.

Ist es der Mühe wert, hurra zu schreien? Wer ist Gorz schließlich? Ein «junger Mann ohne gesellschaftliche Bedeutung», ein am Allgemeinen Gescheiterter, der die abstrakten Spekulationen aufgegeben hat, um sich von seiner unbedeutenden Person faszinieren lassen zu können. Wo ist der Gewinn? Wo ist der Fortschritt? Auf diese Frage wird Gorz nicht antworten, glaube ich; aber wir können an seiner Stelle antworten. Denn wir sind ihm Schritt für Schritt gefolgt, diesem wunderlichen Cuvier, der einen Knochen findet, an Hand dieses winzigen Restes das ganze Tier rekonstruiert und schließlich erkennt, daß das rekonstruierte Tier niemand anderes ist als er selbst. Er hat es gesagt und hundertmal wiederholt, daß die Methode nur für ihn tauge; er hat sie nur an seinem eigenen Fall erproben können. Aber wir sind ihm gefolgt, wir haben gleichzeitig mit ihm den Sinn seines

Tuns begriffen, wir haben seinen Experimenten beigewohnt und gesehen, wie um das Knöchelchen herum sich neue Muskeln bildeten, wie der Organismus sich schrittweise wieder herstellte, wie Autor und Buch sich gegenseitig schufen. Da nun das, was wir begreifen, unser eigen wird, gehört die Methode Gorz auch uns; wenn er versucht, sein Leben mit Hilfe der marxistischen Dialektik, der Psychoanalyse zu deuten, ohne daß ihm das jemals *völlig* gelänge, geht sein Mißerfolg auch uns etwas an, wir können den Versuch machen und kennen das Ergebnis im voraus. Und wenn er von seinem eigenen Gegenstand, das heißt von sich selbst, fordert, daß er ihm seine Methode verschaffe, begreifen wir sogleich die Bedeutung dieses einzigartigen Versuchs: denn wir sind seinesgleichen, insofern jeder von uns wie er ein einmaliger Irgendwer ist. Was ist das also für ein Objekt, das sich unter dem Namen Methode zum Subjekt macht? Gorz oder Sie oder ich? Sie sind keine Indifferenten, Sie werden sich andere Fragen über sich selbst zu stellen haben; Gorz hat Sie dadurch, daß er sich erfand, nicht von der Pflicht befreit, sich zu erfinden. Aber er hat Ihnen bewiesen, daß die totalisierende Erfindung möglich und notwendig ist. Jeder Leser findet sich, wenn er das Buch zuschlägt, in seinem eigenen Gestrüpp, unter den giftigen Bäumen seines eigenen Dschungels wieder: an ihm selbst ist es, sich Wege zu bahnen, und zwar allein, sich urbar zu machen, die Vampire in die Flucht zu jagen, die alten eisernen Korsetts, das alte todmüde Handeln zu sprengen, in die Resignation, Angst und Zweifel an sich selbst ihn eingeschlossen haben. Hätten wir, auf das Besondere setzend, das Allgemeine wiedergefunden? Nein: das wäre zu schön. Wir sind nicht mehr ganz Tiere, ohne ganz Menschen zu sein; wir haben aus dieser furchtbaren Katastrophe, die über einige Vertreter des Tierreichs hereingebrochen ist, dem Denken, noch keinen Nutzen gezogen: mit einem Wort, wir werden noch lange verunglückte Säugetiere bleiben, wir leben im Zeitalter der Raserei, der Fetische und des plötzlich hereinbrechenden Terrors, die Allgemeinheit ist nur der Traum eines Toten im Schoß der Isolierung und der Angst. Aber seit einigen Jahrzehnten wandelt sich unsere Welt: noch auf dem Grund des Hasses offenbart sich die Wechselseitigkeit; selbst jene, die sich darin gefallen, das, was sie voneinander unterscheidet, überzubetonen, müssen dazu schon eine fundamentale Identität vor sich selbst verheimlichen. In dieser so neuartigen Gärung, diesem bescheidenen, aber hartnäckigen Versuch, sich vermittels des Nicht-Mitteilbaren mitzuteilen, drückt sich nicht das abgeschmackte und immer ein bißchen kindische Verlangen nach einem inerten und bereits verwirklichten Allgemeinen aus: es handelt sich um etwas, was ich eher den Vorgang des Allgemeinwerdens nennen würde. Noch ist nichts möglich: keinerlei Einigung unter den Versuchstieren ist in Sicht; uns trennen unsere Universalien; sie liefern ständig die Gelegenheit zu besonderen Massakern. Aber es braucht bloß einer von uns von Unruhe ergriffen zu werden und sich von der Idee abzuwenden, auf das abstrakte Denken zu verzichten, auf seine Einmaligkeit zurückzukommen, *um sie zu überschreiten*, zu versuchen, seine Einsamkeit anzuerkennen, um ihr zu entrinnen, um auf gut Glück in einer fremdartigen, empirischen Sprache, ähnlich derjenigen, die der der Sprache Beraubte neu erfindet, die ersten Brücken zwischen den Inselchen unserer Archipele zu schlagen, es braucht bloß einer unsere unversöhnliche Liebe – die verkappter Haß ist – durch angewandte Optionen zu ersetzen, sich unter stets einmaligen und zeitbedingten Umständen mit anderen zu vereinigen zu versuchen, mit denen er nicht übereinstimmt und die nicht mit ihm übereinstimmen, um die Herrschaft der Ungerechtigkeit ein bißchen weniger ungerecht zu machen, und er wird die anderen dazu zwingen, auch ihrerseits denselben hartnäckigen Versuch zu erfinden, sich in der Anerkennung ihrer Verschiedenartigkeit zu vereinigen: das hat Gorz versucht; dieser Verräter hat die Tafeln des Allgemeinen zerschlagen, aber nur, um die Bewegung des Lebens wiederzufinden, dieses langsame Allgemeinwerden, das sich in der Bejahung und Überschreitung des Besonderen verwirklicht. Die unmittelbare Folge: in demselben Augenblick, in dem er endlich sagen kann: «*Ich* tue dies, ich bin dafür verantwortlich», merkt er, daß er sich an *uns* wendet. Denn es gibt heute nur zwei Arten, von sich selbst zu sprechen, die dritte Person Singular und die erste Person Plural. Man muß «wir» sagen können, um «ich» sagen zu dürfen: das läßt sich nicht bestreiten. Aber der umgekehrte Satz ist ebenfalls wahr: wenn irgendeine Gewaltherrschaft, um zunächst das «wir» einführen zu können, die Individuen der subjektiven Reflexion berauben würde, würde sich die gesamte Innerlichkeit mit einem Schlag verflüchtigen und mit ihr die wechselseitigen Beziehungen: *sie* hätten für immer gewonnen, und wir würden niemals aufhören, im Experimentallabyrinth herumzulaufen, verrückt gewordene Nagetiere, eine Beute der Vampire.

Gorz' Buch geht uns alle an: wenn er zunächst stammelt, wenn er nicht weiß, wohin es geht, wenn er sich ständig verwandelt und wir sein kaltes Fieber in den Händen spüren, wenn er uns ansteckt, ohne uns zu sehen, und wenn er schließlich jeden Leser unmittelbar, vertraulich anspricht, so deshalb, weil er durch und durch von der Unruhe, die uns beseelt, von der Unruhe unserer Epoche durchdrungen ist. Radikal und bescheiden, vage und präzis, banal und unnachahmlich, das ist das erste Buch *nach der Niederlage*; die Vampire haben ein denkwürdiges Blutbad angerichtet, sie haben die Hoffnung vernichtet; wir müssen wieder zu Atem kommen, uns eine Zeitlang totstellen und dann aufstehen, die Leichenhalle verlassen, ganz von vorn anfangen, eine neue Hoffnung erfinden, zu leben versuchen. Die großen Gemetzel des Jahrhunderts haben aus Gorz einen Leichnam gemacht; er ersteht von den Toten, indem er eine Aufforderung zum Leben schreibt.

1958

Albert Camus

Zum Tod von Albert Camus am 4. Januar 1960

Vor sechs Monaten, gestern noch fragte man sich: «*Was wird er tun?*» Von Widersprüchen, die man respektieren muß, geplagt, hatte er vorübergehend das Schweigen gewählt. Aber er gehörte zu jenen seltenen Menschen, auf die man durchaus warten kann, weil sie langsam wählen und ihrer Wahl treu bleiben. Eines Tages würde er sprechen. Wir hätten nicht einmal eine Vermutung darüber gewagt, was er sagen würde. Aber wir dachten, daß er sich mit der Welt verändern würde wie jeder von uns: das genügte, damit seine Anwesenheit lebendig blieb.

Wir hatten uns überworfen,[1] er und ich: ein Zerwürfnis besagt nichts – selbst wenn man sich niemals wiedersehen sollte –, höchstens eine andere Art, *zusammen* zu leben, ohne sich aus den Augen zu verlieren in der kleinen engen Welt, die uns gegeben ist. Das hinderte mich nicht daran, an ihn zu denken, seinen Blick auf der Buchseite, auf der Zeitung, die er las, zu spüren und mir zu sagen: «Was sagt er dazu? Was sagt er *in diesem Moment* dazu?»

Sein Schweigen, das ich je nach den Ereignissen und meiner Stimmung manchmal für allzu vorsichtig und manchmal für schmerzlich hielt, war eine Qualität jedes Tages wie Wärme oder Licht, aber eine *menschliche*. Man lebte mit seinem Denken oder gegen sein Denken, so wie es uns seine Bücher offenbarten – *La chute*[2] vor allem, vielleicht das schönste und am wenigsten verstandene –, aber immer in bezug auf es. Das war ein einzigartiges Abenteuer unserer Kultur, eine Bewegung, deren Phasen und Endpunkt man zu erraten versuchte.

1 Siehe Albert Camus, *Brief an den Herausgeber der «Temps Modernes»*, und Jean-Paul Sartre, *Antwort an Albert Camus* (August 1952) in: Jean-Paul Sartre, *Krieg im Frieden 2.* Reden, Polemiken, Stellungnahmen 1952–1956. Politische Schriften. Band 3,2, Rowohlt Taschenbuch Verlag, Reinbek 1982, rororo 4973, 7–50. *Anm. d. Übers.*

2 Deutsch: *Der Fall*, Rowohlt Taschenbuch Verlag, Hamburg 1957, rororo 1044. *Anm. d. Übers.*

Er stellte in diesem Jahrhundert und gegen die Geschichte den gegenwärtigen Erben jener langen Folge von Moralisten dar, deren Werke vielleicht das Originellste der französischen Geisteswelt bilden. Sein starrköpfiger Humanismus, eng und rein, streng und sinnlich, führte einen ungewissen Kampf gegen die massiven und difformen Ereignisse dieser Zeit. Doch durch die Hartnäckigkeit seiner Weigerungen behauptete er mitten in unserer Epoche, gegen die Machiavellisten, gegen das goldene Kalb des Realismus, immer wieder die Existenz der Moral.

Er *war* sozusagen diese unerschütterliche Behauptung. Sofern man nur las oder nachdachte, stieß man auf die menschlichen Werte, die er in seiner geschlossenen Faust behielt: er stellte das politische Handeln in Frage. Man konnte ihn nur umgehen oder bekämpfen: unentbehrlich, mit einem Wort, für jene Spannung, die das Leben des Geistes ausmacht. Sogar sein Schweigen in diesen letzten Jahren hatte einen positiven Aspekt: dieser Kartesianer des Absurden weigerte sich, das sichere Terrain der Moralität zu verlassen und sich auf den ungewissen Wegen der *Praxis* zu engagieren. Wir ahnten es, und wir ahnten auch die Konflikte, die er verschwieg: denn die Moral für sich genommen verlangt Revolte und verurteilt sie zugleich.

Wir warteten, man mußte warten, man mußte wissen: was Camus in der Folge auch hätte tun oder beschließen können, er wäre immer eine der Hauptkräfte unseres kulturellen Feldes geblieben und hätte immer auf seine Weise die Geschichte Frankreichs und dieses Jahrhunderts repräsentiert. Aber wir hätten vielleicht seinen Weg erfahren und verstanden. Er hatte alles getan – ein ganzes Werk –, und wie immer blieb alles noch zu tun. Er sagte es: «*Mein Werk liegt vor mir.*» Es ist vorbei. Der besondere Skandal dieses Todes ist die Beseitigung der Ordnung der Menschen durch das Unmenschliche.[3]

Die menschliche Ordnung ist nur erst eine Unordnung, sie ist ungerecht, prekär, man tötet, man verhungert: jedoch wird sie von Menschen gestiftet, aufrechterhalten und bekämpft. In jener Ordnung mußte Camus leben: dieser Mensch unterwegs stellte uns in Frage, war selbst eine Frage, die ihre Antwort suchte; er lebte *in der Mitte eines langen Lebens*; für uns, für ihn, für die Menschen, die die Ord-

3 Albert Camus kam am 4. Januar 1960 bei einem Autounfall ums Leben. *Anm. d. Übers.*

nung herrschen lassen, und für die, die sie ablehnen, war es wichtig, daß er aus dem Schweigen hervortrat, daß er eine Entscheidung traf, daß er eine Schlußfolgerung zog. Andre sterben alt, andre, immer auf Abruf, können jede Minute sterben, ohne daß der Sinn ihres Lebens, *des* Lebens dadurch verändert wäre. Aber für uns, Ungewisse, Orientierungslose, *mußten* unsere Besten das Ende des Tunnels erreichen. Selten haben die Eigenschaften eines Werks und die Bedingungen des historischen Moments so klar verlangt, daß ein Schriftsteller am Leben bleibt.

Den Unfall, der Camus getötet hat, nenne ich Skandal, weil er mitten in der menschlichen Welt die Absurdität unseres tiefsten Verlangens auftauchen läßt. Mit zwanzig Jahren plötzlich von einer Krankheit geschlagen, die sein Leben umwarf, hat Camus das Absurde entdeckt – die schwachsinnige Verneinung des Menschen. Er hat sich damit abgefunden, er hat seine unerträgliche Lage *gedacht*, er hat sich aus der Affäre gezogen. Und man könnte dennoch glauben, nur seine frühen Werke sagten die Wahrheit seines Lebens, weil dieser genesene Kranke von einem unvorhersehbaren und woanders herkommenden Tod zertreten ist. Das Absurde wäre jene Frage, die ihm niemand mehr stellt, die er niemandem mehr stellt, dieses Schweigen, das nicht einmal mehr ein Schweigen ist, das absolut *nichts* mehr ist.

Ich glaube es nicht. Sobald das Unmenschliche sich manifestiert, wird es Teil des Menschlichen. Jedes angehaltene Leben – sogar das eines so jungen Mannes – ist *zugleich* eine Platte, die zerbrochen wird, und ein vollständiges Leben. Für alle, die ihn geliebt haben, steckt in diesem Tod eine unerträgliche Absurdität. Aber man wird lernen müssen, dieses verstümmelte Werk als ein totales Werk zu sehen. Genau in dem Maß, wie der Humanismus von Camus eine *menschliche* Haltung gegenüber dem Tod enthält, der ihn überraschen sollte, in dem Maß, wie seine stolze Suche nach Glück die *unmenschliche* Notwendigkeit zu sterben einschloß und erforderte, werden wir in diesem Werk und in dem Leben, das nicht davon trennbar ist, den reinen und siegreichen Versuch eines Menschen erkennen, jeden Augenblick seiner Existenz seinem künftigen Tod abzuringen.

Januar 1960

Nachwort von Traugott König

Diese Aufsätze illustrieren, wie alle Schriften Sartres zur Literatur, die ganze Breite und Vielschichtigkeit seines so oft mißverstandenen Begriffs des literarischen Engagements.[1] Dieses Engagement hat für ihn zugleich eine allgemeine und eine individuelle Seite, und das erklärt die Tatsache, daß er immer wieder den Brückenschlag wagt zwischen der einmaligen, unwiederholbaren, intimen Erfahrung einer unverwechselbaren Schriftstellerexistenz auf der einen Seite und den sozioökonomischen, historischen, epochalen Bedingungen seiner Zeit, dem, was man seit Hegel den Objektiven Geist nennen kann, der in manchen Epochen nach Sartre zur Objektiven Neurose wird, auf der anderen Seite.

Da ein literarisches Werk eine freie Schöpfung ist, weil sie nur den vom Autor frei erfundenen Regeln folgt, die der Leser seinerseits die Freiheit hat neuzuschaffen, indem er beim Lesen seine intime Lebenserfahrung, seine Emotionen, seine erlebte Dauer in sie einbringt, ist jede Literatur, die diesen Namen verdient, der Appell einer Freiheit an eine andere Freiheit, die nichtagonistische wechselseitige Anerkennung zweier Freiheiten. Und weil ein solcher Appell nur unter freien Menschen ergehen und gehört werden kann, ist der Schriftsteller, ob er es weiß und will oder nicht, engagiert, überall auf der Welt für die Befreiung aller Menschen einzutreten. Das ist der allgemeine Charakter seines Engagements. Den neuzeitlichen Schriftsteller bringt das in das seit der Französischen Revolution epochale Dilemma, daß er einerseits für die Erringung und Erhaltung der bürgerlichen Freiheiten eintreten muß und andererseits für die Durchsetzung der Gleichheit und Brüderlichkeit, die bisher dem Buchstaben nach nur in den diktatorischen Staaten des «real existierenden Sozialismus» unternommen wird. Dazu kommt in verstärktem Maße, daß die Ausstrahlung seines Werks als eines nationalen Kulturguts von der ökonomischen, ja manchmal sogar militärischen Macht seiner Nation ab-

1 Siehe meinen Aufsatz *Sartres Begriff des Engagements* in: *Neue Rundschau* 91. Jg., H. 4, 1980, 39–62, und als *Nachwort* zu meiner Neuübersetzung von Jean-Paul Sartre *Qu'est-ce que la littérature?* in: Jean-Paul Sartre, *Was ist Literatur?*, Rowohlt Taschenbuch Verlag, Reinbek 1981, rororo 4779.

hängig ist. «Die Art, wie 1925 oder 1930 Proust in den Vereinigten Staaten aufgenommen wurde, setzte die ganze französische Armee dahinter voraus und den Mythos vom Franzosen als dem besten Soldaten der Welt. Andernfalls wären höchstens einige Intellektuelle von Proust angezogen worden, und zwar so, wie heute [1949] zum Beispiel Gides *Journal* in Amerika Bewunderer findet, das heißt als Zeugnis einer köstlichen Vergangenheit.» (102) Daher ist nach Sartre die französische Kultur, die für ihn, wie die gesamte europäische Kultur, ein Kampf mit dem Bösen ist, durch ihre ökonomische Abhängigkeit von den USA in tödlicher Gefahr, wenn sie dem Einfluß der in Sartres Augen ihrem Wesen nach nicht engagierten amerikanischen Literatur, die in ihrem fundamentalen Optimismus das Böse leugnet oder verdrängt, aus ökonomischen Gründen erliegt, weil es ihr nicht gelingt, dieser Kultur durch den ökonomischen Zusammenschluß eines Europa, das für Sartre notwendig sozialistisch sein müßte, auch ein kulturelles Gegengewicht entgegenzusetzen. Diese Hoffnung Sartres schlug sich politisch nieder in seinem Engagement im Vorstand der von ihm mitgegründeten Partei *Rassemblement Démocratique Révolutionnaire*, die von 1948 bis 1949 eine neutralistische Politik zwischen den Blöcken und einen dritten Weg zwischen Kapitalismus und Kommunismus in einem sozialistischen Europa durchzusetzen versuchte und die er verließ, als sie ins amerikanische Lager abdriftete.[2]

Untrennbar von diesen allgemeinen Bedingungen, die das allgemeine Engagement des Schriftstellers begründen, ist – und das macht die individuelle Seite seines Engagements aus –, daß er mit seiner existentiellen Wahl zu schreiben das Reale ins Imaginäre zieht, sich gegen das unmittelbare Einwirken auf die Realität, gegen das direkt verändernde Handeln für die Fiktion entscheidet, gegen das Sein für das Nichts. «... selbst bei den engagiertesten Schriften» – und Sartre meint hier das Engagement im allgemeinen Sinn – «müßte man noch erklären, warum man gewählt hat, auf dem Umweg über das Nichtsein auf das Sein einzuwirken. Von diesem Gesichtspunkt her ist sogar die ehrenwerte Harriet Beecher-Stowe verdächtig.» (116) Eine mittelbare, das Bewußtsein des Lesers verändernde Einwirkung der Imagina-

2 Siehe Jean-Paul Sartre, *Krieg im Frieden 1*. Artikel, Aufrufe, Pamphlete 1948–1954, Politische Schriften. Band 3,1, Rowohlt Taschenbuch Verlag, Reinbek 1982, rororo 4904.

tion auf die Realität, des Nichts auf das Sein gesteht Sartre der Literatur also durchaus zu.

Aber warum dieser Umweg, und was macht Schreiben zu Literatur? Sartre ist davon überzeugt, daß schriftstellerische Begabung und literarisches Milieu dazu nicht genügen, keine ausreichende Erklärung bieten. Der Ursprung einer Option für die Literatur ist für ihn vielmehr immer eine Neurose, die so lebensgefährlich ist, daß nur zwei Auswege bleiben: Entweder alles endet im Wahnsinn, im Selbstmord, oder man rettet sich durch Schreiben. «Man stelle sich einmal vor, wie ein kahlköpfiger Riesenkerl mit Schnurrbart plötzlich herauszuschreien anfängt: ‹Madame Bovary, das bin ich; ich habe mich gestern vergiftet, und ich spüre noch den widerlichen Arsengeschmack in meinem Mund.› Er hat wenig Aussichten, der Irrenanstalt zu entgehen, sofern er sich nicht ausschließlich auf ein Werk bezieht, das gerade veröffentlicht wird.» (117)

Sartre hat die Art dieser Neurose am Beispiel Baudelaires, Mallarmés, Flauberts und nicht zuletzt an seinem eigenen Beispiel Schritt für Schritt nachgezeichnet. Der schlagendste Beweis für seine Theorie ist für ihn Genet, den seine Herkunft und sein Leben zu allem andren prädestinierte als ausgerechnet dazu, einer der kreativsten Schriftsteller unserer Zeit zu werden, ja für sich allein noch einmal die moderne Literatur neu zu erfinden. «... zum Schreiben bedarf es zweier Bedingungen und nur zweier: die erste ist, daß die Situation, die uns bereitet ist, keinen besseren Ausweg enthält ... Die zweite Bedingung ist, daß der literarische Ausweg von jedem Schriftsteller neu gefunden und gewollt werden muß, als wenn niemand vor ihm jemals auf die Idee gekommen wäre zu schreiben. Denn die Lösung ist nicht in den Dingen eingeschrieben, und die Situation ähnelt der Natur beim Experiment des Physikers: sie sagt nein oder sagt gar nichts ... Es gibt keine Fabuliergabe: es gibt nur die Notwendigkeit, die Welt virtuell zu zerstören, weil man sich in der Unmöglichkeit zu leben befindet. Es gibt keine Wortgabe: es gibt die Liebe zu den Wörtern, die ein Bedürfnis, eine Leere, eine Misere ist, eine besorgte Aufmerksamkeit, die man ihnen entgegenbringt, weil sie das Geheimnis des Lebens zu bergen scheinen.» (116 u. 115)

Diese Neurose hat subjektive und objektive Gründe. Die subjektiven Gründe sind jeweils spezifische: Gefühlskälte, mangelnde Zuneigung oder Ablehnung der Eltern, Verwaisung, uneheliche Herkunft,

Elternlosigkeit, Vergewaltigung durch das Aufzwingen einer jede Individualität erdrückenden Rolle, meist der von Verwandten: «... man nimmt ein ganz lebendiges Gör, näht es in die Haut eines Toten ein, es erstickt in dieser greisenhaften Kindheit, ohne eine andere Beschäftigung, als die Gesten des Onkels genau zu reproduzieren, ohne eine andere Hoffnung, als nach seinem Tode zukünftige Kindheiten zu vergiften ... dieser Unglückliche weiß genau, daß er sein eigener Großonkel ist.» (135)

Dieses letzte Beispiel zeigt, daß die subjektive Neurose nur Symptom einer objektiven, gesellschaftlichen Neurose ist. «Wenn das Bürgertum die Pflanzschule der Literaten bleibt, so nicht, weil die Arbeiter weniger begabt sind als die Bürger: sondern diese werden, wenn ihre ‹Seinsschwierigkeiten› sie gegen ihre Klasse aufgebracht haben, unmöglich in jedem Sinne des Wortes: sie sind auf bürgerliche Weise gegen die Bürger, in ihnen beißt sich die bürgerliche Hydra in den Schwanz und versucht, sich selbst aufzufressen; und da sie nichts zerstören können, was sich nicht zuerst selbst zerstört, wählen sie wie Mallarmé, wie Flaubert eine symbolische Zerstörung zu vollbringen, die alles unversehrt läßt.» (116)

Ist bei einem solchen Unterfangen ein Engagement im allgemeinen Sinn noch denkbar? Wie fast alle seine Kollegen wetterte Flaubert gegen die Pariser Commune und glaubte nach dem Sturz des Zweiten Kaiserreichs nicht mehr schreiben zu können. Und dennoch war er untröstlich darüber, daß die Verspätung dieses Sturzes um ein Jahr nach dem Erscheinen seiner *Éducation sentimentale* ihn um die notwendige Schlußszene dieses Romans gebracht habe.[3] Doch auch wenn ein explizites allgemeines Engagement völlig ausbleibt, wie zum Bei-

3 Siehe Jean-Paul Sartre, *Der Idiot der Familie. Gustave Flaubert 1821 bis 1857, 5*, Rowohlt Taschenbuch Verlag, Reinbek 1980, 517f: «‹Er bedauerte ..., *L'éducation sentimentale* zu früh beendet zu haben; der Krieg, die Invasion, die Kapitulation von Sedan hätten ihm eine Lösung, ein letztes Bild gebracht, wie er sagte, das nicht zur Verfügung gehabt zu haben er untröstlich war.› Dieses Bild ist folgendes: der Kaiser im Fond seiner Kalesche, von einer Kolonne von Kriegsgefangenen angehalten, die von Ulanen geführt wird. Einige grüßen ihn. Aber ein Zuave tritt aus den Reihen und ballt die Faust: ‹Ah, da bist du ja, Elender! Du hast uns ins Verderben geführt! Zweitausend Männer fangen an Beschimpfungen zu heulen, spucken im Vorbeigehen auf die Kalesche.›»

spiel bei Mallarmé, dann ist es doch implizit in jedem gelungenen literarischen Werk vorhanden, und zwar zum einen, weil es immer der freie Appell der Freiheit des Autors an die Freiheit des Lesers bleibt, dem es dic Chancc gibt, sich für die Zeit der Lektüre im Reich der Imagination von den ihn entfremdenden Zwängen der Realität zu befreien, und zum anderen, weil die kohärente Umsetzung der diffus erlebten individuellen Neurose des Autors die ebenso diffus erlebte objektive, das heißt durch den jeweiligen Gesellschaftszustand bedingte Neurose auf kohärente Weise erscheinen läßt und dadurch wie bei einer Teufelsbeschwörung bannt. Was wie ein unbestimmtes Fatum auf allem lastete, steht einem im Spiegel der Fiktion gegenüber und wird auf diese Weise durchschaubar, greifbar und angreifbar.

Liest man Sartres Vorwort zu jener unbarmherzigen Selbsterforschung von André Gorz, *Der Verräter*, so sieht man, daß jene Neurose, für die sich die Literatur als einzige Möglichkeit zum Überleben erweist, für den Typus des Intellektuellen ganz allgemein konstitutiv ist. Auslöser dieser Neurose ist eine vitale Indifferenz: «... das scharfe Bewußtsein von der Zufälligkeit aller Dinge um (ihn) herum ... seit zweiunddreißig Jahren ist für ihn, was immer er tut, unmittelbar danach klar, daß er auch das Gegenteil hätte tun können und daß das Ergebnis dasselbe gewesen wäre, nämlich gleich Null – oder schlimmer noch: belanglos. Seit zweiunddreißig Jahren entgeht ihm seine Existenz, er hat keinen anderen Beweis dafür als eine unüberwindliche Langeweile: ich langweile mich, also existiere ich ... Die meisten Leute behandeln, weil sie überzeugt sind, seit Generationen, seit Adam Menschen zu sein, ihrc menschliche Natur mit einer gewissen Nachlässigkeit: sie haben so alte und so wenig angefochtene Ansprüche darauf, daß sie gelassen ihren persönlichen Neigungen folgen, weil sie sicher sind, daß sie, wenn ihnen der Sinn danach steht, pissen oder höchst menschlich töten werden. Aber der Indifferente kennt keinerlei Neigung: ob er trinkt oder kämpft, er muß sich dazu entschließen, er muß ohne Durst trinken, sich ohne Zorn für eine Beleidigung rächen, die ihn nicht getroffen hat, *um es wie die anderen zu tun.* Seine erste Regung besteht darin, daß er keine hat: das muß unablässig verheimlicht, verleugnet werden.» (140 u. 138)

Aus dieser ständigen Anstrengung des Verheimlichens, des Verleugnens ergibt sich ein wenn auch quälender Gewinn für das Bewußtsein: der Indifferente spürt nicht nur, daß er permanent beflissen Rollen spielt, daß die anderen ihn vampirisieren, er sieht auch die andren unablässig Rollen spielen, gerade weil er ihre Ziele nicht teilt, weil ihre Neigungen für ihn nicht gebieterisch sind. Das prädestiniert ihn zum «Verräter»: er plaudert unser aller Geheimnis aus. Und indem er unser *aller* Geheimnis ausplaudert, begibt er sich auf die Ebene des Allgemeinen: «... da er nun einmal so beschaffen ist, daß er kein bestimmtes Verlangen empfindet, wird er sich seine Indifferenz zunutze machen ..., wird er aus sich den Allgemeinen Menschen machen ... ‹(sich) im Bewußtsein zum Absoluten erheben, das heißt alles philosophisch begründen als ein Moment des geistigen Abenteuers und danach von diesem spekulativen Interesse aus wieder Geschmack am Konkreten finden ...›» (141 u. 140f.)

Aber dadurch wird die Situation zunächst nicht erträglicher: «... weil gewisse Individuen, zerrissen, verbannt, verurteilt, ihre Konflikte und ihre Einsamkeit dadurch zu überwinden versuchen, daß sie dem wahnhaften Bild der Einmütigkeit nachjagen: das ist es, was sich in ihren Augen spiegelt, was uns ihr Lächeln schüchtern vorschlägt. Bei jeder passenden und unpassenden Gelegenheit: der Appell ist da, dauerhaft in die Gesichter eingegraben; die Stimme fordert, was immer sie sagt, allgemeine Zustimmung; aber die Leute, belastet mit ihren Besonderheiten, mit sehr handgreiflichen Interessen, mit Leidenschaften, finden das Vorhaben, ihre Differenzen und ihre Feindschaften in der rein formalen Harmonie der Billigung aufzulösen, abscheulich. Und dann ist die Intelligenz umständlich ... Sie ist es, die den Intellektuellen den Gang von Schwerbeschädigten zur Zeit der Rehabilitation verleiht; aber man muß sie verstehen: jeder von ihnen erfindet ihn neu, um den großen Ausverkauf zu kompensieren, der jeden Impuls und jede Eigenwilligkeit in ihm liquidiert hat; sie brauchen ihn als Ersatz für die Signale, die ihrem Fleisch nicht eingeprägt, die Gewohnheiten, die ihnen nicht gegeben, die Wege, die ihnen nicht gebahnt worden sind, kurz, *zum Leben.*» (142f.)

Diese unbarmherzige Selbsterforschung des «Verräters», die ohne Hoffnung begonnen hat, erweist sich am Ende als Selbsttherapie: Indem der Indifferente verrät, daß alle seine Gesten und Handlungen nur die gleichgültige und daher um so beflissenere Übernahme von Rollen ist, die die anderen ihm aufzwingen, verrät er, wie gesagt, unser aller Geheimnis und versetzt sich damit auf die Ebene des Allgemeinen. Aber indem er sich diesen Schritt bewußt macht, akzeptiert er sich selbst als den Verräter. Von nun an werden alle seine Gesten und Handlungen die eines seiner selbst bewußten Verräters sein. Damit wird die Allgemeinheit seines Bewußtseins zum unverwechselbaren Abenteuer, zur unwiederholbaren Erfahrung eines einmaligen Individuums, das zum erstenmal den Mut findet, «ich» zu sagen: «... da er nicht alles ist, ist *heute* er selbst es, der sich in eine stolze Passivität stürzt, um allen verständlich zu machen, daß er von außen bestimmt wird, und zwar ohne das zu billigen, er selbst vernichtet sich aus freiem Willen oder absentiert sich doch zumindest, wobei er den Gewohnheiten, die andere ihn haben annehmen lassen, die Sorge für den Aufrechtgang, die natürlichen und sozialen Funktionen seines Körpers überläßt ... Er ist also frei? Natürlich: er hat nie daran gezweifelt. Er ist gemacht, er ist markiert, in Gips gegossen worden, *und* er ist frei? Ja: unfreier und freier Wille sind in ihm ein und dasselbe: Wie ist das möglich? Er wird versuchen, es zu sagen, es *sich* zu sagen; aber sein Ziel bleibt ein praktisches: es geht für ihn darum, die dialektische Bewegung zu erfinden, die die wechselseitigen Beziehungen zwischen Vergangenheit, Gegenwart und Zukunft, zwischen Objektivem und Subjektivem, zwischen Sein und Existenz, zwischen Apparaten und Freiheit totalisieren kann, um sich zugleich ständig bestätigen und auflösen zu können, bis in seinem Herzen schließlich ein wirklicher Impuls entsteht, der es verwüstet und durch die Hände aus ihm heraustritt und sich draußen in jener Opferung von Gegenständen vollendet, die man eine *Tat* nennt.» (152)

Ist eine solche Selbsttherapie – Verrat des Rollenspiels durch Indifferenz, Flucht ins Allgemeine, Rückkehr zum Individuellen über das Bewußtsein – von uns nachvollziehbar? «... wir haben seinen Experimenten beigewohnt ... Da nun das, was wir begreifen, unser eigen wird, gehört die Methode Gorz auch uns; wenn er versucht, sein Leben mit Hilfe der marxistischen Dialektik, der Psychoanalyse zu deuten, ohne daß ihm das jemals *völlig* gelänge, geht sein Mißerfolg auch uns etwas an, wir können den Versuch machen und kennen das Ergebnis im voraus ... denn wir sind seinesgleichen, insofern jeder von uns wie er ein einmaliger Irgendwer ist.» (154)

So hat für Sartre jede einmalige erlebte Erfahrung, insofern sie sich in allen Phasen ihrer selbst bewußt ist, gerade durch ihre Einmaligkeit die Qualität des Allgemeinen. Jeder ist ein einmaliges Individuum und das ganze Allgemeine zugleich. Daher kann auch die ganz andersartige Erfahrung von André Gide, die den großbürgerlichen Protestanten zum offenen Bekenntnis seiner Homosexualität und seines Atheismus führte, für jeden von uns nachvollziehbar sein: «*Für uns* hat er ein Leben geführt, das wir bei seiner Lektüre nur nachzuleben brauchen; er ermöglicht uns, den Fallen auszuweichen, in die er gegangen ist, oder so aus ihnen herauszukommen, wie er aus ihnen herausgekommen ist ... Jede Wahrheit, sagt Hegel, ist geworden ... Gide ist ein unersetzbares Vorbild, weil er ... gewählt hat, *seine Wahrheit zu werden*. Wäre sein Atheismus mit zwanzig abstrakt beschlossen worden, wäre er unecht gewesen; langsam erworben als Krönung der Suche eines halben Jahrhunderts wird dieser Atheismus seine konkrete Wahrheit und die unsere. Von daher können die Menschen heute neue Wahrheiten werden.» (121)

Wenn es zutrifft, daß jeder Einzelne in seiner einmaligen Erfahrung das ganze Allgemeine, das heißt die Erfahrung aller, erlebt, dann ergeben sich daraus hoffnungsvolle Perspektiven für eine neuzeitliche Moral: «Wir sind nicht mehr ganz Tiere, ohne ganz Menschen zu sein; wir haben aus dieser furchtbaren Katastrophe, die über einige Vertreter des Tierreichs hereingebrochen ist, dem Denken, noch keinen Nutzen gezogen ... wir leben im Zeitalter der Raserei, der Fetische und des plötzlich hereinbrechenden Terrors, die Allgemeinheit ist nur der Traum eines Toten im Schoß der Isolierung und der Angst. Aber seit einigen Jahrzehnten wandelt sich unsere Welt: noch auf dem Grund des Hasses offenbart sich die Wechselseitigkeit; selbst jene, die sich darin gefallen, das, was sie voneinander unterscheidet, überzubetonen, müssen dazu schon eine fundamentale Identität vor sich selbst verheimlichen. In dieser so neuartigen Gärung, diesem bescheidenen, aber hartnäckigen Versuch, sich vermittels des Nicht-Mitteilbaren mitzuteilen, drückt sich nicht das abgeschmackte und immer ein bißchen kindische Verlangen nach einem inerten und bereits verwirklichten Allgemeinen aus: es handelt sich um etwas, was ich eher den Vorgang des Allgemeinwerdens nennen würde.» (154f.)

Genau diese Position bringt Sartre dazu, den moralischen Rigorismus von Albert Camus trotz seines politischen Bruchs mit ihm zu bewundern: «... durch die Hartnäckigkeit seiner Weigerungen behauptete er mitten in unserer Epoche, gegen die Machiavellisten, gegen das goldene Kalb des Realismus, immer wieder die Existenz der Moral.» (158)

Zum allgemeinen und individuellen Engagement kommt nach Sartre für die moderne Literatur seit Baudelaire noch ein drittes, das er für eine spezifische Verwendung der Sprache reklamiert. Konstitutiv für diese dritte Seite des literarischen Engagements ist der bewußte Abbruch der instrumentellen Sprache, bei der das Wort bloßes Instrument seiner Bedeutung ist, so daß seine klangliche und graphische Form unwesentlich bleibt und daher jeder anderen Bedeutungskonvention unterworfen werden kann. Benutze ich die Sprache, um zu sagen, daß ich einen Hammer brauche, so ist es gleichgültig, ob ich mich des Französischen oder des Deutschen oder eines Slangworts bediene. Entscheidend ist nur, daß ich verstanden werde, das heißt, daß ich mich der jeweiligen Konvention füge, nach der die jeweilige Gruppe der Adressaten eine bestimmte Sache zu bezeichnen sich geeinigt hat. Die moderne literarische Sprache dreht nun dieses Verhältnis zwischen Wort und Bedeutung mehr oder weniger radikal um, indem sie sie ihrer instrumentellen Funktion beraubt, sie aus ihrer Zweck-Mittel-Beziehung löst, sie in einer Weise benutzt, die der instrumentellen Konvention nicht entspricht. Auf diese Weise steht das Wort nicht mehr im Dienst seiner instrumentellen Bedeutung, sondern seine Bedeutung steht im Dienst des Worts, dessen klangliche und graphische Form jetzt wesentlich wird. Die auf diese Weise ihrer Zweckgebundenheit entledigte Sprache erhält die zweckfreie Kontingenz von «natürlichen» Dingen, das heißt von Dingen, die keinerlei Gebrauchs- oder Tauschwert haben. Allerdings ist damit die Bedeutungsfunktion der instrumentellen Sprache nicht einfach aus dem Gedächtnis getilgt: Sie geht nur mit der klanglichen und graphischen Form der Sprache eine nichtinstrumentelle Beziehung ein, wird von deren «Natürlichkeit», von ihrer sinnlichen Wirkung angesteckt. So entsteht in der modernen literarischen Sprache ein polyvalentes System gegenseitiger Ansteckung von klanglicher Form, graphischer Form und Bedeutungsfunktion. Sartre nennt diese Sprache – der größeren phänomenologischen Klarheit wegen – «Poesie», im Gegensatz zur «Prosa» der instrumentellen Sprache. Aber der Kontext und die von ihm gewählten Beispiele machen deutlich, daß er damit nicht Lyrik als gebundene Rede im herkömmlichen Sinn meint. Er hat ja die Lyrik Mallarmés nach denselben Kriterien beschrieben wie die Prosa Flauberts oder Genets.

Wie kommt es nun aber nach Sartre zu einem solchen Abbruch der instrumentellen Sprache durch die literarische Sprache? Ginge er lediglich auf eine willkürliche Entscheidung zurück, könnte eine solche Literatur von anderen gar nicht aufgenommen werden. Daher muß er also allgemeine Gründe haben. Laut Sartre wird ein solcher Abbruch der instrumentellen Sprache immer dann vollzogen, wenn aus jeweils genau zu bestimmenden Gründen die instrumentelle Kommunikation scheitert, weil sie wesentliche Kommunikationsbedürfnisse unbefriedigt läßt und zu einer Scheinkommunikation, zum Geschwätz, zum Gemeinplatz wird. Die Entlarvung einer solchen Scheinkommunikation des Gemeinplatzes hat Sartre an Nathalie Sarrautes ersten Büchern *Tropismen* und *Portrait eines Unbekannten* bewundert.

Wenn nun aber ein solcher Abbruch der instrumentellen Kommunikation deren Scheitern erscheinen läßt, wenn er die Sprache der Zweck-Mittel-Beziehung entzieht, so bezeugt er damit für den Leser, der sich selbst als Mittel fremder Zwecke entfremdet fühlt, daß er mehr und etwas anderes ist als ein bloßes Mittel. Daher gelingt es der literarischen Sprache gerade durch die Zerstörung der instrumentellen Sprache eine Kommunikation anderer Art herzustellen, die Sartre einmal narzißtisch genannt hat: Autor und Leser kommunizieren vermittels ihres jeweiligen Narzißmus miteinander, indem sie beide aus dem Reigen der Zweck-Mittel-Beziehungen ausscheren und in der nichtinstrumentellen Sprache der Literatur ihre Phantasmen, Obsessionen, Ängste und Begierden erscheinen lassen.

Was sind nun nach Sartre die epochalen Gründe für den Abbruch der instrumentellen Kommunikation durch die moderne Literatur seit Baudelaire? In seiner Flaubert-Studie *Der Idiot der Familie* hat er diese Gründe, die er früher an anderer Stelle mehrfach skizziert hatte, am ausführlichsten dargelegt: Im 18. Jahrhundert haben die im Einklang mit der Emanzipation des Bürgertums stehenden Schriftsteller die Autonomie der Literatur von ihren Auftraggebern des Ancien régime erkämpft. Seitdem ist dieser Autonomieanspruch ein unaufhebbares Qualitätskriterium für jede Literatur. Im nachrevolutionären 19. Jahrhundert gerät dieser Anspruch jedoch in einen unüberwindlichen Widerspruch zur jetzt herrschenden Bourgeoisie, in deren Dienst sich die Literatur nur um den Preis ihrer Selbstaufgabe stellen kann. Seit den Junimassakern von 1848, bei denen das revolutionäre Bündnis zwischen dem dritten und dem vierten Stand, zwischen Bürgern und Arbeitern ein für allemal zerbrach, befindet sich das Bürgertum in einem unheilbaren Legitimationsnotstand, weil es seine Herrschaft nicht mehr mit der revolutionären Parole «Gleichheit, Freiheit, Brüderlichkeit» rechtfertigen kann. Da sich auch die religiöse Legitimation des Ancien régime nicht wiederbeleben läßt, bleibt der Bourgeoisie keine andere Wahl, als die alles erfassende Zweck-Mittel-Beziehung kapitalistischen Wirtschaftswachstums verbunden mit Wissenschaftsgläubigkeit, die «objektiven Gesetze» von Ökonomie und Wissenschaft zum absoluten Wert zu erheben.

Will die Literatur ihren Autonomieanspruch aufrechterhalten, so ergibt sich für sie die Notwendigkeit, sich dieser kapitalistischen Zweck-Mittel-Beziehung bis hinein in die Sprache zu entziehen, sie der narzißtischen Kommunikation der literarischen Sprache dienstbar zu machen, dem kapitalistischen «Den Profit um des Profits willen» und «Die Wissenschaft um der Wissenschaft» willen ein «Die Kunst um der Kunst willen» entgegenzusetzen.

Kurz nachdem Sartre in seiner Schrift *Was ist Literatur?* seine Theorie der literarischen Sprache der Moderne dargelegt hatte, ergab sich für ihn die Gelegenheit, diese Theorie auf eine außereuropäische französischsprachige Literatur anzuwenden, als er gebeten wurde, für die von Léopold Sédar Senghor herausgegebene erste *Anthologie de la nouvelle poésie nègre et malgache de langue française* eine Einführung zu schreiben. In den damaligen französischen Kolonien Schwarzafrikas, Madagaskars und der Antillen bot sich ihm eine Situation dar, in der für die kolonisierten Völker das Scheitern der herrschenden instrumentellen Kommunikation noch evidenter war als für die am Bürgertum leidenden Bürger-Dichter der französischen Moderne des 19. Jahrhunderts. Deshalb wurde für die Dichter ein um so radikalerer Abbruch der instrumentellen Kommunikation zwingend, und das gleich aus mehreren Gründen: Im Gegensatz zur Arbeiterbewegung des französischen «Mutterlands», die keine andren Mittel zu ihrer Emanzipation hatte, als Rationalität und Technik gegen ihre Ausbeuter zu kehren, und sich daher nur der instrumentellen Kommunikation bedienen konnte, waren die Schwarzen durch den Irrationalismus und Biologismus des Rassismus gezwungen, sich in einem ebenso irrationalen Antirassismus ihrer selbst, ihrer Eigenart, ihrer Kultur bewußt zu werden: ihrem Negertum, ihrer *Négritude*. Das war der erste Grund für den Abbruch der instrumentellen Kommunikation, die die der Weißen war, und für die Wahl einer poetischen

Sprache zur Selbstäußerung in dieser ersten Phase ihrer Emanzipation, in der der versklavende Blick der Weißen mit dem selbstbewußten Blick der Schwarzen beantwortet wurde.

Doch dieser erste Grund für den Abbruch der instrumentellen Kommunikation wäre für sich allein genommen noch zu abstrakt, um zu einer modernen Poesie führen zu können. Erst der zweite Grund konkretisiert Sartres Beschreibungen im Hinblick auf seine Theorie: Die Schriftsteller der Négritude wählten die poetische Sprache, weil sie wegen der Vielsprachigkeit des französischen Kolonialreichs dazu gezwungen waren, sich der allen verständlichen Sprache der Kolonialmacht Frankreich zu bedienen, was andrerseits nur möglich war, wenn sie deren Instrumentalität, Syntax, Werte- und Metaphernsystem radikal umkehrten, verdrehten, zerschlugen. Andernfalls hätte ihre gegen die Kolonialmacht gerichtete Selbstaussage jede Authentizität verloren. Weil sie einerseits nicht länger bloße Mittel für die Zwecke der Kolonialmacht sein wollten und andrerseits nicht, wie deren Arbeiterbewegung, die Möglichkeit hatten, die industrielle Technik gegen ihre Ausbeuter zu kehren, mußten sie sich der Zweck-Mittel-Beziehung auch in der Sprache völlig entziehen. So verlieh ihnen ihr Emanzipationswille von vornherein eine poetische Haltung gegenüber der Sprache der Kolonialmacht.

Aber nicht nur den Gegenstand ihres Zerstörungsunternehmens – das Französische – fanden die Lyriker der Négritude, von denen viele in Paris gelebt oder studiert hatten, im «Mutterland», sondern auch ein literarisches Vorbild: den Surrealismus. Aber der von Sartre vorgenommene Vergleich zwischen Surrealismus und Négritude macht deutlich, daß die Surrealisten gerade da scheitern mußten, wo die Lyriker der Négritude gewannen: Weil bei den Texten der Surrealisten innerhalb des Systems wechselseitiger Ansteckung von klanglicher Form, graphischer Form und Bedeutungsfunktion das dritte Element, die Bedeutungsfunktion, so beliebig war, daß sich seine Ansteckungskraft verringerte, verloren sie an innerer Spannung. Dagegen gewannen die Gedichte der Négritude ihre Spannung gerade daraus, daß die Bedeutungsfunktion ständig im Dienst des revolutionären Unternehmens der Abschüttelung des Kolonialismus stand. Diesen Vorgang kann man sich schon an der ansteckenden Verwendung des Gegensatzpaars «schwarz-weiß» klarmachen, wenn man vergleicht, wie zum Beispiel Wendungen wie «die Schwärze der Unschuld» oder «die

Dunkelheiten der Tugend» innerhalb eines surrealistischen Textes oder eines Gedichts der Négritude klingen. Die Absicht der Surrealisten war es ja, «jenseits der Klassen, hinter dem Brand der Sprache stumme blendende Finsternisse wiederzufinden, die zu nichts mehr einen Gegensatz bilden, nicht einmal zum Tag, weil Tag und Nacht und alle Gegensätze in ihnen aufgehen und sich aufheben». In den Gedichten der Négritude dagegen geht es nicht darum, «wieder die friedliche Einheit der Gegensätze zu erreichen, sondern einen der Gegensätze des Paars ‹schwarz-weiß› in seinem Widerspruch zum andren wie ein Geschlecht erigieren zu lassen ... Césaire zerstört nicht jede Kultur, sondern die weiße Kultur; er bringt nicht die Begierde nach allem an den Tag, sondern die revolutionären Bestrebungen des unterdrückten Negers; nicht auf den Geist trifft er am Grunde seiner selbst, sondern auf eine bestimmte konkrete Form von Humanität. Daher kann man hier von einem engagierten und sogar gesteuerten automatischen Schreiben sprechen, nicht weil es zu einem Eingriff der Reflexion kommt, sondern weil Wörter und Bilder unablässig dieselbe brennende Obsession wiedergeben. Der weiße Surrealist trifft am Grunde seiner selbst auf Entspannung. Césaire trifft am Grunde seiner selbst auf die starre Unbeugsamkeit der Forderung und des Ressentiments ... Césaires Wörter sind gegeneinandergepreßt und von seiner rasenden Leidenschaft zementiert. Zwischen den kühnsten Vergleichen, zwischen den entferntesten Begriffen läuft ein geheimer Faden aus Haß und Hoffnung.» (61 f.)

Diese Zerschlagung der instrumentellen Sprache der Weißen durch die poetische Sprache der Schwarzen wurde dadurch begünstigt und motiviert, daß diese noch nicht so weit entfernt waren von der Vorstellungswelt und den magischen Praktiken des sexuellen Pantheismus vorindustrieller Agrarkulturen.

Alle diese Bedingungen zur Entstehung der Lyrik der Négritude boten in Sartres Augen die ganz seltene Chance eines einmaligen Zusammentreffens von revolutionärem Engagement und reiner Poesie.

Sartres begeisterte Solidarität und Identifikation mit der Négritude, die ihm sowohl durch ein Kernstück seiner Philosophie – der phänomenologischen Beschreibung des Blicks des Andren – als auch durch seine Theorie der literarischen Sprache der Moderne möglich geworden war, wurde von den schwarzen Schriftstellern dieser Bewegung ebenso begeistert begrüßt. Wolfgang Bader, ein besonderer

Kenner der Frankophonie, das heißt der französischsprachigen Literatur der ehemaligen französischen Kolonien, schreibt in einer Studie über *Jean-Paul Sartre und die schwarze Welt*: «Die durchgehende Sympathie Sartres für die schwarzen Manifestationen wurde ihm von der anderen Seite mit nicht minder großen Sympathiekundgebungen honoriert; in bleibender Aktualität durchziehen positive Würdigungen Sartres die gesamte schwarze Welt ... sie alle eint, daß sie in Sartre einen Katalysator für die eigene Bewußtseinsentwicklung sehen und sein Instrumentarium produktiv in die eigenen Werke aufnehmen. Die intertextuellen Beziehungen zwischen Sartres Werk und den Arbeiten schwarzer Autoren sind ebenso eindeutig wie umfangreich. Der existentialistische Diskurs ist bald auf die schwarze Literatur übergesprungen, am intensivsten wohl bei den in den zwanziger Jahren geborenen Autoren der frankophonen Karibik, die unmittelbar im Anschluß an den Zweiten Weltkrieg zuhauf nach Frankreich strömen und ihre literarische wie theoretische Initiation während der existentialistischen Vogue absolvieren: zur Autobiographie von Frantz Fanon (Martinique), Édouard Glissant (Martinique), Michèle Lacrosil (Guadeloupe), Bertène Juminer (Guyana) u. a. gehört, daß sie, wie solidarisch und kritisch auch immer, an Sartre einfach nicht vorbeikonnten ... Die genannten Romanciers bewirken eine Negrifizierung des Existentialismus. Sartres Ausarbeitungen der existentiellen Krisengefühle sowie der Phänomenologie des Blickes, in Verbindung mit seinen Négritude-Kommentaren, werden im Akt produktiver Rezeption anverwandelt und erstehen dann neu als literarisches Paradigma zum Ausdruck schwarzer Selbstbefindlichkeit.»[4]

Sartre hatte in *Schwarzer Orpheus* vorausgesagt, daß die Négritude nur eine anfängliche Übergangsphase der Emanzipation der Kolonialvölker sein und später in der allgemeinen Befreiungsbewegung aller Unterdrückten aufgehen werde. Sosehr sich diese Prognose auch als richtig erweisen sollte, so erregte sie doch durch ihren patriarchalistischen Ton eines Hegelschen Weltgeistes das Entsetzen von Frantz Fanon. Sartre hatte die notwendige Aufhebung der Négritude mit einem dialektischen Bewußtseinsprozeß Hegelscher Art verglichen:

4 Wolfgang Bader, *Jean-Paul Sartre und die schwarze Welt – Stationen eines Lernprozesses.* Vortrag auf dem 11. Deutschen Romanistentag in Berlin, Oktober 1983.

«... die theoretische und praktische Behauptung der Überlegenheit des Weißen ist die These; die Setzung der Négritude als antithetischer Wert ist der Moment der Negativität. Aber dieser negative Moment genügt sich nicht selbst, und die Schwarzen, die ihn benutzen, wissen das ganz genau; sie wissen, daß er die Synthese oder Verwirklichung des Menschlichen in einer rassenlosen Gesellschaft vorbereiten soll. So ist die Négritude zu ihrer Selbstzerstörung da, sie ist Übergang und nicht Ziel, Mittel und nicht letzter Zweck.» (81) Dazu Frantz Fanon in seinem 1952 erschienenen Buch *Schwarze Haut weiße Masken*[5]: «Als ich diese Zeilen las, spürte ich, daß man mir meine letzte Chance raubte. Ich erklärte meinen Freunden: ‹Die Generation der schwarzen Poeten hat soeben einen Schlag erhalten, der kein Pardon kennt.› Man hatte einen Freund der farbigen Völker zu Hilfe gerufen, und diesem Freund war nichts Besseres eingefallen, als auf die Relativität ihrer Aktion hinzuweisen. Diesmal hatte dieser geborene Hegelianer vergessen, daß das Bewußtsein das Bedürfnis hat, sich in der Nacht des Absoluten zu vergessen, die einzige Voraussetzung, um zum Selbstbewußtsein zu gelangen. Gegen den Rationalismus erinnerte er an die negative Seite, vergaß jedoch, daß diese Negativität ihren Wert aus einer gleichsam substantiellen Absolutheit gewinnt. Das in die Erfahrung verstrickte Bewußtsein weiß nichts und darf nichts wissen von den Wesenheiten und Bestimmungen seines Seins.

Schwarzer Orpheus ist ein Datum in der Intellektualisierung des schwarzen *Existierens*. Und Sartres Irrtum bestand auch nicht allein darin, zur Quelle der Quelle gehen zu wollen, sondern diese Quelle in gewisser Weise auszutrocknen:

‹Wird die Quelle der Poesie versiegen? Oder wird der große schwarze Fluß trotz allem das Meer färben, in das er sich ergießt? Das ist unwichtig: jeder Epoche ihre Poesie; in jeder Epoche wählen die Umstände der Geschichte eine Nation, eine Rasse, eine Klasse aus, die die Fackel übernehmen soll, indem sie Situationen schaffen, die nur durch die Poesie ausgedrückt oder überschritten werden können; bald

5 Frantz Fanon, *Peau noire masques blancs*, Éditions du Seuil, Paris 1952. Deutsch: *Schwarze Haut weiße Masken*. Aus dem Französischen von Eva Moldenhauer, Syndikat, Frankfurt 1980, 87ff. Nach dieser Übersetzung zitiere ich die Passagen von Fanon, die Zitate von Sartre und schwarzer Lyriker zitiere ich nach meiner Neuübersetzung.

deckt sich der poetische Schwung mit dem revolutionären Schwung, und bald streben sie auseinander. Begrüßen wir heute die historische Chance, die den Schwarzen erlauben wird, zu sagen:

... und ich werde mit einer solchen
Schroffheit den großen Negerschrei ausstoßen, daß die Grundfesten der
Welt davon erschüttert sein werden.›

Und so bin nicht ich es, der mir einen Sinn erschafft, sondern der Sinn war da, er existierte bereits, wartete auf mich. Nicht ich, mit meinem Elend eines bösen Negers, meinen Zähnen eines bösen Negers, meinem Hunger eines bösen Negers, werde eine Fackel formen und anzünden, um die Welt damit in Brand zu setzen, sondern die Fackel war da und wartete auf diese historische Chance.

... Sicher ist nur, daß in dem Augenblick, da ich mein Sein zu erfassen versuche, Sartre, der der Andere bleibt, mir jede Illusion raubt, indem er mich nennt. Dann sage ich zu ihm:

meine Négritude ist weder ein Turm noch eine Kathedrale
sie steckt im roten Fleisch des Bodens
sie steckt im glühenden Fleisch des Himmels
sie durchlöchert die undurchsichtige Verzagtheit mit ihrer geraden Geduld.

Während ich auf dem Höhepunkt des Erlebnisses und der Raserei genau dies verkünde, erinnert er mich daran, daß mein Negersein nur eine Vorstufe der Dialektik ist ... Noch nicht weiß, nicht mehr ganz schwarz, war ich ein Verdammter. Jean-Paul Sartre hat vergessen, daß der Neger anders an seinem Körper leidet als der Weiße. Auch wenn Sartres Studien über die Existenz des Anderen richtig bleiben (insofern ja *Das Sein und das Nichts* entfremdetes Bewußtsein beschreibt), so erweist sich doch ihre Anwendung auf ein Negerbewußtsein als falsch. Weil der Weiße nicht nur der Andere ist, sondern der – reale oder imaginäre – Herr.»

Trotz dieser vitalen Wut und Enttäuschung über Sartres allzu idealistische hegelianische Beschreibung der notwendigen dialektischen Aufhebung der Négritude als einer bloßen Phase des Bewußtseins im allgemeinen Emanzipationsprozeß blieb Sartre für Fanon wie für so viele andre schwarze Autoren der wichtigste Bezugspunkt auch in seiner Kritik. Und als dieser 1960 seine Schrift *Die Verdammten dieser Erde* veröffentlichte, die einer der berühmtesten Appelle zum gewaltsamen Befreiungskampf der kolonisierten Völker wurde, bat er ganz selbstverständlich Sartre, ein Vorwort dazu zu schreiben. Es wirkt wie eine ironische Replik auf Fanons Kritik, wenn Sartre in diesem Vorwort schreibt: «... die Kolonialbeamten werden nicht dafür bezahlt, Hegel zu lesen, deshalb lesen sie ihn auch wenig. Aber sie brauchen diesen Philosophen gar nicht, um zu wissen, daß das unglückliche Bewußtsein sich in seinen Widersprüchen verstrickt.» Er selbst spricht weiter in Begriffen der Dialektik, aber es ist jetzt die Dialektik der von den Kolonisierten verinnerten Gewalt der Kolonialherren und der von den Kolonisierten rückentäußerten Gegengewalt. «(Die Kolonisierten) sind eingekeilt zwischen unseren Waffen, die auf sie gerichtet sind, und jenen entsetzlichen Gelüsten, jenen Mordgelüsten, die in ihnen aufsteigen und die sie nicht immer erkennen. Denn es ist zunächst nicht *ihre* Gewalt, sondern unsere, die in ihnen anwächst und sie zerreißt.» Das ist die erste Stufe. Die zweite ist die gezielte Rückentäußerung dieser Gewalt als Gegengewalt: «... einen Europäer erschlagen heißt ... gleichzeitig einen Unterdrücker und einen Unterdrückten aus der Welt schaffen. Was übrigbleibt, ist ein toter Mensch und ein freier Mensch.» Dadurch werden «auch wir Europäer ... dekolonisiert. Das heißt durch eine blutige Operation wird der Kolonialherr ausgerottet, der auch in jedem von uns steckt». Das führt zum letzten «Moment der Dialektik: Sie verurteilen diesen Krieg, aber Sie wagen noch nicht, sich mit den algerischen Kämpfern solidarisch zu erklären ... Die Zeit nähert sich, dessen bin ich sicher, wo wir uns denen anschließen werden, die sie heute machen».[6]

6 Frantz Fanon, *Les damnés de la terre*, François Maspero, Paris 1961. Deutsch: *Die Verdammten dieser Erde*, Suhrkamp Verlag, Frankfurt 1966, suhrkamp taschenbuch 688, 8, 16, 20 und 27.

Quellennachweis

New writing in France (Neue Literatur in Frankreich) in: *Vogue*, Juli 1945, 84–85. Unter dem Titel *Nouvelle littérature en France* ins Französische zurückübersetzt von Michel Contat in: Jean-Paul Sartre, *Œuvres romanesques*, Gallimard, Paris 1981, 1917–1921. Deutsch zuerst erschienen in: *Die neue Rundschau* Nr. 2, Januar 1946, 248–253. Durchgesehene Übersetzung.

La responsabilité de l'écrivain (Die Verantwortlichkeit des Schriftstellers) in: *Les conférences de l'U. N. E. S. C. O.*, Fontaine, Paris 1947, 57–73. Deutsch von Traugott König. *Erstübersetzung.*

Orphée noir (Schwarzer Orpheus) in: *Anthologie de la nouvelle poésie nègre et malgache de langue française* par Léopold Sédar Senghor, Presses Universitaires de France, Paris 1948, 44–271. Wiederabgedruckt in: Jean-Paul Sartre, *Situations, III*, Gallimard, Paris 1949 (mit einer zusätzlichen Fußnote auf S. 273). Deutsch von Traugott König. Zuerst erschienen in: *Situationen*, Rowohlt Paperback 46, Rowohlt Verlag, Reinbek 1965, 189–221. *Neuübersetzung.*

Préface (Nathalie Sarraute, *Portrait eines Unbekannten*) in: Nathalie Sarraute, *Portrait d'un inconnu*, Robert Marin, Paris 1948, 7–16. Wiederabgedruckt unter dem Titel *«Portrait d'un inconnu»* in: Jean-Paul Sartre, *Situations, IV*, Gallimard, Paris 1964. Deutsch von Elmar Tophoven. Zuerst erschienen in: *Porträts und Perspektiven*, Rowohlt Taschenbuch Verlag, Reinbek 1968, rororo 1443, 9–14.

Défense de la culture française par la culture européenne (Verteidigung der französischen Kultur durch die europäische Kultur) in: *Politique étrangère* 14. Jg., Nr. 3, Juni 1949, 233–248. Deutsch von Traugott König. *Erstübersetzung.*

De la vocation d'écrivain (Von der Berufung zum Schriftsteller) in: *Neuf* Nr. 2, Weihnachten 1950, 35–36. Wiederabgedruckt in: Michel Contat/Michel Rybalka, *Les écrits de Sartre*, Gallimard, Paris 1970, 694–698. Deutsch von Traugott König. *Erstübersetzung.*

Gide vivant (Lebendiger Gide) in: *Les Temps modernes* Nr. 65, März 1951, 1537–1541. Wiederabgedruckt in: Jean-Paul Sartre, *Situations, IV*, Gallimard, Paris 1964. Deutsch von Traugott König. Zuerst erschienen in: *Porträts und Perspektiven*, Rowohlt Taschenbuch Verlag, Reinbek 1968, rororo 1443, 69–72. *Neuübersetzung.*

Des rats et des hommes (Von Ratten und Menschen) in: André Gorz, *Le traître*, Éditions du Seuil, Paris 1958, 11–47. Wiederabgedruckt in: Jean-Paul Sartre, *Situations, IV*, Gallimard, Paris 1964. Deutsch von Gilbert Strasmann. Zuerst erschienen in: *Porträts und Perspektiven*, Rowohlt Taschenbuch Verlag, Reinbek 1968, rororo 1443, 32–66, und in: André Gorz, *Der Verräter*, Suhrkamp Verlag, Frankfurt 1980.

Albert Camus (Albert Camus) in: *France-Observateur* vom 7. Januar 1960. Wiederabgedruckt in: Jean-Paul Sartre, *Situations, IV*, Gallimard, Paris 1964, 126–129. Deutsch von Traugott König. Zuerst erschienen in: *Porträts und Perspektiven*, Rowohlt Taschenbuch Verlag, Reinbek 1968, rororo 1443, 102–104. *Neuübersetzung*.

Bibliographie

1. Zu *Orphée noir*

Adotevi, Stanislas, *Négritude et nécrologues*, Union Générale d'Éditions, Paris 1972.

Bader, Wolfgang, *Jean-Paul Sartre und die schwarze Welt – Stationen eines Lernprozesses*. Vortrag auf dem 11. Deutschen Romanistentag in Berlin, Oktober 1983, abgedruckt in: Helene Harth / Volker Roloff (Hg.), *Literarische Diskurse des Existentialismus*, Gunter-Narr-Verlag, Tübingen 1984.

Croce, Lidia de Capraris, *Sartre e la poesìa negra* in: *Lo Spettatore Italiano* Nr. 1, Januar 1950, 11–13.

Depestre, René, *Bonjour et adieu à la négritude*, Paris 1980.

Erickson, John, *Sartre's african writings. Literature and revolution* in: *L'Esprit créateur* 10. Jg., Nr. 3, Herbst 1970, 182–196.

Fanon, Frantz, *Peau noire masques blancs*, Éditions du Seuil, Paris 1952. Deutsch: *Schwarze Haut weiße Masken*. Aus dem Französischen von Eva Moldenhauer, Syndikat, Frankfurt 1980.

Fanon, Frantz, *Les damnés de la terre* (Vorwort von Jean-Paul Sartre), François Maspero, Paris 1961. Deutsch: *Die Verdammten dieser Erde*. Deutsch von Traugott König, Suhrkamp Verlag, Frankfurt 1966.

Franklin, Albert, *La négritude. Réalité ou mystification? Réflexions sur «Orphée noir»* in: *Les étudiants noirs parlent*. Sondernummer von *Présence africaine* Nr. 14, 1953, 287–303.

Irele, Abiola, *A defense of négritude. À propos of «Black Orpheus» by Jean-Paul Sartre* in: *Transition* 3. Jg., Nr. 13, 1964, 9–11.

Irele, Abiola, *Négritude or black cultural nationalism* in: *Journal of Modern African Studies* 3. Jg., Nr. 3, 1965, 321–348.

Irele, Abiola, *Négritude revisited* in: *Odu. A Journal of West African Studies* Nr. 5, April 1971, 3–26.

Jackson, Irene D., *Négritude in full bloom. A study in outline* in: *College Language Association Journal* 7. Jg., September 1963, 77–83.

Jean-Pierre, W. A., *Sartre's theory of anti-racism in his study of «négritude»* in: *Massachusetts Review* 6. Jg., Herbst 1965, 870–872.

Jeanson, Francis, *Sartre et le monde noir* in: *Présence africaine* Nr. 7, 1949, 189–214.

Kesteloot, Lilyan, *Les écrivains noirs de langue française. Naissance d'une littérature*, Éditions de l'Institut de Sociologie de l'Université de Bruxelles, Brüssel 1963. Englisch: *Black Writers in French. A literary history of Négritude*, Temple University Press, Philadelphia 1974.

Larson, Charles R., *The emergence of african fiction*, Indiana University Press, Bloomington 1972.

Mensa, Baa, *Sartre et l'Afrique, ou l'humanisme d'un intellectuel au service d'un continent*. Diss. der Universität Aix-Marseille, 1974.

Metellus, Jean, *Sartre et la négritude* in: *Obliques* 18/19, April 1979, 287–290.

Oculi, Okello, *The moment of poetry. A view of «Black Orpheus» by Jean-Paul Sartre* in: *Busara* 3. Jg., Nr. 2, 1971, 47–49.

Rigsby, G. U., *Négritude. A critical analysis (Césaire, Sartre, Senghor)*. Diss. der Howard University 1968.

Ungar, Steven, *Sartre, Breton and «Black Orpheus». Vicissitudes of poetry and politics* in: *L'Esprit créateur* 17. Jg., Nr. 1, Frühjahr 1977, 3–18.

2. Zu *Nathalie Sarraute,* Portrait d'un inconnu

Bondy, François, *Sarraute and the master* in: *Encounter* 43. Jg., Nr. 3, März 1977.

Filosof, Guy T., *Sartre et Sarraute. Un rapprochement* in: *Neophilologus* 41. Jg., Januar 1977, 56–57.

3. Zu *Gide vivant*

Robichon, Jacques, *Sartre successeur de Gide* in: *Liberté de l'Esprit* 3. Jg., Nr. 27, Januar. 1953.

4. Zu *Des rats et des hommes*

Blanchot, Maurice, *La passion de l'indifférence* in: *La Nouvelle Revue Française* 12. Jg., Nr. 67, Juli 1958, 93–101.

5. Zu *Albert Camus*

Cruickshank, John, *Sartre and Camus. Revolution and revolt* in: David Evanier/Stanley Silverzweig (Hg.), *The non-conformers. Articles of dissent*, Ballantine, New York 1961, 130–143.

Mayer, Hans, *Sartre und Camus* in: *Anmerkungen zu Sartre*, Neske Verlag, Pfullingen 1972, 53–58.

Neudeck, Rupert, *Die politische Ethik bei Jean-Paul Sartre und Albert Camus*, Bouvier, Bonn 1975.

Personenregister

Jean-Paul Sartre

Gesammelte Werke in Einzelausgaben
In Zusammenarbeit mit dem Autor und Arlette El Kaim-Sartre
herausgegeben von Traugott König

In dieser Ausgabe werden im Laufe der nächsten Jahre Neuauflagen der Werke in durchgesehenen Übersetzungen sowie zahlreiche bei uns noch unbekannte Texte erstmals in deutscher Übersetzung erscheinen.

Romane und Erzählungen: Der Ekel · Zeit der Reife · Der Aufschub · Der Pfahl im Fleische · Die letzte Chance (Fragmente) · Frühe Erzählungen.

Theaterstücke: Bariona · Die Fliegen · Bei geschlossenen Türen · Tote ohne Begräbnis · Die respektvolle Hure · Die schmutzigen Hände · Der Teufel und der liebe Gott · Kean · Nekrassow · Die Eingeschlossenen · Die Troerinnen des Euripides.

Drehbücher: Das Spiel ist aus · Die falschen Nasen · Die Hexen von Salem · Freud · Im Räderwerk.

Philosophische Schriften: Die Transzendenz des Ego · Das Imaginäre · Das Sein und das Nichts · Bewußtsein und Erkenntnis · Marxismus und Existentialismus · Kritik der dialektischen Vernunft · Determination und Freiheit · Aufzeichnungen zu einer Moral.

Schriften zur Literatur: Der Mensch und die Dinge · Baudelaire · Was ist Literatur? · Saint Genet, Komödiant und Märtyrer · Schwarze und weiße Literatur · Was kann Literatur? · Der Idiot der Familie. Gustave Flaubert 1821–1857 · Mallarmés Engagement.

Schriften zu Theater und Film: Mythos und Realität des Theaters.

Schriften zur bildenden Kunst und Musik: Die Suche nach dem Absoluten · Tintoretto.

Politische Schriften: Paris unter der Besatzung · Überlegungen zur Judenfrage · Krieg im Frieden · Wider das Unrecht. Die Affäre Henri Martin · Der Kolonialismus ist ein System · Der Intellektuelle und die Revolution.

Autobiographische Schriften: Die Wörter · Sartre über Sartre · Sartre. Ein Film.

Reisen: USA, Italien, Skandinavien, Sowjetunion, China, Kuba.

Tagebücher: Tagebücher November 1939 – März 1940.

Briefe: Briefe an Simone de Beauvoir.

Von Jean-Paul Sartre, Gesammelte Werke in Einzelausgaben, sind erschienen:

Romane: Band 1: «Der Ekel» (rororo Nr. 581).
Drehbücher: Band 1: «Das Spiel ist aus» (rororo Nr. 59).
Philosophische Schriften: Band 1: «Die Transzendenz des Ego» (1982).
Schriften zur Literatur: Band 1: «Der Mensch und die Dinge» (rororo Nr. 4260); Band 2: «Baudelaire» (rororo Nr. 4225); Band 3: «Was ist Literatur?» (rororo Nr. 4779); Band 4: «Saint Genet, Komödiant und Märtyrer» (1982); Band 5: «Schwarze und weiße Literatur» (rororo Nr. 5199); Band 6: «Was kann Literatur?» (rororo Nr. 4381); Band 7–11: «Der Idiot der Familie. Gustave Flaubert 1821–1857» I: «Die Konstitution» (das neue buch Bd. 78), II: «Die Personalisation 1» (das neue buch Bd. 89), III: «Die Personalisation 2» (das neue buch Bd. 90), IV: «Elbehnon oder Die letzte Spirale» (das neue buch Bd. 114), V: «Objektive und subjektive Neurose» (das neue buch Bd. 132); Band 12: «Mallarmés Engagement» (1983).
Schriften zu Theater und Film: «Mythos und Realität des Theaters» (rororo Nr. 4422).
Politische Schriften: Band 1: «Paris unter der Besatzung» (rororo Nr. 4593); Band 3,1: «Krieg im Frieden 1» (rororo Nr. 4904), Band 3,2: «Krieg im Frieden 2» (rororo Nr. 4973); Band 4: «Wider das Unrecht. Die Affäre Henri Martin» (rororo Nr. 5096).
Autobiographische Schriften: Band 1: «Die Wörter» (rororo Nr. 1000); Band 2: «Sartre über Sartre» (rororo Nr. 4040); Band 3: «Sartre. Ein Film» (das neue buch Bd. 101).

In anderen Ausgaben erschienen:
«Der Teufel und der liebe Gott» (Drama; 1951), «Das Sein und das Nichts» (1952), «Kean» (Drama; 1954), «Nekrassow» (Drama; 1956), «Kritik der dialektischen Vernunft» (1967), «Gesammelte Dramen» (1969), «Das Imaginäre» (1971), «Der Ekel» (1981), «Die Wörter» (1983), «Die Kindheit eines Chefs. Gesammelte Erzählungen» (1983); «Die Fliegen» und «Die schmutzigen Hände» (Dramen; rororo Nr. 418), «Zeit der Reife» (Roman; rororo Nr. 454), «Der Aufschub» (Roman; rororo Nr. 503), «Der Pfahl im Fleische» (Roman; rororo Nr. 526), «Die Eingeschlossenen» (Drama; rororo Nr. 551), «Bei geschlossenen Türen», «Tote ohne Begräbnis» und «Die ehrbare Dirne» (Dramen; rororo Nr. 788), «Porträts und Perspektiven» (rororo Nr. 1443), «Die Mauer» (Erzählungen; rororo Nr. 1569), «Bewußtsein und Selbsterkenntnis» (Essay; rororo Nr. 1649), «Mai '68 und die Folgen» (rororo Nr. 1757 und 1758); «Die Transzendenz des Ego» (Essay; Rowohlt Paperback Bd. 40), «Situationen» (Essays; Rowohlt Paperback Bd. 46), «Kolonialismus und Neokolonialismus» (Essays; Rowohlt Paperback Bd. 68); «Marxismus und Existentialismus» (rowohlts deutsche enzyklopädie Bd. 196).
Zusammen mit Bertrand Russell: «Das Vietnam-Tribunal oder Amerika vor Gericht» (rororo Nr. 1091) und «Das Vietnam-Tribunal oder Die Verurteilung Amerikas» (rororo Nr. 1213); mit Philippe Gavi und Pierre Victor: «Der Intellektuelle als Revolutionär» (rororo Nr. 1994). Ferner erschien: Marius Perrin: «Mit Sartre im deutschen Kriegsgefangenenlager» – Jean-Paul Sartre: «Mathieus Tagebuch. Ein Fragment» – «Bariona oder Der Sohn des Donners. Ein Weihnachtsspiel» (rororo Nr. 5267).
In der Reihe «rowohlts monographien» erschien als Band 87 eine Darstellung Jean-Paul Sartres mit Selbstzeugnissen und Bilddokumenten von Walter Biemel, die eine ausführliche Bibliographie enthält.
Ferner erschien «Sartres Flaubert lesen. Essays zu ‹Der Idiot der Familie›». Hg. von Traugott König (das neue buch Bd. 116).

1083/1